DAMI CHARF

Die 3 Quellen echten Lebens-glücks

Was wirklich wichtig ist für ein erfülltes Leben

Für Susanne,
die beste Freundin, die ein Mensch
sich wünschen kann. Danke!

»Ich bin Leben, das leben will,
inmitten von Leben, das leben will.«

Albert Schweitzer

»Tell me, what is it you plan to do with your
one wild and precious life?«

Mary Oliver

INHALT

Dein Weg zu mehr Verbundenheit

Der Weg zu Glück und Zufriedenheit ist ein stiller, behutsamer und oft langsamer. Beschreitest du ihn, wird dein Leben mehr Tiefe bekommen, deine Begegnungen mit dir selbst und anderen werden sich verändern. Du wirst »satter« werden, ruhiger und erfüllter. Du wirst »ankommen in dir selbst« und ein Zuhause finden in dieser Welt.

Herzlich willkommen!

DU BIST NICHT ALLEIN

»Verbundenheit ist der Schlüssel zu einem erfüllten Leben.«

»Fühlst du dich verbunden?« Die logische Gegenfrage von deiner Seite müsste lauten: »Womit?« Ich frage also genauer: »Fühlst du dich mit dir, deinem Körper, anderen Menschen und der Welt verbunden – jetzt gerade, in diesem Moment?«

Bitte antworte nicht sofort, lass dir ein paar Atemzüge Zeit. Aussagen wie »Wir sind Teil im Netz des Lebens« oder »Alles ist mit allem verbunden« sind fast schon Plattitüden. Nur – fühlen wir das auch wirklich? Fühlst *du* das in *dir*?

Verbundenheit ist der Schlüssel zu einem erfüllten Leben. Das Gefühl von Trennung und Unverbundenheit macht uns krank und unglücklich, selbst wenn wir es gar nicht wirklich spüren oder benennen können.

Das ist meine Erkenntnis aus dreißig Jahren Arbeit mit Menschen, aber auch mit mir selbst. Dieses Buch wird von dem Weg handeln, den wir gehen können, um uns wieder verbundener zu fühlen. Dazu braucht es viele kleine und größere Schritte – doch es lohnt sich.

Wir alle wünschen uns, dass das Leben leicht und unkompliziert ist. Der Selbsthilfe-Büchermarkt ist inzwischen voll von Methoden, die versprechen, dieses Ziel sei mit möglichst wenig Aufwand zu erreichen. Das ist mittlerweile ein sehr lukratives Geschäft, bringt aber letztendlich dem Einzelnen nur selten den erhofften Erfolg.

Woran liegt das?

Das Leben ist eben nicht immer einfach. Manchmal ist es schwer, manchmal traurig, manchmal auch voller Glück, Freude und Zufriedenheit. Wir alle suchen nach einem Weg zu mehr Leben und Lebendigkeit und weniger Stress und Leiden. Wir suchen ein Zuhause. Wir wünschen uns anzukommen, und wir möchten wissen, wo wir hingehören.

Wir leben in einem Kontext, in einer Umwelt, die uns fördert – oder auch nicht. Wir sind erzogen und dabei in unserer Kindheit stärker geprägt worden, mehr als die meisten von uns wissen oder wissen wollen. Wir haben dort Lebensfähigkeiten und Lebensmuster erlernt, mit denen wir heute versuchen, unser Leben zu bewältigen. Das bedeutet auch, dass manche von uns nur einen Löffel haben und damit versuchen, ihr Steak zu essen, und andere nur eine Gabel besitzen, aber heute Suppe löffeln müssen.

Lebensmuster sind wie Blaupausen, die wir jeden Tag befolgen und die unsere Wahrnehmung der Welt und unserer selbst tief greifend beeinflussen. Unser Verhalten ist eine Abfolge von erlernten Mustern, die viel schwerer zu ändern sind, als wir es wahrhaben möchten.

Angeblich besitzen wir die Freiheit, unser Leben selbst zu gestalten. Ich halte das für eine Falschinformation, die viele Menschen sehr unglücklich macht. Wir sind nicht frei.

Wir leben in einem Netz von Gewohnheiten, Überzeugungen und Umweltfaktoren, die unsere Möglichkeiten oft eingrenzen. Unsere Vorstellungskraft kann träumen, doch die Umsetzung in die Realität ist absolut nicht einfach.

Wir brauchen bestimmte Fähigkeiten, die es uns erst ermöglichen, unser Leben wirklich zu gestalten. Solange wir nicht darüber verfügen, stolpern wir vorwärts, lassen uns von äußeren Umständen treiben und stoßen immer wieder an Mauern und Kanten, an denen wir uns verletzen.

Wir suchen Zugehörigkeit, Orientierung und Heimat im Sinne von »dazugehören«.

Dieses Buch will dir zeigen, worauf du deine Energie richten kannst. Welche Fähigkeiten du unbedingt ausbauen solltest, um festen Boden unter die Füße zu bekommen. Diese Basis ermöglicht es dir, dein Leben mehr und mehr zu erobern und deiner Sehnsucht näher zu kommen. Diese Fähigkeiten sind wie das Grundvokabular und die Grammatik einer Sprache. Nur damit kannst du lernen, sie fließend zu sprechen. Zunächst mag das Üben dieser elementaren Vokabeln zeit- und kraftraubend erscheinen, doch mit der Zeit wirst du feststellen, wie du langsam andere Sätze bilden kannst und plötzlich die fremde Sprache beherrschst. Genauso wird es dir mit den Inhalten dieses Buches ergehen.

Vieles erscheint banal. Ist es aber nicht. Ich bitte dich, dieses Buch nicht nur zu lesen, sondern die Inhalte wirklich zu üben. Vieles lässt sich ohne Aufwand in deinen Alltag integrieren. Andere Dinge brauchen ein wenig Zeit, doch in wen wäre diese besser investiert als in dich selbst?

Du kannst dich hassen, dich unvollkommen finden, zu dick, zu hässlich, zu was auch immer – du wirst immer mit dir zusammen sein.

Der einzige Mensch, mit dem du sicher alt wirst, bist du selbst. Das sollte Grund genug sein, dich zu mögen und dich mit dir anzufreunden!

Dieses Buch möchte dir helfen, mehr bei dir anzukommen, dich besser zu verstehen, Toleranz für dich zu entwickeln – auch für das, was in deinem Leben nicht gelungen ist. Es soll dich darin unterstützen, Freundschaft zu schließen mit dieser tollen und nicht perfekten Person, die du bist!

Ich möchte dich einladen, die Heldin, der Held deines Lebens zu werden. Zunächst für dich, dann für andere und letztendlich auch für die Welt. Nur so können wir meines Erachtens die Welt »verändern« und »besser« machen. So können wir beitragen zu einer Welt, in der ein Miteinander wieder etwas zählt, in der Respekt vor dem anderen wieder eine Bedeutung bekommt. So können wir beitragen zu einer Welt, in der wir uns wohlfühlen und die Generationen nach uns ebenso. Ich weiß, das sind große Worte, aber sie liegen mir persönlich sehr am Herzen, weil ich das Persönliche auch für politisch halte.

DER FLUSS DEINES LEBENS

»Veränderung geschieht nie plötzlich – und irgendwie doch.«

Der Fluss des Lebens ist ein Modell, das ich entwickelt habe, um mich und andere Menschen und ihre Entwicklung besser verstehen und begleiten zu können. Ich werde mich in jedem Kapitel zu den Fähigkeiten, um die es bei den einzelnen Quellen geht, immer wieder darauf beziehen und dir auch den Hintergrund vermitteln. Erkenntnis allein bringt uns nicht unbedingt zum Ziel, aber ohne Erkenntnis können wir uns gar nicht erst auf den Weg machen.

Wir dürfen allerdings den Startpunkt nicht mit dem Weg oder dem Ziel verwechseln. Unser Kopf braucht eine Landkarte, einen Wegweiser, ein Verstehen, damit er in der Lage ist, bestimmte Abzweigungen zu nehmen. Es ist schwer, etwas zu verändern, wenn du keine Idee hast, warum und wieso, und nicht weißt, von wo aus du startest oder wo du hinwillst. Das gilt für innere Wege genauso wie für unsere äußeren.

Der Weg zum Ziel der Reise, zu Erfüllung, Verbundenheit und Lebendigkeit, erfordert bestimmte Fertigkeiten von uns. Je besser wir diese mit der Zeit erlernen, desto erfüllter sind wir von unserem Leben, und das Gefühl der Verbundenheit wird immer stärker und tragender.

Die drei wichtigsten Quellen für ein erfülltes Leben sind:

◇ die Fähigkeit zur Selbstregulation
◇ die Bindungsfähigkeit und Verbundenheit sowie
◇ das Zusammenspiel von Selbstliebe, Selbstbewusstsein und Selbstwirksamkeit.

Du kannst es dir vorstellen wie einen Fluss.

An seinem Ursprung sprudelt die erste und wichtigste Quelle, die *Selbstregulation*. Es ist die Fähigkeit, uns innerlich so steuern zu können, dass es uns emotional und körperlich gut geht. Zunächst ist es vielleicht nur ein kleiner Bach, dem du folgst, doch allmählich wird er breiter.

Irgendwann kommst du an einen Zufluss, der sich aus der Quelle der *Bindungsfähigkeit und Verbundenheit* speist. Wir brauchen zu unserem Lebensglück die Fähigkeit, uns zu binden und verbunden zu fühlen. Diese ist sehr eng mit der Selbstregulation verknüpft – es ist kaum möglich, beide voneinander zu trennen. Hast du diese Hürde genommen, steht dir der weitere Weg offen.

Der Bach ist inzwischen zu einem Fluss geworden. Haben wir gelernt, uns selbst zu regulieren und unsere Bindungsfähigkeit auszubauen, bekommen wir auf einmal mehr Luft, und es erscheinen neue Möglichkeiten. Plötzlich öffnet sich unser Blick, und wir sind entspannter. Wir sind mehr in uns gelandet und fühlen uns wohler in uns selbst.

Aber dennoch werden wir nun neuen Themen begegnen und alten Themen in neuen Gewändern. Es geht darum, dich neu zu positionieren, noch tiefer mit dir und anderen Menschen in Verbindung zu treten. Mit dir selbst so umgehen zu lernen wie mit deiner besten Freundin oder deinem besten Freund.

Du reist weiter und erblickst wieder eine Einmündung: Die Quelle der *Selbstliebe, des Selbstbewusstseins und der Selbstwirksamkeit* vereint sich mit dem Fluss, der zu einem Strom anschwillt und sich am Ende ins Meer ergießt.

Das Leben wird bunter, und es ist dir möglich, dich mehr auf die wichtigen Dinge zu konzentrieren, weil du dir nicht mehr ständig Gedanken darüber machst, wie du aussiehst oder was andere denken.

Veränderung geschieht nie plötzlich – und irgendwie doch. Wir haben nun viel gelernt und fühlen uns in uns selbst zu

Hause. Wir empfinden *Selbstliebe.* Und irgendwann merken wir, dass unsere Gedanken nicht mehr so viel um uns selbst kreisen und unsere Träume Flügel bekommen haben.

Wir haben *Selbstbewusstsein* und das Gefühl der *Selbstwirksamkeit* entwickelt und fangen an, unseren Wirkungskreis auszuweiten und das Leben mehr als Experiment zu sehen, in dem es uns freisteht, Dinge und Lebensentwürfe auszuprobieren, ohne uns auf ewig festzulegen. Wir trauen uns an neue Herausforderungen heran und spüren, dass viel mehr möglich ist, als wir je geglaubt haben. Die Welt wird größer und abenteuerlicher.

Unser Lebensgefühl wird mehr und mehr geprägt von Neugier und dem Gefühl, im Fluss zu sein. Wir kämpfen nicht mehr mit der Realität, sondern spüren eine innere Hingabe an das Leben. Gleichzeitig fühlen wir mehr Demut dem Leben und der Kraft des Lebens gegenüber und können sehen, dass wir groß und bedeutend sind und zugleich klein und unbedeutend.

Am Ende kommen wir praktisch wieder da an, wo wir angefangen haben – nur auf einem völlig anderen Level. Wir fühlen uns verbunden mit uns selbst, mit der Welt, mit den Menschen um uns herum. Wir werden zu Erdenbürgern und lassen die Betonung des *me, myself and I* hinter uns. Wir fühlen uns und unsere Liebe, unsere Leidenschaft für unser Leben und haben nicht mehr das Gefühl, dafür kämpfen zu müssen. Wir können sehen, dass es Höhen und Tiefen gibt, und sind dankbar, am Leben zu sein.

DIE QUELLEN DES LEBENSGLÜCKS

»Die Welt wird größer und abenteuerlicher.«

- ◇ Selbstregulation
- ◇ Emotionen regulieren können
- ◇ Im Hier und Jetzt sein können
- ◇ Traumata integrieren
- ◇ Beziehungsfähigkeit und Verbundenheit
- ◇ Bedürfnisse spüren und ausdrücken können
- ◇ Fähigkeit zu eingestimmter Kommunikation
- ◇ Selbstliebe, Selbstbewusstsein und Selbstwirksamkeit
- ◇ Selbstreflexionsfähigkeit
- ◇ Flexibles Selbstbild
- ◇ Den eigenen Körper lieben
- ◇ Selbstachtung
- ◇ Grenzen fühlen und setzen können
- ◇ Demut
- ◇ Integrität
- ◇ Selbstverwirklichung
- ◇ Kreativität
- ◇ Lebensfreude
- ◇ Dankbarkeit und Wertschätzung
- ◇ Einen Sinn finden
- ◇ Hingabe
- ◇ Tiefe Verbundenheit
- ◇ Ehrfurcht und Staunen

DIE REISE BEGINNT

»Der Weg des Lebens verläuft nie linear.
Er entwickelt sich spiralförmig.«

Nimm dir nun etwas Zeit für dich. Hol dir am besten dein Tagebuch oder etwas zu schreiben. Schau bitte einen Moment auf dein Leben zurück.

Wie voll ist dein Lebensrucksack?

Wenn du magst, schreib zehn Erlebnisse auf, die dir noch lebendig vor Augen stehen. Zehn Momente, wo du gefühlt hast, dass du lebst und lebendig bist.

An wie viele Augenblicke erinnerst du dich im Verhältnis zu der Zeit, die schon vergangen ist? Wie viele Highlights gab es? Wie viele Momente, wo dir die Luft weggeblieben ist, weil du so berührt warst?

WAS VOM LEBEN BLEIBT

Jedenfalls nicht die Stunden vor dem Fernseher oder dem Computer. Vielleicht die Stunden mit einem Buch, das dein Leben verändert hat?

Wir sammeln Augenblicke und keine Tage oder Wochen. Wir sammeln Augenblicke, in denen wir wach und voll präsent sind, in denen wir gefühlt und gespürt haben. In denen wir geliebt haben, verletzlich waren oder in denen wir unter Schmerzen gelitten haben.

In ihrem Buch *5 Dinge, die Sterbende am meisten bereuen* führt Bronnie Ware Folgendes an:

- ◇ Ich wünschte, ich hätte den Mut gehabt, mein eigenes Leben zu leben.
- ◇ Ich wünschte, ich hätte nicht so viel gearbeitet.
- ◇ Ich wünschte, ich hätte den Mut gehabt, meine Gefühle auszudrücken.
- ◇ Ich wünschte, ich hätte den Kontakt zu meinen Freunden aufrechterhalten.
- ◇ Ich wünschte, ich hätte mir erlaubt, glücklicher zu sein.

Besonders den letzten Punkt finde ich sehr bemerkenswert. Er zeigt, wie streng und hart wir oft mit uns umgehen. Wie wenig wir uns selbst und unser Leben genießen, wie viel Angst wir vor der Verletzlichkeit haben, die wir brauchen, um uns berühren zu lassen und dadurch glücklich zu sein.

Welche Punkte treffen auf dich zu? Wo willst du etwas ändern?

Wie jede Reise beginnt auch diese mit dem ersten Schritt. Die als Quellen beschriebenen Fähigkeiten sind grundlegend für fast alle anderen Eigenschaften, die wir gern hätten oder an anderen schätzen. Ich weiß, die Liste der Fähigkeiten ist erschreckend lang. Keine Angst – viele von ihnen sind miteinander verbunden, und eine ergibt sich oft aus der anderen. Außerdem verläuft der Weg des Lebens nie linear. Er entwickelt sich spiralförmig. Es gibt Themen, die uns ein Leben lang begleiten, sie tauchen immer wieder auf. Manchmal tarnen sie sich zunächst als vollkommen neu und überraschend. Schauen wir dann jedoch näher hin, erkennen wir, dass es alte Bekannte sind.

Je mehr du deine Basis gestärkt hast, desto sicherer wirst du durch dein Leben gehen. Krisen dauern nicht mehr so lange, und du stolperst nur noch kurz.

Lebensglück, Erfüllung und Erfolg (wie auch immer wir diesen definieren) und das Erreichen unserer Ziele hängen davon ab, ob wir diese Fähigkeiten haben oder in uns ausbilden.

Dies ist meiner Meinung nach der Baustein, der in Selbsthilfebüchern oft nicht angesprochen wird. Die andere wichtige

Information, die fehlt: Das Leben ist nicht leicht. Katastrophen, Schmerzen und Leid gehören einfach dazu. Wir werden krank, und wir sterben irgendwann. Menschen um uns herum werden krank und sterben. Je mehr wir dies in unser Denken einbeziehen, desto besser werden wir durchs Leben gehen.

Es gibt keine Möglichkeiten, diese Dinge zu vermeiden. Wir können nur sehr viel dafür tun, dass wir diese Herausforderungen besser bewältigen können. Dass wir Menschen um uns herumhaben, die uns unterstützen und auch einmal halten, wenn wir uns selbst nicht mehr halten können.

HÜRDEN AUF DEM WEG NACH INNEN

Warum lesen wir überhaupt solche Bücher wie dieses oder die vielen anderen Bücher über Selbsthilfe, Glück und Träume?

Wir suchen uns selbst und das Gefühl der Erfüllung, und genau das scheint sehr schwer zu erlangen zu sein. Irgendwo im Hinterkopf wissen wir, dass dieses Leben endlich ist und wir unsere Tage nicht vertun sollten.

Doch es ist so schwer, auf Kurs zu bleiben und sich selbst nicht aus den Augen zu verlieren. In Zeiten von hohem Stress lassen die meisten Menschen als Erstes die Dinge unter den Tisch fallen, die ihnen eigentlich guttun. Wir verlieren dann immer mehr den Kontakt zu uns selbst und zu den Menschen, die wir lieben. Wir opfern das, was uns glücklich macht, für Dinge, bei denen wir funktionieren müssen. Bevor wir uns die Fähigkeiten, die wir unbedingt brauchen, um unser Leben erfüllt leben zu können, im Einzelnen anschauen, werfen wir einen Blick auf die Schwierigkeiten, denen wir dabei begegnen.

SEHNSUCHT

Ich war 29 Jahre alt, meine Beziehung war gerade zerbrochen, und ich konnte mich selbst nicht leiden. All diese Gefühle und noch einige andere kannte ich nur zu gut. Es kam mir vor, als säße ich in einem Karussell, auf dem sich die Stationen meines bisherigen Lebens ständig wiederholten. Ich konnte mir selbst zuschauen, wie ich Entscheidungen traf, die mir nicht gefielen, und doch agierte ich plötzlich genau so, wie ich es nicht wollte. Ich verstand mich selbst nicht.

Nach einigen Wochen von innerem Hin und Her, von Wut über mich und Enttäuschung über mein Leben, beschloss ich, mir Hilfe zu suchen. Ein paar Wochen später saß ich bei einer Psychotherapeutin, einer Körperpsychotherapeutin. Ich schüttete mein Unglück über missglückte Beziehungen, meinen Frust über mich selbst vor ihr aus. Irgendwann unterbrach sie mich. »Kannst du mal durch den Raum gehen?« Etwas verwundert folgte ich ihrer Aufforderung. Dann bat sie mich, in der Mitte des Raumes stehen zu bleiben. Na klar, dachte ich, wenn's weiter nichts ist. Sie stand auf und stellte sich direkt hinter mich. Das fand ich zwar recht nah und ungewöhnlich, aber ich war ja cool. Sie lehnte sich mit ihrem Rücken an meinen Rücken und ließ sich plötzlich fallen, einfach auf mich drauf. Und ich blieb stehen und hielt natürlich ihr Gewicht. Was hätte ich auch sonst tun können, als diese wildfremde Frau sich gegen mich fallen ließ? Kurz danach stellte sie sich wieder hin, schaute mich an und sagte: »So machst du das in deinem Leben, du fängst alle auf und trägst sie durch ihr Leben, nur dich vergisst du dabei.«

Ich stand da und fing an zu weinen. Ich, die ich doch so gut wie nie weinte, und schon gar nicht in Gegenwart anderer.

Schon in dieser ersten Stunde wandelte sich mein Selbstbild gewaltig. Ich fühlte mich gesehen und erkannt – und das jagte mir eine Höllenangst ein. Gleichzeitig erwachte eine riesige Sehnsucht in mir, von der ich gar nicht gewusst hatte, dass ich sie in mir trug.

Ich habe es damals noch nicht erkannt, aber es war der Beginn einer Reise. Der wichtigsten und längsten Reise meines Lebens, hin zu einer ehrlichen Begegnung mit mir selbst, einem Kennenlernen, Akzeptieren und einer Freundschaft mit mir selbst.

Mir ist bewusst, dass dies recht häufig gebrauchte Schlagwörter sind, aber sie treffen dennoch zu. Nur verläuft dieser Weg ganz anders, als er in den meisten einschlägigen Büchern beschrieben wird. Es ist anstrengend, manchmal traurig und langwierig, aber es gibt auch viele heitere, fröhliche und erkenntnisreiche Momente. Und es ist die lohnenswerteste Reise, auf die ein Mensch sich begeben kann!

WO, BITTE, GEHT'S ZUR WIRKLICHKEIT?

Diese Reise nach innen wird immer schwieriger, weil die Entwicklung der Gesellschaft, die uns prägt, zunehmend nach außen gerichtet ist. Alles wird immer virtueller, fiktiver und schneller – und damit entkörperter. Die virtuelle Welt ersetzt mehr und mehr die irdischen und damit körperlichen Wirklichkeiten. Das bedeutet, dass die Zeit, die neben Schule oder Arbeit noch bleibt, zunehmend in einer virtuellen Realität verbracht wird und unser wirkliches sinnliches Erleben der Welt abnimmt.

Wir brauchen wieder mehr Kontakt mit der Wirklichkeit des Lebens, um eine realistische Haltung zu entwickeln.

Welche Konsequenzen dies für unsere Vorstellungen von Beziehungen, von uns selbst und für den Umgang mit unserem Leben und unserer Körperlichkeit hat, ist noch kaum abzusehen. Frank Schirrmacher nennt es in seinem Buch *Ego: Das Spiel des Lebens* eine Rückkehr der Alchimisten. Immer weniger gründet sich auf Materie, sei es der Finanzmarkt, der eigentlich nur noch aus virtuellen Zahlen besteht und völlig abgekoppelt ist von echten realen Gütern, oder sei es unser Essen, das mehr und mehr in Fabriken hergestellt wird und mit Erde und Stallmist nur noch wenig zu tun hat. Diese Abkoppelung von Körper und Geist hat in anderer Form auch in die Psychologie und in den Esoterik- und Selbsthilfemarkt Eingang gefunden. Besonders in Letzterem wird propagiert, dass man aus Gedanken Materie erschaffen könne.

Sind die Gedanken ausgerichtet und frei von Negativität, heißt es, dann werde nichts passieren und alle Wünsche gingen in Erfüllung. Suggeriert wird – und das ist das Drama bei vielen dieser Versprechen und Werbungen –, dass es auf jeden Fall funktioniert. Und wenn nicht, liegt der Fehler immer bei dir und nicht bei der aufgezeigten Methode.

SELBST SCHULD!

Das große und schreckliche Problem ist nur, dass immer mehr Menschen diese Haltung bei sich selbst und bei anderen anwenden. Und das ist grausam. Sie erlaubt es nämlich, unempathisch zu sein. Wenn jeder an allem selbst schuld ist, dann brauche ich kein Mitgefühl zu entwickeln, denn die missliche Lage ist ja – wenn man sich nur genügend bemüht – veränderbar. Alles hängt angeblich nur davon ab, ob wir eine negative oder positive Lebenshaltung oder Gedankenwelt haben.

Die Menschen und das Leben sind jedoch hochkomplex, und wer glaubt, dass es möglich ist, alle seine Gedanken, Überzeugungen, Bedürfnisse, Gefühle und Intentionen immer bewusst und wahrhaftig zu kennen und dann nur in eine positive Richtung lenken zu können, ist entweder naiv oder lügt.

Die meisten unserer Beweggründe für Entscheidungen sind uns nicht bewusst. Gedanken, ja selbst unsere Gefühle sind für die meisten von uns nicht beständig wahrnehmbar. Die Neuropsychologie hat längst herausgefunden, dass unser bewusster Verstand Entscheidungen, die auf tieferen Ebenen des Gehirns gefällt wurden, lediglich rationalisiert.

Außerdem gaukelt diese »Ich kann alles materialisieren, wenn ich nur will«-Sichtweise uns vor, dass das Leben ausschließlich Glück und Gesundheit bieten könnte und sollte – wenn wir nur alles richtig machen. Doch wie alle komplexen Systeme besteht auch unser Leben aus den unterschiedlichsten Facetten, aus Krankheit und Gesundheit, aus Gewalt und Frieden, aus Hochs und Tiefs. Hermann Hesse sagte: »Berg und Tal sind der Ebene näher als die Ebene zu beiden.«

Es erscheint mir wie die Suche nach dem verlorenen Schlüssel zum Paradies. Wenn ich nur positiv genug denke und wünsche, dann finde ich letztendlich den Schlüssel zum absoluten und dauerhaften Glück. Nur leider werden auch gute Menschen krank oder erleben schreckliche Dinge. Was uns widerfährt, liegt in vielen Teilen außerhalb unserer Kontrolle.

Aber es liegt in unserer Macht zu lernen, wie wir mit unserem Leben umgehen, und zu entscheiden, was wir lernen, um unser Leben so zu gestalten, dass wir viel Freude und Erfüllung auf der Reise des Lebens erfahren.

GELEBTES WISSEN

Erkenntnisse haben wir viele, doch nur wenige davon schlagen sich wirklich in unserem Leben nieder. Wir müssen in die Lehre des Lebens gehen, uns die dafür wichtigen Fähigkeiten aneignen und sie beständig weiter ausbilden. Je mehr wir das tun – und womöglich noch Spaß daran haben –, desto mehr wird sich dies in immer mehr erfüllten Tagen niederschlagen.

In unserem Alltag können wir häufig der Wirklichkeit ausweichen. Wir vergraben uns in virtuellen Welten und Gedankenspielen. Und manchmal verwechseln wir diese Vorstellungswelten und Träumereien mit dem Leben.

Das Leben in seiner Realität fordert Mut von uns und die Konfrontation mit uns selbst und anderen.

UNVERBUNDEN

Ich war mein Leben lang auf der Suche, und lange Zeit wusste ich nicht einmal, wonach. Diese Suche führte mich auch nach Kanada in die Wildnis. Als Kind hatte ich oft die Serie Der Mann in den Bergen *gesehen. Schon mit zwölf war es mein innigster Wunsch, nach Kanada zu reisen, in den Busch.*

Mit 23 Jahren war es dann das erste Mal so weit. Mit einer Freundin flog ich los. Wir landeten in Toronto, und von dort ging es mit dem Bus und trampend nach Norden, zum Algonquin Park. Dort mieteten wir uns ein Kanu, und schon paddelten wir hinaus in die Wildnis. Es war die härteste Konfrontation mit der Wirklichkeit, die ich bis dahin in meinem jungen Leben hatte.

Plötzlich waren wir allein. Es war still. Eine Geräuschlosigkeit, die ich noch nie vorher erlebt hatte. Und es gab Bären! Ich war nicht mehr die Spitze der Nahrungskette … Ich begegnete einer Dami, die ich bis dahin nicht gekannt hatte und auch nicht kennenlernen wollte. Ich hatte so viel Angst wie noch nie in meinem Leben. Ich konnte keine Nacht schlafen. Ich lag wach, lauschte in die Stille und wartete angstvoll auf meinen Tod. Bis dahin hatte ich nicht einmal gewusst, dass ich Angst haben könnte. Die Ängste meiner Kindheit waren bis dahin in den tiefsten Tiefen meiner Persönlichkeit verstaut gewesen und vollkommen abgespalten. Ich war allein durch Europa getrampt, hatte in Busbahnhöfen und Gärten geschlafen und meine Angst immer fest im Griff gehabt beziehungsweise sie erst gar nicht gespürt.

Ich war völlig durcheinander, ich konnte diese Erfahrung überhaupt nicht verstehen. Ich war bezaubert von der Natur, und gleichzeitig fühlte ich mich vollkommen von allem abgeschnitten. Jeder Naturfilm im Fernsehen hätte mich mehr berührt. Wir paddelten durch Seen voller Seerosen, das Wasser war glasklar und der Himmel strahlend blau. Alles schien perfekt. Nur war ich nicht die coole Abenteuerin, die ich mir vorgestellt hatte.

Alles wurde plötzlich real, war körperlich spürbar, wurde anstrengend. Alles um mich war still, groß und unendlich. Mein Körper tat weh von der Anstrengung, die Mücken stachen durch das Moskitonetz und freuten sich auf jeden Gang, den wir nach draußen machen mussten… Und dann diese Angst, sie war so körperlich real wie plötzlich alles in mir und um mich herum. Es war mein erstes Aufwachen in dem Gefühl vollkommener Unverbundenheit. Ich bemerkte, dass das, was ich mir erträumt hatte, nichts mit dem zu tun hatte, was ich dort erlebte.

Ich bekam damals das erste Mal eine Ahnung davon, dass der Kopf nur einen Teil der Wirklichkeit realisiert und alles Körperliche unvorstellbar bleibt. Sind wir krank, so ist das Leben mit allen Freuden schlicht nicht möglich und oft nicht vorstellbar. Wenn wir wieder gesund sind, können wir uns kaum noch daran erinnern, wie es ist, sich schwach und elend zu fühlen. Die Erinnerungen an körperliche Erlebnisse verblassen schnell und werden vom Kopf auch rasch geschönt und retuschiert.

SHUTDOWN – GEFANGEN IM KOPF

Die Abkoppelung vom Körper ist leicht für uns, vor allem in unserer Lebenswelt, in der es nicht mehr darum geht, sich körperlich zu fühlen. Dadurch wird das Leben zwar oberflächlicher, aber es lässt uns auch unsere Schmerzen und Empfindungen nicht mehr spüren. Wie wir noch sehen werden, speichert der Körper viele unserer Erfahrungen und Erinnerungen. Wenn diese allzu schmerzhaft sind, werden sie vom Bewusstsein abgekoppelt. Es findet ein *Shutdown* des Körpers statt, also ein Abschalten des Körperbewusstseins, für das wir einen hohen Preis bezahlen, das uns aber vor den im Körper gespeicherten seelischen Schmerzen schützt.

Dieser Shutdown führt zu einer funktionalen Haltung zum eigenen Körperlichsein, ja gegenüber dem eigenen Sein schlechthin. Der Körper wird als Mittel zum Zweck gesehen, er muss funktionieren, leisten, gut aussehen und womöglich auch fit sein – das alles hat jedoch nichts mit einer Verbundenheit mit uns selbst zu tun.

Diese Abkoppelung vom Körper ist inzwischen eher normal als auffällig. Wenn ich Klienten oder Seminarteilnehmende frage, was sie gerade in ihrem Körper wahrnehmen, so haben viele Probleme, differenziert darauf zu antworten.

Das Dilemma fehlender Körperwahrnehmung besteht darin, dass wir dadurch keine oder nur sehr wenige Informationen über uns selbst erhalten. Oftmals ersetzen wir diesen Mangel durch Gedanken, also gedachte Gefühle oder Bilder. Je weiter wir von uns selbst entfernt sind, desto lauter werden die Stimmen im Kopf. Viele beschreiben ihre Gedanken als ein kontinuierliches Geschnatter, das unendlich anstrengend ist. Vielleicht hast du schon einmal bemerkt, dass der Kopf ruhiger wird, wenn du körperlich etwas tust, vor allem wenn es anstrengend ist oder deine ganze Aufmerksamkeit fordert.

Ein Mangel an Informationen aus dem Körper führt dazu, dass wir auch unsere Gefühle nur wenig wahrnehmen. Oftmals ersetzen wir dies durch Bilder und Erwartungen, wie etwas – ein Geschehen, ein Erlebnis – sich anfühlen *sollte* und sind sehr enttäuscht, wenn es dann unseren Erwartungen nicht entspricht.

Viele Menschen fühlen sich inzwischen gefangen in ihrem Kopf. Die Realität der Gedanken hat mehr Einfluss und Gewicht als reale Erfahrungen. Wir sitzen fast den ganzen Tag und müssen kaum noch echte körperliche Herausforderungen bewältigen. Vage verspüren wir einen Verlust, eine Leere in unserem Leben, ohne dass wir genau benennen könnten, was uns fehlt.

Die Konfrontation mit der Realität, der Ausstieg aus unserer Vorstellung kann unglaublich bereichernd sein. Wir wissen das auch. Eigentlich. Wir tun es nur viel zu selten.

Ich möchte dich einladen, dein Leben mehr als Reise zu sehen oder als ein Experiment. Experimente machen unseren Kopf frei von Bewertungen. Es geht darum, etwas auszuprobieren und dann zu fühlen, ob es einem gefällt. Es gibt kein Richtig und kein Falsch, es gibt kein Scheitern und keinen Fehler. Wir sind frei, etwas auszuprobieren, ohne uns sofort festlegen zu müssen.

Das ist eine großartige Haltung dem eigenen Leben gegenüber, denn es gibt uns Raum, Neues zu lernen und Altes wieder zu verwerfen. Es ermöglicht uns, Freude daran zu haben, etwas auszuprobieren, ohne gleich »gut« sein zu müssen.

WAS IST GLÜCK FÜR DICH?

»Lebensglück hat viel mit Erfüllung,
Sinnhaftigkeit und Verbundenheit zu tun.«

Jeder versteht etwas anderes darunter, und doch gibt es sehr viele Ähnlichkeiten bei dem, was Menschen sich unter Glück vorstellen. In der Glücksforschung wurde jedoch festgestellt, dass wir nicht sehr gut darin sind vorauszusagen, was uns glücklich machen würde. Sehr häufig werden wir von Konzepten und Vorstellungen abgelenkt, die eher auf kurzfristigen Spaß ausgelegt sind als auf Lebensglück.

Grundsätzlich ist »Glück« meiner Meinung nach ein missverstandenes Konzept, das viele Menschen sehr unglücklich macht. Nehmen wir zum Beispiel die guten Vorsätze: An jedem Jahresanfang nehmen wir uns etwas für das neue Jahr vor. Wir wollen unsere Routine ändern, weil wir gesünder, fitter, besser sein möchten. Zwei Wochen später sind die meisten dieser guten Vorsätze bereits wieder gebrochen.

Warum ist das so?

Veränderungen sind schlicht schwer und vor allem nur selten ad hoc zu erreichen. Es braucht Zeit und viele kleine Schritte. Diese hält man jedoch nur durch, wenn man weiß, wieso man sich wirklich verändern will. Der offensichtliche Grund ist nicht immer die tatsächliche Motivation. In Wahrheit kennen wir oft unsere tiefste Intention für unser Handeln nicht, und unter anderem deshalb werden wir unseren Vorsätzen meist sehr schnell untreu.

Was ist das Ziel deiner Vorsätze? Geht es wirklich darum, Gewicht zu verlieren oder mehr Sport zu treiben? Hast du ein

Ziel, das du gern erreichen würdest, was dir aber immer wieder misslingt?

EXPERIMENT: DAS WARUM-SPIEL

Du fragst dich: Warum will ich … erreichen?

Auf jede Antwort fragst du wieder: Warum?

Irgendwann stellt sich meist heraus, dass es in Wirklichkeit um die Vorstellung geht, durch die angestrebte Veränderung glücklicher zu werden.

Hast du dir zum Beispiel vorgenommen, mehr Sport zu treiben, dann frage dich: Warum will ich das?

Weil ich dann ausdauernder und sportlicher werde.
Warum will ich das sein?
Weil ich dann gesünder bin und attraktiver aussehe.
Warum will ich das?
Weil ich dann von anderen mehr geliebt werde.
Warum will ich das?
Weil ich dann glücklicher sein werde.

Aber ist dieses Ziel nicht ohne Umwege und viel einfacher zu erreichen? Wenn Glück für mich bedeutet, von anderen Menschen geliebt oder gemocht zu werden, so ist es doch sinnvoller, die Zeit in soziale Kontakte zu investieren, statt Sport zu treiben. Sport als Weg zum Ziel bleibt sehr wahrscheinlich auf der Strecke, wenn er keinen Wert, keine Freude für sich selbst darstellt.

»… UND SIE LEBTEN GLÜCKLICH UND ZUFRIEDEN …«

So enden viele Märchen. Das größte Problem mit Glück besteht darin, dass es vollkommen überbewertet und falsch dargestellt wird. Glück hat inzwischen den Status eines erstrebenswerten Seinszustandes. Es ist in unserer Gesellschaft eines der ultimativen Lebensziele, in den USA ist das Recht auf Glück sogar in der Verfassung verankert.

Dabei ist Glück ein Gefühl und kein Zustand. Und Gefühle sind flüchtig und sehr wechselhaft. Das bedeutet, dass Glück als Lebensgefühl, als Seinszustand nicht zu erreichen ist. Niemand von uns hat beständig das gleiche Gefühl, das ist unmöglich und völlig lebensfern. Stell dir nur einmal vor, du hättest tagein tagaus das gleiche Gefühl, egal, ob du morgens aufstehst oder jemanden triffst oder arbeitest oder, oder …

Wäre das ein erstrebenswerter Zustand oder auf Dauer doch langweilig, oder würde es einen womöglich sogar verrückt machen? Je mehr wir daran glauben, dass wir möglichst ununterbrochen glücklich sein sollten, desto mehr geraten wir unter Druck. Dieser verhindert dann häufig, dass wir den Moment genießen können, denn wir fangen an, eine feste Vorstellung davon zu entwickeln, wie wir uns fühlen *sollten*. Wie sich Erlebnisse anfühlen *sollten*. In einer Welt, die zunehmend von visuellen Eindrücken beherrscht wird, gibt es fast nichts, was wir nicht schon gesehen haben, bevor wir es erleben. Wir glauben, dass wir bereits wissen, wie sich etwas anfühlt. Wir sind so überflutet mit Bildern und Eindrücken, dass wir oft keinen Zugang mehr zu unseren eigenen sinnlichen Erfahrungen haben.

Nehmen wir allein die Menge an romantischen Liebesszenen in den Medien. Die Szenen sind perfekt, das Timing stimmt, die Musik setzt genau im richtigen Moment ein (das ist etwas, das ich in der Realität sehr vermisse), es gibt keine Unsicherheit, keine Verlegenheit, nur Liebe, Leidenschaft und Erfüllung.

Es ist sehr schwer für die Realität, da mitzuhalten. Wirklichkeit hat mit Realität oft nichts zu tun. Unsere Wirklichkeit ist das, was wir glauben oder zu wissen glauben. Und unsere Wirklichkeit wird zunehmend von den Medien bestimmt. Als Erwachsene gehen wir davon aus, dass wir kritisch genug sind und nicht beeinflussbar von Film und Werbung. Es gibt jedoch genügend Studien, die das Gegenteil beweisen. Wenn man oft genug die gleichen Bilder sieht, bestimmt dies die innere Wirklichkeit.

Sehen ist nicht erfahren, und etwas zu wissen heißt noch lange nicht, dass man danach handelt.

Es entsteht also eine Wirklichkeit in den Köpfen, die nichts mit Erfahrung und erlebter Realität zu tun hat, sich dann jedoch in realem Verhalten niederschlägt und so eine neue Realität mit unendlich viel Frustration, Enttäuschung und Schmerz erschafft.

Weicht unser Leben zu weit von unserer inneren Vorstellung ab, dann entstehen Spannung und Unzufriedenheit bis hin zum Enttäuscht- und Unglücklichsein. Glück wird dann in der Vorstellung zum weit entfernten Garten Eden, von dem man auf ewig durch eine »Wenn-dann-Schranke« getrennt ist.

KOPFENTSCHEIDUNG ODER ALTES MUSTER?

Die meisten Anleitungen zum Glück beruhen darauf, dass Menschen etwas ändern anders agieren und einfach diszipliniert ihre Ziele verfolgen sollen. Dieses Prinzip funktioniert leider nur für einen Bruchteil der Menschheit. Die meisten bemühen sich eine Weile und fallen dann wieder zurück in ihr altes Verhaltensmuster. Das ist normal, und wenn auch du dies schon an dir beobachtet hast, dann verurteile dich nicht. Es ist absolut normal, da wir die meiste Zeit des Tages nicht über unser Bewusstsein gesteuert werden und selbst Willenskraft und Disziplin nicht ewig funktionieren.

Die meiste Zeit werden wir von »unten nach oben« (*bottom-up*) gesteuert. Dies bedeutet, dass viele unserer Verhaltensweisen nicht bewusst von uns entschieden werden, sondern aus Gewohnheiten und Konditionierungen bestehen, die tief in den alten Teilen unseres Gehirns gespeichert sind und von da aus gesteuert werden.

Die meisten Selbsthilfebücher gehen aber davon aus, dass wir *top-down* gesteuert sind, also von oben nach unten. In der Hirnforschung ist damit gemeint, dass das Verhalten über den Neokortex – den Verstand – gesteuert wird und eben nicht aus den unbewussten tiefer liegenden Arealen unseres Gehirns.

Leider ist dies aber nicht der Fall. Im Alltag können wir nur sehr selten wirklich entscheiden, was wir tun. Versuche einmal, eine gewohnte Handlung anders auszuführen, dann wirst du sehen, wie schwer es ist, dein Verhalten zu verändern. Auch dann, wenn du dich bewusst dafür entscheidest.

Am deutlichsten kannst du die Wirkung und Kraft eingeschliffenen Verhaltens spüren, wenn du dich einer sehr vertrauten Person gegenüber anders verhalten willst. Die Muster sind so eingeprägt, dass du wahrscheinlich schon nach kurzer Zeit merkst, dass du wieder in dein altes Verhalten zurückfällst. Sehr schön zeigt sich dies zum Beispiel, wenn du deine Eltern besuchst und dich nach zwei Stunden fragst, ob du überhaupt jemals erwachsen warst.

SICH VERÄNDERN HEISST EXPERIMENTIEREN

Der erste Schritt ist immer zu verstehen, wie du innerlich funktionierst. Dann kannst du dich auf die Reise machen, um die für dich fehlenden Fähigkeiten mehr und mehr zu entdecken und auszubauen. Du wirst sehen, wie sich dein Leben dadurch schon auf dem Weg verändern wird. Bevor wir konkreter werden, möchte ich noch ein paar wichtige Dinge ansprechen. Wir sind heute viel in virtuellen Welten unterwegs, und das führt dazu, dass wir oft massiv unterschätzen, wie viel Zeit und Energie es braucht, um etwas zu lernen. Nur weil wir etwas verstehen, heißt es noch lange nicht, dass wir es auch anwenden und in unser Leben integrieren können. Einiges von dem, was ich dir in diesem Buch erzähle, wirst du auf die eine oder andere Art schon mal gehört haben oder wissen. Aber lebst du es auch?

Brendon Burchard, ein bekannter amerikanischer Coach, sagt: *Common sense is not common practice.* Frei übersetzt bedeutet das, nur weil es logisch und verständlich ist, heißt das noch lange nicht, dass wir es auch täglich anwenden. Wir wissen so viel über das, was unser Leben besser machen könnte – und wir wenden so wenig davon an. Deswegen fangen wir mit den Grundmauern an, damit wir überhaupt irgendwann die Freiheit in uns haben, neue und andere Wege zu gehen.

Ich gehe davon aus, dass du, liebe Leserin oder lieber Leser, schon einiges ausprobiert hast, das dein Leben verbessern sollte. Das Problem ist, dass wir diese Versuche meist symptomorientiert machen und nicht mit einem größeren Plan. Ich werde hier die Fähigkeiten strukturieren und in eine Reihenfolge stellen, denn nichts davon ist Selbstzweck oder hat den Sinn, ein einzelnes Symptom zu verändern. Es kann gut sein, dass das ein Nebenprodukt von diesem Weg ist, aber es ist nicht mein primäres Ziel. Ich möchte dir eine Landkarte bieten, auf der du dich immer wieder orientieren und dadurch strategisch vorgehen kannst, damit du das für dich beste Ergebnis erlangst.

Dazu brauche ich deine Mithilfe. Ich werde dir Experimente vorschlagen. Viele davon kannst du einfach in deinen Alltag integrieren, sodass sie nur sehr wenig extra Zeit in Anspruch nehmen. Andere Übungen werden Zeit brauchen, denn sie sind dafür da, dass du dir entweder über etwas bewusst wirst oder etwas wirklich intensiv fühlst.

LASS DICH UNTERSTÜTZEN

Achte dabei darauf, dass du Anleitungen nur von Menschen entgegennimmst, die auf diesem Gebiet weiter oder glücklicher sind als du. Es macht keinen Sinn, ständig Leute zu befragen, die selbst im Chaos leben, aber viele Bücher gelesen haben.

ABKÜRZUNGEN

Nachdem ich mich entschieden hatte, ein Onlinegeschäft aufzubauen, und die ersten sehr bescheidenen Erfolge hatte, suchte ich einen Coach. Ich hatte das Gefühl, jemanden zu brauchen, der mich unterstützt und mir hilft, neue Wege zu gehen. Ich hatte einfach zu wenig Ahnung davon, wie man ein Geschäft aufbaut. Recht schnell musste ich feststellen, dass es nicht einfach war, so jemanden zu finden.

Auf der einen Seite lernte ich erfolgreiche Coaches kennen, die aber kaum in Beziehung gingen oder mir schlicht unsympathisch waren. Auf der anderen Seite gab es sehr viele Coaches, die viel weniger verdienten als ich – was bedeutet, dass sie das Wissen, wie man ein Geschäft aufbaut, auch nur theoretisch verstanden hatten. Bücher hatte ich selbst schon viele gelesen. Ich suchte einen Praktiker oder eine Praktikerin, mit denen ich mit Freude zusammenarbeiten würde.

Die größten Abkürzungen in meinem Leben waren möglich, weil ich immer wieder Menschen ermächtigt habe, mich zu korrigieren oder anzuleiten. Dabei habe ich versucht, darauf zu achten, ob die jeweilige Person in diesem spezifischen Gebiet »weiser« war als ich. Vor allem war mir wichtig, dass diese Menschen integer und freundlich waren, zu allen Menschen.

Hast du jemanden ermächtigt, dann tu auch, was die Person dir sagt. Und frag nicht noch zehn andere. Das macht dann keinen

Sinn. Wenn du merkst, dass es nicht funktioniert, kannst du immer noch schauen, was nicht stimmig ist. Aber zunächst folge dem Rat. Manchmal heißt es, dass wir auf unseren Bauch hören müssten, weil wir nur selbst wüssten, was gut für uns ist. Ich möchte dem widersprechen. Unser Bauch weiß nichts, was er nicht weiß. Intuition beruht auf Vorwissen. Nur dann kann man intuitive Eingebungen haben. Ich zum Beispiel werde nie eine intuitive Eingebung für ein physikalisches Problem haben – einfach weil ich keine Ahnung von Physik habe. Wenn wir selbst alles am besten wüssten, wären wir alle glücklich, hätten wunderbare Beziehungen und wären weise. Leider ist dem aber nicht so. Wir sind zwar oft überzeugt von etwas, aber wie schon gesagt, Überzeugungen sind Dinge, die wir für wahr halten, die aber keineswegs wahr sein müssen. Das Wichtigste ist, dass du geduldig mit dir bist und deine Überzeugungen auf den Prüfstand stellst. Vor allem hoffe ich, dass ich dir auf dieser Reise mehr Mitgefühl mit dir selbst vermitteln kann. Gelingt das, ist unendlich viel gewonnen.

Wenn du Unterstützung suchst, dann ist es gut zu wissen, welche Kriterien für dich wichtig sind.

LEBENSKÜNSTLER WERDEN

Im Duden lesen wir unter dem Stichwort Glück: »mittelhochdeutsch gelücke = Schicksal(smacht); Zufall«. Voraussetzung für den »Beglückten« waren früher demnach weder ein bestimmtes Talent noch eigenes Zutun. Heute hat sich das stark gewandelt. Die Redensart »Jeder ist seines Glückes Schmied« zeugt davon, dass das Glück zu den Tatkräftigen kommt, die ihr Leben selbst in die Hand nehmen. Es ist fast eine darwinistische Weiterführung des »Überlebens des Stärkeren« und wird gesellschaftlich auch oft so behandelt: Glück muss man sich verdienen, und jeder ist selbst dafür verantwortlich.

Wer kein Glück hat, hat es sich selbst zuzuschreiben. Gesellschaftliche Herkunft, Krankheiten, wirtschaftliche Gegebenheiten – all das ist für den mutigen, tatkräftigen Einzelkämpfer kein Problem. Allerdings liegen Menschen, wenn sie einschätzen sollen, was sie glücklich macht, meist völlig daneben. (Es gibt ein ganzes Buch über dieses Phänomen: *Ins Glück stolpern.*) Hier zeigt sich wieder, dass Glück ein Gefühl ist und kein Zustand. Gefühle kommen und gehen, aber bleiben nie statisch über längere Zeit bestehen. Ist unsere Idee vom Glück womöglich schon ein Stolperstein in die Unzufriedenheit? Wer immerwährendes Glück erwartet, ist schnell enttäuscht von Alltag und Normalität.

BE HAPPY

Gerade meine Generation hat den Wunsch nach dem immerwährenden Glück praktisch in die Wiege gelegt bekommen. So suchen wir es in Beziehungen, in erfüllender Arbeit, weiten Reisen und spirituellen Highlights.

Zufriedenheit ist für mich lange ein Unwort gewesen, das faktisch Langeweile, Sattheit und Bequemlichkeit ausdrückt. Vielleicht müssen wir neue Wörter finden oder alte Begriffe neu besetzen, sodass wir ruhig werden und Zeit finden, uns umzuschauen und wahrzunehmen, was wir alles schon »haben«.

Hermann Hesse hat Heiterkeit als höchste Lebenskunst beschrieben:

»Heiterkeit ist weder Tändelei,
noch Selbstgefälligkeit,
sie ist höchste Erkenntnis und Liebe,
ist Bejahen aller Wirklichkeit …«

Vielleicht ist Erfüllung ein gutes Wort, obwohl ich mich frage, ob es nicht zu groß ist. Heitere Zufriedenheit mit gelegentlichen Glücksgefühlen und Anflügen von Erfüllung. Damit kann ich gut leben. Ich möchte satt sein vom Leben, wenn ich sterbe.

Die alten Philosophen haben das Leben selbst als Meisterstück, als Meisterschaft gesehen, und das finde ich einen interessanten Blickwinkel. Damit konzentrieren wir uns wieder auf uns, auf die Lebenskunst und nicht darauf, wie wir immer mehr erleben, fühlen und besitzen können.

Viele Menschen wissen heutzutage mehr über Politik als über sich selbst. Wir haben häufig keinen Zugang mehr zu unseren Beweggründen, unseren Intentionen und wissen nicht viel darüber, warum unser Leben genau so ist, wie es ist.

Ärzte und Psychologen haben Hochkonjunktur, weil (geistige) Gesundheit ausgelagert wird und von Fachleuten geheilt werden soll. Den meisten Menschen ist es ein Rätsel, warum sie Ängste haben oder Rückenschmerzen oder ein Burn-out, und ihnen fehlen Handlungsstrategien, um sich selbst ein besseres Leben einzurichten. Lebenskunst ist demnach eine Fähigkeit, die zu erlernen ist. Zufriedene oder glückliche Menschen haben bestimmte Fähigkeiten und Einstellungen, die zu ihrer Zufriedenheit beitragen. Lebenskunst bedeutet für mich, beim Leben selbst in die Lehre zu gehen und zu lernen.

Die wichtigste Fähigkeit, um ein erfülltes Leben zu leben, und gleichzeitig die wichtigste Zutat dafür ist, Verbindung zu fühlen und in Verbundenheit zu leben. Mit uns selbst und anderen Menschen. Lebensglück hat viel mit Erfüllung, Sinnhaftigkeit und Verbundenheit zu tun! Das Schöne daran ist: Du musst darauf nicht warten, du kannst es selbst herstellen!

Nach dreißig Jahren auf der Suche nach mir selbst und nach den großen Antworten des Lebens bin ich zu dem Schluss gelangt, dass unser Lebensglück mehr auf den Fähigkeiten beruht, die wir einmal gelernt oder nicht gelernt haben, und nicht darauf, dass ES irgendwie geschieht. Unser Lebensglück beruht auch darauf, ob wir unsere Brille absetzen können, durch die wir uns selbst und das Leben sehen. Wie es so schön heißt: »Wir sehen die Welt nicht, wie sie ist, sondern wie wir sind« (aus dem Talmud).

Darin steckt ungeheuer viel Wahrheit, viel mehr, als wir zunächst begreifen. Solche Sätze schauen wir uns inzwischen nebenher bei Facebook an und nicken einmal weise, um dann zum nächsten Tagesordnungspunkt überzugehen. Jeder von uns glaubt zu wissen, um was es geht, und vor allem glaubt jeder von uns, dass wir die Einzigen sind, die es wirklich durchschaut haben.

Dabei haben wir alle keine Ahnung. Wir können uns der Realität nur nähern. Ich glaube nicht mehr, dass ich diese Realität je wirklich begreifen werde. Aber das ist okay. Inzwischen ist es okay …

ERLEUCHTUNG?

Das war nicht immer so. Als Jugendliche war ich eine begeisterte und leicht depressive Anhängerin von Hermann Hesse. Heute würde man sagen, ich war ein Fan. Nach Narziss und Goldmund *las ich* Siddharta, *und mein Lebensziel war klar: Ich wollte erleuchtet werden.*

Es erschien mir das einzig wirklich Erstrebenswerte. Es war nur lästig, dass ich irgendwie für meinen Lebensunterhalt sorgen musste. Meine Mutter, die selbst Erleuchtung suchte, indem sie dem indischen Guru Bhagwan folgte, hatte mich mitten in der Oberstufe auf die Straße gesetzt. Ich war ziemlich mittellos und hatte Glück, dass ich in einer WG wohnte und aufgefangen wurde. – Meine Kindheit war eine gewaltvolle und wenig liebevolle Katastrophe. Doch das war mir damals mit 19 noch nicht bewusst. Ich wusste nur, dass ich irgendwie komisch war.

Trotz aller Knüppel, die das Leben mir zwischen die Beine warf, haben mich diese Fragen nach Erfüllung, nach Sinn, Lebendigkeit und Wahrhaftigkeit weiter begleitet. Ich war mein ganzes Leben eine Suchende, könnte man sagen. Lange Zeit dachte ich, dass ich die Wahrheit mit Löffeln gefressen hätte. Erst in meinen Dreißigern dämmerte mir, dass ich keine Ahnung hatte.

Vielleicht war es ein logischer Weg, der mich zunächst in meine eigene Psychotherapie führte und von dort in meine erste psychotherapeutische Ausbildung – auf jeden Fall hat es mich an den Punkt gebracht, wo ich heute stehe. Und dafür bin ich zutiefst dankbar.

Mein Weg führte über die Erforschung von Trauma und der Arbeit mit Trauma zu den Themen Selbstregulation und Entwicklungsverletzungen, um die es in meinem ersten Buch *Auch alte Wunden können heilen* geht.

Je mehr ich mich mit diesen Themen und der Integration früher Verletzungen und Trauma beschäftigte, desto mehr stellte sich mir die Frage: Wie kann man erfüllt leben lernen, wenn man die Voraussetzungen dafür nicht mit der Muttermilch aufgesogen hat?

DIE MACHT DER GEWOHNHEIT

Wir Menschen sind Gewohnheitstiere, und das bedeutet, dass wir uns an so ziemlich alles gewöhnen können. Das ist gut, und das ist schlecht. Es bedeutet, dass wir Dinge, die wir vor einem Jahr noch fantastisch fanden, heute als selbstverständlich hinnehmen (und sie uns keine echte Freude mehr machen). Es bedeutet auch, dass wir Dinge, von denen wir wissen, dass sie uns nicht guttun oder keine Erfüllung bringen, dennoch hinzunehmen und damit leben zu lernen. So ist das halt, sagen wir uns.

In Bewegung setzen wir uns erst, wenn uns etwas zu sehr quält. Dabei meine ich entweder diesen dumpfen Schmerz im Hintergrund, den man nicht mehr so recht abstellen kann, oder diesen ganz hellen Schmerz, der plötzlich alles ausfüllt und sich nicht mehr ignorieren lässt.

Dann müssen – möglichst schnell und sofort – Lösungen her. Wir sind bereit, uns zu verändern. Jetzt sofort. Am liebsten aber: etwas oder jemand anderen zu verändern (unsere Partner, unsere

Arbeit, die Welt). Wenn wir ganz ehrlich sind, dann suchen wir eigentlich keine Veränderung, sondern Erlösung. Der Schmerz soll weg! Jetzt! Deshalb sind Methoden und Bücher, die schnelle Erfolge versprechen, auch so erfolgreich. Wären sie allerdings wirklich erfolgreich, gäbe es keine unglücklichen Menschen mehr. Manchmal versuchen wir, Lösungen zu finden oder vor einem Gefühl davonzulaufen, ohne dass uns der Schmerz oder das Problem wirklich bewusst sind. Wir tun Dinge oder treffen Entscheidungen, ohne uns unserer tieferen Absicht bewusst zu sein. Das führt oft zu Umwegen und Sackgassen, aber auch die gehören ja zum Leben dazu.

Das Leben ist lernen. Schön ist, wenn man lernt, Freude daran zu haben.

Wenn wir also losrennen, um dem Schmerz zu entkommen oder eine Lösung dafür zu finden, dann sind wir leider in einer schlechten Position. Wir sind anfällig für Heilsversprechen und kurze Wege. Wir schauen auf den Schmerz und nicht auf die Ursache. Bekommen wir zum Beispiel Rückenschmerzen, dann wollen wir, dass diese wieder verschwinden. Das ist absolut verständlich. Wir nehmen Schmerztabletten oder lassen uns vom Orthopäden eine Spritze geben. Vielleicht machen wir sogar noch Krankengymnastik. Und siehe da, wir spüren den Schmerz nicht mehr. Für eine Weile.

Vielleicht ist aber die Ursache des Schmerzes eine alte Knieverletzung. Deshalb belasten wir das eine Bein nicht mehr wirklich, und der ganze Körper ist ständig in einer Schonhaltung, die dann Schmerzen im Rücken verursacht. Vielleicht haben wir zu viel Stress im Körper, unsere Beugemuskulatur (die Schutzmuskulatur) ist zu angespannt und löst dadurch Schmerz aus. Die wahren Ursachen für den Schmerz liegen also an ganz anderer Stelle, und so ist es auch mit einem Mangel an Lebensglück.

Ich möchte gern, dass du dich einmal fragst, was echtes Lebensglück für dich ist. Was müsste in deinem Leben sein, was müsste passieren, damit du sagen würdest (über längere Zeit und nicht nur einen Moment): »Ich fühle Lebensglück, Erfüllung und Lebendigkeit.«

Ein erfülltes Leben beruht auf unseren Fähigkeiten und nicht so sehr auf dem, was uns gerade passiert. Dieses Set an Fähigkeiten führt dazu, dass wir unser Leben gestalten und genießen können. Es führt dazu, dass wir uns selbst genießen und erfüllende Kontakte mit anderen Menschen erleben können.

Das Problem dabei ist, dass diese Fähigkeiten aufeinander aufbauen. Die meisten von ihnen kennst du, und du hast dich wahrscheinlich sogar schon mit ihnen beschäftigt. Es kann sein, dass du einige Dinge sogar für dein Leben übernommen hast. Es kann aber auch sein, dass du bei Weitem noch nicht so zufrieden bist, wie du es gerne wärst. (Sonst hättest du dieses Buch ja auch nicht in die Hand genommen.) Das liegt nicht daran, dass du unfähig bist oder einfach nicht lernfähig, sondern daran, dass du etwas lernen wolltest (weil du einen Schmerz lindern wolltest), wofür dir die Grundlage gefehlt hat. Es ist ein bisschen so, als würdest du dich für das Cambridge-Business-Certificate in Englisch anmelden, allerdings nur Schulenglisch beherrschen.

Ginge es allein um Erkenntnis, wären wir alle kurz vor der Erleuchtung.

Das sind die Gründe, weshalb wir letztlich immer wieder in unsere alten Verhaltensweisen und Lebensmuster zurückfallen und frustriert sind über uns.

Ein Beispiel, das viele von uns kennen, ist das Thema gesünder essen und abnehmen. Eigentlich ist es ganz einfach: Man lässt einfach bestimmte Lebensmittel weg und isst weniger. Dann noch ein bisschen Intervallfasten und ein wenig Bewegung – und schon erreicht man das Ergebnis, das man angestrebt hat. Das kann doch nicht so schwer sein, oder? Warum gibt es dennoch so viele Menschen mit Übergewicht?

Ein anderes Beispiel: Denk an deine Beziehung oder, wenn du Single bist, an deine letzte Beziehung. Hast du dort erlebt, dass eine Auseinandersetzung eigentlich harmlos begonnen hat und du merkst, wie du dich innerlich ärgerst und dann Dinge sagst oder tust, von denen du genau weißt, dass sie den Streit alles andere als konstruktiv beeinflussen werden – und dann hörst du sie dich trotzdem sagen?

Wissen und Umsetzung können also zwei sehr getrennte Dinge sein.

Wollen wir etwas lernen, verändern oder uns eine neue Fähigkeit aneignen, dann brauchen wir ein Fundament, auf dem wir aufbauen können, damit es wirklich funktioniert. Dies ist uns nur nicht bewusst, und deshalb laufen viele unserer Bemühungen ins Leere, und wir enttäuschen uns selbst.

Die Quelle am Ursprung: Emotionen regulieren

Die erste wichtige Fähigkeit für unser Lebensglück heißt Selbstregulation. Diese ist ungeheuer wichtig, weshalb es verwundert, dass die meisten Menschen noch nichts davon gehört haben. Es ist die Fähigkeit, uns innerlich so steuern zu können, dass es uns emotional und körperlich gut geht. Es ist die Grundlage eines erfüllten Lebens.

STEUERN, WAS WIR FÜHLEN

»Eine gute Selbstregulation und unser Lebensglück sind existenziell damit verbunden, wie wir in unserem Körper zu Hause sind.«

Am Anfang möchten wir – bildlich gesprochen – am liebsten mit einem Motorboot über den Fluss jagen. Wir sind noch jung, haben Kraft und genügend Unwissenheit und Unerfahrenheit, um darüber hinwegzusehen (zumindest die meisten von uns), dass wir noch gar nicht die Fähigkeit dazu haben. Wir gehen unseren Weg oder den Weg, von dem wir glauben, dass wir ihn gehen müssen.

Wir werden älter und irgendwann wird dieser Mangel vielleicht unübersehbar oder besser »unüberfühlbar«. Wir fühlen uns leer und unzufrieden oder, wie es einmal eine Seminarteilnehmerin ausdrückte: »Ich hatte alles, ich war erfolgreich, hatte eine Familie, ein Haus, ein Motorrad, und ich fühlte mich leer und arm.«

Die Basis unseres Seins hat viel damit zu tun, wie wir aufgewachsen sind, welche traumatischen Erfahrungen wir gemacht, welche Verletzungen wir erlebt haben. Je mehr Unsicherheit und je weniger Liebe und Zuwendung uns zuteilwurde, desto anstrengender ist die Reise auf dem Fluss unseres Lebens. Wir sind ständig ängstlich, haben das Gefühl, anders zu sein, und fühlen uns nie genug.

Leider wird uns immer noch der Eindruck vermittelt, dass dann tatsächlich etwas mit uns nicht stimmt – als ob es sonst niemandem so ginge. Und wir werden nur selten ermutigt, die Grundlage wirklich anzuschauen und die Hindernisse für unser

Lebensglück aus dem Weg zu räumen. So versuchen wir verzweifelt, den Untiefen, Felsbrocken oder erschütternden Wasserfällen auszuweichen. Leider schränkt das unseren Bewegungsspielraum ziemlich ein.

Die erste Quelle, die den Fluss unseres Lebens nährt und speist, ist also die Selbstregulation. Es ist die Fähigkeit, sich innerlich so steuern zu können, dass es uns emotional und körperlich gut geht. Sie gehört zu den notwendigen Voraussetzungen eines erfüllten Lebens. Solange wir unsere Emotionen nicht regulieren können, um diese die meiste Zeit auf einem ausgeglichenen Level zu halten, so lange können wir viele Dinge auf unserer weiteren Lebensreise nicht lernen.

Die Fähigkeit zur Selbstregulation entsteht durch die Qualität der Bindungen in unserer frühen Kindheit und ist deshalb fundamental davon abhängig, wie gut unsere damaligen Bezugspersonen uns regulieren konnten. Konnten sie auf die Bedürfnisse des Babys eingehen? Waren sie fähig zu einer eingestimmten, harmonischen Interaktion mit dem Kind? Waren sie fähig, sich selbst emotional gut zu regulieren? Haben sie das Baby viel am Körper getragen? Waren die Bezugspersonen für das Kind sicher, oder haben sie oft unvorhersehbar reagiert?

Wir lernen also Selbstregulation durch Bindung und Beziehung. Deswegen ist es schwer zu sagen, was als Basis an Platz eins steht. Selbstregulation und Bindungsfähigkeit sind untrennbar miteinander verbunden.

KUSCHELN IST EIN MENSCHENRECHT

Alles, was eine Mutter und ein Vater in diesen ersten Lebensjahren tun, beruhigt ein Kind entweder, ruft Freude und positive Erregung hervor, oder aber es wird übererregt und geängstigt. In diesen ersten Jahren können wir uns noch nicht selbst regulieren und sind deshalb von Geburt an darauf angewiesen, dass unsere

Eltern das für uns übernehmen. Diese Regulation von außen nennt man *Co-Regulation*.

Je sicherer die Bindung und die Qualität der Co-Regulation war, desto besser können wir als Erwachsene unsere Emotionen steuern. Das führt dazu, dass wir generell zufrieden sind mit unserem Leben, liebevolle Beziehungen pflegen, ein gutes Verhältnis zu uns selbst haben und im Allgemeinen ziemlich stressresistent sind.

Wir brauchen jedoch auch als erwachsene Menschen immer wieder – wenn wir zu sehr in Stress geraten und uns selbst nicht mehr regulieren können – die Unterstützung und Co-Regulation von anderen. Kein Mensch ist eine Insel!

In meiner Praxis erzählen mir viele Menschen, die schon Kontakt mit Psychotherapie oder Selbsthilfe hatten, dass ihr inneres Kind auf den Schoß möchte. Bedeutet das, dass erwachsene Menschen nie auf den Schoß wollen? Das wäre doch sehr schade! Wir alle brauchen Nähe und manchmal auch Trost. Kein Mensch kann sich immer selbst regulieren – ab und an brauchen wir jemanden, der uns dabei hilft, wieder ins Gleichgewicht zu kommen.

Wir brauchen eine Umarmung, wir möchten gehalten werden oder wenigstens, dass uns jemand liebevoll zuhört. Menschen brauchen Berührung, bis sie tot sind. Und selbst beim Sterben wollen wir nicht allein sein.

Es ist also nicht das innere Kind, sondern ein vollkommen normales Bedürfnis, Nähe und Kontakt zu spüren.

Leider haben Menschen, die keine Partnerin oder keinen Partner haben, in unserer Gesellschaft meist überhaupt keine Chance, genügend Zuwendung und Berührung zu bekommen. Die einzige Möglichkeit dafür besteht für viele über Sexualität. Oftmals ist dies die Tauschwährung für Nähe und Kuscheln. Das ist sehr schade und endet nicht selten tragisch.

Jede und jeder von uns kann in seinem Umfeld etwas dafür tun, dass Berührung normaler wird und nichts mit Sexualität zu tun hat. Je unbefangener wir mit Berührung, In-den-Arm-Nehmen und Händchenhalten umgehen, desto üblicher wird es auch in unserem Umfeld. Wir alle leiden inzwischen unter Kontakt- und Berührungsarmut, und das wirkt sich grundlegend auf unsere Stimmung aus.

NERVENSACHEN

Schauen wir uns also genauer an, was Selbstregulation ist und was sie für unser Leben bedeutet. Es kann sein, dass du in diesem Kapitel Antworten für Verhaltensweisen von dir findest, die du dir bisher nicht erklären konntest.

Die Fähigkeit zur Selbstregulation bedeutet, wie gesagt, dass wir uns und unsere Emotionen gut steuern können. Man könnte sagen, es gibt ein inneres Thermometer, das zu kalt und zu heiß sein kann. Am wohlsten fühlen wir uns, wenn wir »wohltemperiert« und in der Lage sind, uns in diesem »grünen« Bereich zu halten.

Hast du zum Beispiel als Kind großen Stress, häufige Überforderung und wenig liebevolle Zuwendung erlebt, so konntest du die Fähigkeit, dich gut zu regulieren, nur ungenügend ausbilden. Dies führt später zu einer geringen Stresstoleranz und schneller Überforderung im Alltag. Die andere Auswirkung kann sein, dass du sehr tief im Funktionsmodus steckst, in dem du zwar den Alltag bewältigst, dich aber wenig lebendig fühlst und auch kaum tiefe Verbindungen eingehen kannst – weder mit dir selbst noch mit anderen Menschen.

Um zu verstehen, wie Selbstregulation funktioniert, müssen wir einen kurzen Ausflug zu unserem Nervensystem machen.

Das autonome Nervensystem (ANS) gliedert sich in den *parasympathischen* und den *sympathischen* Zweig. Diese beiden Zweige erfüllen höchst unterschiedliche Aufgaben in unserem Körper. Sie regulieren ständig den Grad unserer Erregung. Dabei ist der Parasympathikus für den beruhigenden Teil zuständig. Er dämpft und entspannt uns sozusagen.

Der sympathische Zweig steuert die Steigerung von Erregung. Er reguliert also die Erregung nach oben. Der Sympathikus ist in jeder Form von Erregung involviert, sowohl in seiner negativen als auch in seiner positiven Auswirkung. Das heißt, er ist bei Freude, Neugier, Sexualität oder Sport aktiviert, aber durch eine Übererregung ist er auch für Stress und Burn-out verantwortlich.

Die beiden Zweige arbeiten hauptsächlich antagonistisch zueinander, das heißt, wenn der eine Zweig aktiviert ist, ist der andere gedämpft. Beide Zweige innervieren (aktivieren) verschiedene innere Organe und sorgen dafür, dass diese ihre Arbeit optimal verrichten können. Dabei ist der Parasympathikus, der auch *Vagusnerv* genannt wird, sehr eng mit dem Darm verknüpft. Deshalb kannst du meist hören, wenn du dich entspannst – es entstehen Darmgeräusche wie Gluckern und Glucksen. Ein gutes Zeichen!

Die beiden Zweige des ANS arbeiten den ganzen Tag harmonisch zusammen. Es stellt sich dar wie eine Wellenbewegung.

UNSER SEELISCHER RAHMEN – DAS TOLERANZFENSTER

Diese Wellenbewegung verläuft bei allen Menschen innerhalb bestimmter Grenzen. Das heißt, jeder Einzelne hat dafür ein bestimmtes Fenster zur Verfügung, das sogenannte *Window of Tolerance*. Es hat einen zentralen Einfluss auf unser Leben, unser Wohlbefinden und unsere Zufriedenheit. Deshalb ist es mir sehr wichtig, dass du dieses Konzept verstehst und auf dich und andere Menschen anwenden kannst. Die Öffnung dieses Fensters scheint zu einem Teil genetisch vorgegeben zu sein. Zum größeren Teil entwickelt sich die Weite durch die Qualität der Bindung und Co-Regulation, die wir in den ersten drei Lebensjahren durch unsere engsten Bezugspersonen erfahren haben. Ein weiterer Faktor ist die Geburt selbst, die schon eine bleibende Wirkung auf die Ausdehnung des Toleranzfensters und damit auf die Stressresistenz eines Menschen hat.

Die Weite des Fensters gibt vor, wie viel Erregung wir im Guten wie im Schlechten tolerieren können, ohne überfordert und gestresst zu sein! Vielleicht kennst du Menschen, die enorm viel Stress aushalten können, ohne dadurch aus dem Gleichgewicht zu kommen. Diese Menschen haben ein weites Toleranzfenster und können dadurch ein hohes Maß an Erregung in sich halten, ohne »aus dem Rahmen zu fallen«.

Doch das Toleranzfenster ist nicht nur für Stressresistenz wichtig, es gibt auch vor, wie viel Freude und Glück ein Mensch in sich halten kann. Denn – ob du es glaubst oder nicht – Freude und Glücklichsein stellen für das Nervensystem einen recht anstrengenden Zustand dar, der viel schwerer über einen längeren Zeitraum auszuhalten ist als Frustration.

Das ist kaum zu glauben, doch stell dir einmal kurz vor, wie es ist oder war, total verliebt zu sein. Vollkommen und bis über beide Ohren, besinnungslos besessen. Und dann stell dir vor, dieser Zustand würde ein Jahr anhalten oder zwei Jahre. Wie würdest du dich dann fühlen? Abgesehen davon, dass du vermutlich arbeitslos und halb verhungert wärst, würdest du einem koksenden Süchtigen gleichen.

Dagegen ist es leicht, ein oder zwei Jahre in gedämpfter Frustration zu leben. Die Zeit zieht dann einfach vorbei und hinterlässt kaum Spuren. Ich sage nicht, dass es schön ist, es ist nur ein Zustand, der für uns sehr einfach ist, da es kaum Ausschläge nach oben oder unten gibt. Viele Menschen haben sich in diesem funktionalen Bereich eingerichtet und wissen gar nicht, dass es noch etwas anderes gibt.

Jede Form von Leidenschaft oder Begeisterung findet innerhalb deines Toleranzfensters statt, und seine Weite gibt vor, wie viel Leidenschaft oder Begeisterung du erleben kannst. Es macht also einen riesigen, kaum zu beschreibenden Unterschied für dein Leben aus, wie weit dieses Fenster ist. Zum Glück ist es nicht statisch gleichbleibend für jede Lebenslage. Wir können zum Beispiel für Liebeskummer ein großes Fenster haben und fürs Verliebtsein ein kleines oder umgekehrt. Manche Menschen tragen ein hohes Maß an Begeisterung in sich und können es halten, aber bei Beziehungskonflikten kollabieren sie regelmäßig.

- ◇ Finde heraus, wo deine Stärken liegen und wo du glaubst, dass du keine hohe Toleranzschwelle hast. Dann frag deine Freunde, ob deine Selbsteinschätzung stimmt.
- ◇ Wie glücklich kannst du sein?
- ◇ Wie viel Glück und Begeisterung erlebst du in deinem Alltag?

WIE WIR AUF STRESS REAGIEREN – DIE ÜBERLEBENSMUSTER

Es gibt eine Begrenzung für das Toleranzfenster. Und zwar deswegen, weil in unserem Leben manchmal Situationen auftauchen, mit denen wir nicht mehr adäquat umgehen können. Das heißt, wir fühlen uns überfordert, können nicht mehr vernünftig reagieren oder sind gar überwältigt. Unsere Bewältigungssysteme – oder auch *Copingsysteme* (von engl. *to cope*, bewältigen) – sind völlig überlastet.

Wir reagieren auf übermäßigen Stress, der dann als Angst empfunden wird, mit drei, eigentlich vier evolutionären Reaktionsmustern:

- ◇ Kampf
- ◇ Flucht
- ◇ Erstarrung
- ◇ Totstellreflex

Leider werden diese Stressreaktionen bei den meisten Menschen in unserer Gesellschaft lediglich als eine Reaktion auf Todesgefahr gesehen. Durch diese eingeschränkte Sichtweise ist den meisten nicht klar, dass diese reflexhaften Reaktionen viel häufiger in uns ablaufen, als uns bewusst ist, nämlich dann, wenn in einer für uns als stressig empfundenen Situation Adrenalin ausgeschüttet wird.

Stress und als Steigerung Angst sind hochsubjektive Ereignisse. Das, was der einen Person Angst macht, lässt eine andere vollkommen kalt.

Die Schwelle der Überforderung hängt sehr stark davon ab, wie ein Mensch Ereignisse für sich interpretiert, also in welchem Licht sie ihm oder ihr erscheinen. Dies ist nicht unbedingt ein bewusster Prozess, aber ein sehr beständiger in seiner Qualität. Er beruht wiederum darauf, welche Verhaltensmuster Menschen in ihrer frühen Kindheit gebildet haben, welche Erfahrungen sie später machten und wie sehr sie sich zutrauen, auch schwierige Situationen zu meistern.

Stell dir einmal vor, ein kanadischer Ranger begegnet einem Grizzlybären. Für den Ranger ist es vermutlich nicht das erste Mal, und er weiß, wie er sich zu verhalten hat. Wahrscheinlich steigt sein Stresslevel an, aber nicht so sehr, dass er panisch wird.

Du oder ich, die keine Erfahrungen mit Bären haben, würden auf eine nahe Begegnung mit so einem Tier sicher mit gewaltigem Stress bis hin zu einer Angstreaktion reagieren.

Es ist wichtig, dass diese subjektiven Reaktionen völlig unterschiedlich ausfallen können, denn noch heute müssen sich manche Menschen eine zu hohe Sensibilität vorwerfen oder gar sagen lassen, dass sie sich nur anstellen würden. Angst ist kaum *kognitiv*, also rein verstandesmäßig zu kontrollieren. Wenn überhaupt, dann nur für sehr kurze Zeit. Gefühle und Emotionen sind Teil unseres evolutionären Erbes und nicht rational beherrschbar, auch wenn viele Leute dies noch glauben mögen.

Alle Gefühle finden also in diesem Toleranzfenster statt, manchmal bewegen wir uns in der Mitte, manchmal am oberen Ende, weil wir verliebt sind oder wütend. Manches Mal bewegen wir uns auch im unteren Bereich, wenn wir erschöpft, emotional ausgelaugt sind oder uns alles zu viel ist.

Doch all diese Zustände lösen noch nicht einen der oben genannten Reflexe aus. Erst wenn wir uns ohnmächtig, bedroht und vollkommen überfordert fühlen, wird unser Körper in eines der Überlebensmuster wechseln.

In einem solchen Fall schießt der Sympathikus in seiner Reaktion über das Toleranzfenster hinaus, und es werden die Reaktionen Flucht oder Kampf ausgelöst. Ab diesem Augenblick geschehen im Körper eine Menge Dinge gleichzeitig. In Millisekunden ist der Körper kampf- oder fluchtbereit.

Doch wer entscheidet eigentlich, welche dieser beiden Möglichkeiten wir aktivieren?

Man weiß heute, dass unser Gehirn aus zusammengesetzten Teilen besteht. Man spricht vom *dreieinigen* Gehirn. Das bedeutet, dass sich im Laufe unserer Evolutionsgeschichte das Gehirn nicht gleichmäßig fortentwickelt hat, sondern es Entwicklungssprünge gab, bei denen ältere Hirnteile beibehalten wurden und sich die neuen darauf aufgesetzt (»gestapelt«) haben.

Für unser Leben hat dies einen recht tief greifenden Einfluss, und es erklärt einige der Dinge und Verhaltensweisen, an denen wir im Alltag oft verzweifeln.

Das Stammhirn

Der älteste Hirnteil ist das sogenannte Stammhirn oder auch Reptilienhirn. Der Name deutet schon darauf hin, dass dieser Teil unseres Gehirns mit dem von Reptilien übereinstimmt. Es ist für alle Funktionen im Körper zuständig, die wir nicht bewusst steuern können. Das bedeutet, alle Überlebensreflexe, Atmung, der Schlaf-Wach-Rhythmus, Hunger und Durst, nicht bewusst gesteuerte Bewegungsabläufe (Kleinhirn) und alle Instinkte und Reflexe werden von hier aus gelenkt.

Das limbische System

Später kam der Entwicklungsschub hin zu den Säugetieren und damit zum limbischen System oder emotionalen Gehirn. Hier werden unsere Emotionen gebildet und gesteuert. Das limbische System ist sehr eng mit dem Stammhirn verbunden.

Es ist auch für die Bildung von Erinnerungen zuständig. Diesen Teil des limbischen Systems nennt man den *Hippocampus*. Hier speichern wir unsere Autobiografie, Erinnerungen und Lebensereignisse. Hieraus wird auch klar, dass Ereignisse nur dann eine Bedeutung bekommen und damit gespeichert und zu einer Erinnerung werden können, wenn sie einen emotionalen Gehalt aufweisen. Das erklärt, warum du dich so schlecht daran erinnern kannst, was du vor drei Tagen gegessen oder überhaupt den ganzen Tag gemacht hast. Du wirst dich nur an die Teile erinnern, die eine emotionale Bedeutung für dich hatten.

Daraus folgt leider auch, dass beängstigende und überwältigende Ereignisse besonders gut gespeichert werden und damit eine Bedeutung erhalten, über die wir uns nicht im Geringsten im Klaren sind, die uns aber immens beeinflusst.

Der Neokortex

Als jüngste Entwicklung hat sich der Neokortex gebildet. Dies ist der Hirnteil, mit dem wir Menschen uns am stärksten identifizieren. Hier ist der Sitz der Rationalität, des Denkens, der Vorstellung und Fantasie, des Abstraktionsvermögens, aber auch der Sprache und gesellschaftlicher Normen und Werte.

Der Neokortex macht uns zu Menschen. Er beherbergt unsere Empathie, Moral, die emotionale Regulation und fast alle weiter vorn aufgezählten Fähigkeiten!

Dieser Teil des Gehirns wirkt integrativ und verbindet das limbische System, Informationen aus dem Körper und dem Stammhirn und die Informationen des präfrontalen Kortex (Stirnhirn) miteinander. Je integrierter der Neokortex ist, desto integrierter und zufriedener sind wir.

Das Problem ist nun, dass die Hirnteile aufgrund der evolutionären Entwicklung auch unabhängig voneinander agieren können.

Im Falle einer Gefahr leitet das Stammhirn die Reaktion auf die Bedrohung ein, und zwar noch bevor der Verstand diese vollkommen verarbeitet hat. Im Gehirn gibt es einen langen und einen kurzen Reaktionsweg, was dazu führt, dass wir des Öfteren handeln, ohne uns genau überlegt zu haben, ob unsere Reaktion sinnvoll und adäquat ist. Je enger dein Toleranzfenster ist, desto häufiger wirst du auf einen Reiz reagieren, ohne reflektiert zu haben, ob die Reaktion angemessen ist.

In einer lebensgefährlichen Situation rettet uns diese Teilautonomie des Stammhirns jedoch das Leben. Würde der Körper auf das sorgfältige Abwägen und anschließende Suchen einer guten Lösung vom Verstand (Neokortex) warten, wären wir alle längst tot!

VERSTAND GEGEN INSTINKT

Im Alltagsleben erklärt diese Uneinigkeit des Gehirns jedoch viele uns selbst unverständliche Verhaltensweisen, für die wir uns oft nicht mögen. Dazu gehört beispielsweise der große Unterschied zwischen dem Wissen über eine Tatsache und dem tatsächlichen Verhalten. Bei vielen Menschen hat das eine sehr wenig mit dem anderen zu tun.

Ich weiß zum Beispiel, dass Schokolade nicht gut für mich ist – aber ich esse sie trotzdem. Ich weiß, dass ich mehr Sport treiben sollte (das Wort »sollte« ist übrigens ein sehr guter Anzeiger dafür, dass etwas sehr wahrscheinlich nicht geschehen wird), aber irgendwie gelingt es mir nicht, es umzusetzen, weil es auf der Couch gemütlicher ist. Ich weiß, dass die Umwelt durch die Art, wie wir leben, schwer belastet wird, aber ich genieße trotzdem den Flug nach Mallorca.

Ich weiß, dass bestimmte Ereignisse in meiner Geschichte verantwortlich dafür sind, dass ich mich heute so fühle, wie ich mich fühle – aber das ändert nichts.

Bottom-up

Verstandesmäßiges Wissen hat nichts mit dem emotionalen und körperlichen Begreifen von etwas zu tun. Die meisten Prozesse in unserem Leben sind sogenannte *Bottom-up*-Prozesse, das heißt, wir werden viel mehr von Emotionen und Instinkten gesteuert, als wir es wahrhaben möchten. Die Neurowissenschaften finden zunehmend Belege dafür, dass wir rational nur auf sehr wenige Prozesse Zugriff haben. Wir rationalisieren unser Verhalten zwar – erklären es also im Nachhinein –, aber wir können es nicht rational steuern. Bei traumatischen Erinnerungen oder in Angstsituationen spricht man sogar von einem *Bottom-up-Highjacking*, einer Entführung der verstandesmäßigen Prozesse, durch die tiefer liegenden Hirnregionen.

Top-down

Sind wir ruhig und entspannt, so haben wir die Möglichkeit, sogenannte *Top-down*-Prozesse über den Verstand zu initiieren, dabei lenken wir unser Verhalten bewusst. Alle Prozesse, die wir durch Willenskraft steuern, gehören dazu. Leider nützt uns diese Steuerung oft nur kurzfristig.

Stell dir die Willenskraft wie einen Muskel vor, der, je mehr du ihn beanspruchst, umso schneller ermüdet. Spätestens dann sind wir wieder unseren Emotionen und Instinkten ausgesetzt und tun erneut Dinge, die wir eigentlich nicht mehr tun wollten. Damit ist die anfängliche Frage beantwortet, wer zwischen den Reaktionen von Kampf und Flucht entscheidet. Es ist das Stammhirn, und zwar ohne Rücksprache mit dem Verstand.

Ab nach unten – erstarren oder tot stellen

Nun gibt es Situationen, denen Menschen nicht durch Flucht oder Kampf entkommen können. In diesem Fall gibt es eine weitere instinktive Reaktionsmöglichkeit: das Erstarren. Dieser Reflex wird eingeleitet, wenn die Lage für die betroffene Person aussichtslos erscheint.

Auch hier ist wieder zu betonen, dass es keine Normsituationen gibt, in denen alle Menschen gleich reagieren. Es geht um das subjektive Gefühl der Bedrohung, und manchmal sind diese Ängste für andere nicht nachvollziehbar.

Es gibt auch Situationen, die sich nicht auflösen und in der wir andauernder Angst, Bedrohung oder Stress ausgesetzt sind. Nachdem alle Versuche des Körpers gescheitert sind, die Situation über die Möglichkeiten des Sympathikus (Kampf und Flucht) zu lösen, und auch eine Erstarrungsreaktion nicht zu einem Ende führt, kollabieren Menschen in einen Totstellreflex. Man ergibt sich, jegliche Spannung weicht aus dem Körper.

Diese Reaktion bringt fast immer eine *Dissoziation* mit sich. Das bedeutet, dass Menschen dabei ein Gefühl haben, als seien sie nicht mehr in der Situation involviert. Sehr häufig beschreiben sie, dass sie das Geschehen von außen beobachten und sich emotional nicht mehr beteiligt fühlen. Sie empfinden dann keine Schmerzen mehr, und häufig verändert sich auch die Raum-Zeit-Wahrnehmung. Alles scheint in Zeitlupe abzulaufen, die Farben und Eindrücke verändern sich, und es ist, als würde man sich in einer anderen Dimension bewegen. In einer solchen Situation spalten wir uns völlig von unserem Körper ab und verlieren den Kontakt zu unseren Körperempfindungen und Gefühlen. Die Natur hat das so eingerichtet, damit wir nicht leiden.

Allerdings finden Menschen, wenn die Notlage vorüber ist, oft nicht einfach wieder in ihren Körper zurück. Manchmal bleiben sie über Jahre dissoziiert und bemerken es nicht. Sie nehmen nur wahr, dass sich ihr Erleben verändert und das Leben häufig seine Farben verloren hat.

Wenn unser Toleranzfenster in Balance ist, fühlen wir uns zufrieden. Sobald wir nach oben oder unten »aus dem Rahmen fallen«, empfinden wir Anstrengung, Erschöpfung und vieles mehr. Wir sind aus dem Gleichgewicht.

Du kannst dir sicher vorstellen, dass eine solche *Dysregulation* keine gute Voraussetzung dafür ist, mit sich zufrieden zu sein oder in eine liebevolle Beziehung zu treten.

WENN WIR AUS DEM LOT GERATEN

Ist unser Toleranzfenster zu eng und haben wir nicht gelernt, uns gut zu regulieren, so hat das gravierende Folgen. Im schlimmsten Fall fühlt sich unser Leben an wie eine Fahrt auf einer Achterbahn: ein ständiger Wechsel zwischen Übererregung und Erschöpfung.

Ich halte inzwischen fast alle Symptome im Leben von Menschen für Hinweise auf eine grundlegende Dysregulation. Sind Körper und Nervensystem aus der Balance, zeigen sich immer mehr Symptome im Alltag, die unser Leben schwerer machen und unsere Lebendigkeit und Verbundenheit hemmen:

Bei Übererregung

- Nicht still sitzen können, immer etwas tun müssen
- Nervosität
- Schlafstörungen
- Wutanfälle
- Konzentrationsschwierigkeiten
- Starke Gefühlsschwankungen
- Ständiges Gedankenkarussell
- »Arbeitswut«
- Unruhe
- Suchtverhalten

Bei Untererregung

- Erschöpfung
- Gefühl der Sinnlosigkeit
- Depression
- Burn-out
- Resignation
- Antriebslosigkeit
- Trancezustände
- Gefühllosigkeit
- Suchtverhalten

Vielleicht findest du dich in manchen dieser Aspekte wieder.

Es ist wichtig für dich zu wissen, dass du diese Zustände nicht über den Verstand beeinflussen kannst. Du bist nicht schuld oder zu dumm, wenn du immer wieder in solche Befindlichkeiten stolperst. Es liegt an deiner Fähigkeit zur Selbstregulation. Wenn du diese verbesserst, dann wird sich dein Leben grundlegend ändern! Unsere Fähigkeit zur Selbstregulation beeinflusst natürlich auch die Art und Weise, wie wir Beziehungen führen. Je besser du deine Emotionen steuern kannst, desto besser werden deine Beziehungen sein.

ANWESEND – UND DOCH NICHT DA

Dissoziation ist ein Begriff aus der Psychologie und Psychotherapie, der kaum bekannt ist. Er beschreibt eine innere Abspaltung von sich selbst. Ich halte sie für das häufigste Symptom überhaupt. Frühe Verletzungen in Verbindung mit nicht sicheren Bindungen sind so weit verbreitet, dass viele Verhaltensweisen inzwischen als »normal« gelten, obwohl sie es eigentlich nicht sein sollten. »Normal« ist ein schwieriges Wort, und ich versuche, es möglichst selten zu benutzen. Für mich bedeutet es eher »sehr weit verbreitet« als »so sollte es sein«.

Ich sehe immer mehr Menschen, die anwesend sind, aber nicht präsent. Ich sehe Menschen, die funktionieren, aber sich nicht fühlen. Ich sehe Menschen, die Angst haben vor Stille und einer Begegnung mit sich selbst.

Unsere Gesellschaft entwickelt sich dahin, dass immer mehr von uns im oberen Bereich des Toleranzfensters leben oder sogar im ständigen Kampf-oder-Flucht-Modus. Bestimmt ist dir schon einmal aufgefallen, dass die Leute sich im täglichen Miteinander auf der Straße viel schneller angiften, sich angegriffen oder schlecht behandelt fühlen, laut werden oder sogar beleidigend. Vielleicht hast du auch schon bemerkt, dass kaum noch jemand die Tür für die Person hinter sich aufhält. Ich habe eine Weile gebraucht, um zu begreifen, dass die meisten Leute mich gar nicht wahrnehmen. Viele Menschen leben inzwischen in einer Blase, zu der andere Menschen oder die Welt keinen Zutritt haben. Dadurch nimmt die Vereinzelung zu, was wiederum dazu führt, dass Menschen sich einsam fühlen und abgeschnitten.

XPERIMENT: SCHAU DIR ZU

eobachte dich einmal zwei bis drei Tage intensiver. Was ellst du fest?

- Bist du präsent, wenn du durch den Tag gehst?
- Wie freundlich gehst du mit anderen Menschen um?
- Wie intensiv nimmst du andere wahr?
- Wie viel nimmst du von dir selbst wahr, von deinen Gefühlen, Bedürfnissen, deinem Körper?

DEIN KÖRPER – DEIN LEBEN, DEINE HEIMAT

»Die Reise nach innen ist genauso aufregend wie Reisen durch die Welt.«

Dein Körper, dein Leben. Das klingt plakativ, ist aber wahr. Ob uns das nun gefällt oder nicht, ist eine andere Frage. Doch wenn unser Körper stirbt, ist unser Verstand machtlos. Auch wenn du glaubst, dass nach dem Tod noch etwas kommt – dieses Leben ist mit dem Tod unseres Körpers zu Ende. Gleichzeitig sollte es uns zu denken geben, dass es für unseren Körper möglich ist, ohne unseren Verstand weiterzuleben.

Wir sind inzwischen in hohem Maße abgespalten von unserem körperlichen Sein. Dies zeigt sich an vielen Stellen, und es schadet uns. Eine gute Selbstregulation und unser Lebensglück sind existenziell damit verbunden, wie wir in unserem Körper zu Hause sind. Ich möchte erklären, was ich darunter verstehe.

Zunächst, was ich *nicht* darunter verstehe: Es hat nichts damit zu tun, dass du täglich duschst oder Sport treibst und ständig auf dein Gewicht achtest. Es hat nichts mit Schönheit oder Attraktivität zu tun. Es hat nichts damit zu tun, ob dein Körper »funktioniert« oder ob du Schmerzen hast. Unser Körper ist unsere Heimat. Wir werden mit ihm geboren, und wir werden mit ihm sterben. Wir haben keine zweite Version, auf die wir zurückgreifen können.

Dennoch gehen wir mit unserem Körper oftmals genauso um wie mit der Erde, auf der wir leben. Wir müllen ihn zu, und ignorieren alle Anzeichen, dass das Gleichgewicht gestört ist.

Häufig stehen wir sogar auf Kriegsfuß mit dem eigenen Körper und Spiegelbild. Wir hätten gern dies und jenes anders und sind dauernd damit beschäftigt, was alles »falsch« ist. So kommen wir gar nicht dazu zu realisieren, dass dies die einzige Heimat ist, die wir wirklich haben und die uns unser ganzes Leben begleitet. Unser Körper soll funktionieren. Punkt. Und gut aussehen. Was immer das heißen mag.

ZU HAUSE IN MIR

Unser Körper ist ein Resonanzraum, über den wir unsere eigenen Gefühle, unsere Geschichte und unsere Umwelt wahrnehmen. Wir können Gefühle und Emotionen nur über unseren Körper fühlen – im Grunde fühlen wir Lebendigkeit ausschließlich über ihn. Liebe, Wut, Freude, Lust, was immer du in deinem Leben spürst, du spürst es über deinen Körper.

Empathie ist nichts anderes als die Resonanz auf andere Menschen, die du in deinem Körper wahrnimmst. Menschen, die sich nicht fühlen, können kaum wirklich empathisch sein.

Du möchtest eine Entscheidung treffen? Überraschung! Auch das funktioniert nur, wenn du deinen Körper spürst, denn von ihm bekommst du die ausschlaggebenden Informationen in Form von angenehmen oder unangenehmen Empfindungen.

Je besser wir in unserem Körper wohnen und ihn spüren, desto mehr Präsenz entwickeln wir. Präsente Menschen geben uns das Gefühl, dass sie wirklich da sind, wenn sie bei uns sind. Wir merken sehr schnell, wenn jemand abgelenkt ist, während sie oder er mit uns spricht.

Bitte versuche jetzt einmal kurz, deinen Körper zu spüren: Was genau nimmst du wahr? Und wie nimmst du das wahr, was du spürst? Wenn du so bist wie die meisten Menschen, dann spürst du wahrscheinlich die Lehne in deinem Rücken, die Füße auf dem Boden und ob dir kalt oder warm ist.

Ich möchte weiterfragen:

- ◇ Empfindest du deinen Körper als Raum oder eher als zweidimensional?
- ◇ Fühlst du den Raum, den deine Haut umschließt oder den deine Rippen und dein Becken umfassen?
- ◇ Fühlst du, wo es kribbelt und wo du Spannungen hast?
- ◇ Fühlst du, wo du dich nicht fühlst?

Nimm dir in den nächsten Tagen jeweils zehn Minuten oder, wenn das zu viel ist, fünf Minuten, und tue nichts. Du setzt dich auf einen Stuhl oder auf die Couch (bitte nicht hinlegen) und machst nichts anderes, als deinen Körper zu spüren. Du versuchst, einfach nur wahrzunehmen, welche Empfindungen entstehen, wo es kribbelt, wo es warm ist, wo es sich weich anfühlt oder fest. Wenn Gedanken oder Gefühle auftauchen, dann fragst du dich:

- ◇ Wie fühle ich das in meinem Körper?
- ◇ Welche Empfindungen tauchen auf, wenn ich dies oder jenes denke oder fühle?

Das mag sich unglaublich banal anhören, doch du wirst merken, dass in dir eine Menge passiert, während du dich auf deinen Körper einlässt. Es kann sein, dass du viel bewusster wahrnimmst, wie es dir eigentlich geht. Das kann manchmal angenehm sein und ein anderes Mal unangenehm. Versuche, die Gefühle, die aufkommen, einfach zuzulassen, und frage dich immer wieder: Wie nehme ich dieses Gefühl im Körper wahr?

Körperwahrnehmung ist die Basis von Selbstregulation, es ist nicht möglich, das eine ohne das andere zu erreichen.

Je länger du diese kleine Übung machst, desto mehr wirst du im Alltag merken, wie du dich bewusster wahrnimmst. Wie du deutlicher spüren kannst, wie es dir geht und was du brauchst.

Das geheime Versteck

Die meisten Menschen leben heute in einem entfremdeten Zustand. Sie haben ihr Zuhause verloren und suchen verzweifelt nach dem Gefühl von Geborgenheit und Zugehörigkeit.

Das, was wir suchen, ist so nah und zugleich so fern. Es gibt dazu eine Geschichte, die als Hindu- und auch als Sufi-Legende erzählt wird. Heute kursiert sie in verschiedenen Versionen. Hier eine davon: Verärgert über die Unwissenheit und Überheblichkeit der Menschen beschlossen die Götter, den Schlüssel zur Glückseligkeit vor ihnen zu verstecken. Einer machte den Vorschlag, ihn auf dem höchsten Berg zu verwahren, ein anderer schlug die tiefste Höhle vor. Doch allen war klar, dass die Menschen ihn überall finden würden. Da hatte einer der Götter eine Eingebung und sprach: »Lasst ihn uns in den Menschen selbst verstecken, dort suchen sie nie!«

Das trifft auf viele Menschen zu. Viele von uns scheuen sich, wirklich Kontakt zu sich selbst aufzunehmen. Wir wissen, dass uns dort auch Dinge begegnen werden, die schmerzlich sind. Das können unverarbeitete Erlebnisse aus der Vergangenheit sein, der Schmerz der Unverbundenheit heute oder auch die Einsicht, dass wir so toll gar nicht sind. Die Reise nach innen ist genauso aufregend wie Reisen durch die Welt. Wir werden immer neue Facetten finden, und es gibt kein Ende auf dem Weg der Selbstentdeckung.

Dennoch ist die Reise nach innen nicht vollständig, wenn es die einzige ist. Auch die Reise nach außen gehört zu einem erfüllten Leben. Je mehr wir echte Verbindungen aufbauen können zu der Welt, in der wir leben, und zu den Menschen um uns herum, desto mehr fühlen wir uns erfüllt und reich.

Die Grundlage dafür ist die Verbundenheit mit uns selbst und unserem Körper, diese zarte, verletzliche Verbindung mit der Fragilität und Kraft unseres Lebens. Ein »Irdischsein« im besten Sinne.

EXPERIMENT: INNEHALTEN

Bevor du jemanden triffst oder auch, bevor du dein Handy oder Tablet hervorholst, versuche einmal, möglichst viel in deinem Körper zu spüren.

Während du dann mit jemandem sprichst oder am Computer sitzt, frage dich kurz: Wie viel von mir fühle ich jetzt noch?

Sehr wahrscheinlich spürst du dich gar nicht mehr in deinem Körper. Vielleicht fühlst du noch deinen Kopf, aber das war es dann leider auch.

Die wenigsten Menschen können mit sich selbst in gutem Kontakt bleiben, während sie mit der Aufmerksamkeit bei einer anderen Person sind oder in eine Beschäftigung wie mit dem Computer eintauchen.

Das hat viel damit zu tun, dass wir als Kinder gelernt haben, unsere Eltern intensiv zu beobachten und immer zu wissen, wie es ihnen gerade ging. Vor allem diejenigen von uns, die Gewalt, Demütigung, Vernachlässigung erlebt haben, sind mit ihrer Aufmerksamkeit immer außerhalb von sich selbst, um bereit zu sein, falls Gefahr im Verzug ist.

Ein weiterer Grund besteht häufig darin, dass wir dafür sorgen mussten, dass es unseren Eltern gut ging. Dadurch haben wir gelernt, dass wir nur Zuwendung bekommen, wenn wir aufmerksam sind und unsere eigenen Gefühle, Bedürfnisse und Wahrnehmungen verleugnen. Dieses Denken, dass wir nur Zuwendung erhalten, wenn wir für andere möglichst unkompliziert sind oder etwas für sie tun, behalten viele Menschen als Erwachsene bei.

Wie sieht das bei dir aus?

KÖRPERLOS UND KOPFLASTIG

Wir können nicht lieben, uns freuen oder traurig sein ohne unseren Körper. Wir leben wie betäubt, wenn wir ihn nicht fühlen. Dies hat zur Folge, dass wir unsere Gefühle auch nur wie betäubt wahrnehmen. Menschen, die sich und ihren Körper kaum spüren, *glauben* häufig nur, Gefühle zu haben. Diese existieren jedoch lediglich als Vorstellung in ihrem Kopf und sind deshalb oft völlig inkonsistent und wechselhaft. Deshalb haben solche Menschen große Schwierigkeiten, sich zu entscheiden oder zu erkennen, was gut für sie wäre.

Inzwischen sind viele von uns auf der Flucht vor ihren eigenen Gefühlen. In ihnen lebt die Erinnerung, dass zahlreiche ihrer Gefühle unangenehm oder sogar beängstigend sind. Dazu kommt, dass wir oftmals für Gefühle lächerlich gemacht worden sind oder gedemütigt wurden.

Gerade die Generation der Kriegskinder war oft nicht fähig, ihren Töchtern und Söhnen empathisch zu begegnen und aufgeschürfte Knie oder den ersten Liebeskummer mit angemessener Feinfühligkeit oder auch nur mit Interesse zu begegnen. Diese »Wehwehchen« waren so banal gegenüber den Bomben und der Angst ihrer eigenen Kindheit, dass diese Eltern nicht selten am Mitgefühl für ihre Kinder scheiterten.

Leider oder zum Glück gelingt diese Flucht vor sich selbst nicht oder nur teilweise, denn wir können nicht aus unserer Haut. Wir müssen und werden mit uns alt, egal, ob wir uns mögen oder nicht. Viele Menschen liegen im Krieg mit ihrem Körper, mit ihren Empfindungen und ihren Gefühlen – ein Krieg, der nicht zu gewinnen ist.

Der Umgang mit uns selbst ist häufig von Kritik und wenig Selbstliebe geprägt. Es ist wichtig, sich darüber klar zu werden, dass wir uns vor uns selbst nicht verstecken können. Und niemand wird uns dafür belohnen oder bedauern, dass wir uns selbst ein Leben lang niedergemacht, kritisiert, hässlich oder dumm gefunden haben. Dem Leben ist es vollkommen egal, wie wir mit uns umgehen. Wir werden mit uns alt, egal, ob wir nett zu uns sind oder ob wir uns hassen. Allerdings ist der Unterschied für uns selbst wie Tag und Nacht, denn dieser Krieg kostet uns einen hohen Preis: unsere Lebendigkeit und unsere Lebensfreude.

Gefühle zu spüren, angenehme oder unangenehme, machen uns lebendig. Und Gefühle finden im Körper statt (ich weiß, dass ich mich hier wiederhole, aber es ist so wichtig, das wirklich zu verstehen). Die Flucht in den Kopf ist die Lösung, um sich selbst und die eigenen Verletzungen nicht zu fühlen. Leider haben wir dann auch wenig Zugang zu unseren Bedürfnissen. Diese innere Flucht ist inzwischen epidemisch und drückt sich in unserer Gesellschaft und den Angeboten aus, sich zu zerstreuen. Traumatische Ereignisse oder mangelnde echte Zuwendung, Beziehung und Spiegelung als Kleinkind sind einer der Hauptgründe für diese Flucht aus dem Körper.

DIE ACHTERBAHN DER GEFÜHLE

»Es gibt echte Gefühle – ohne echte Ursache im Jetzt.«

Gefühle sind die Würze des Lebens. Aber wie bei allem kann es hier ein Zuviel oder Zuwenig geben. Immer überwürzt oder immer nur fade. Gefühle sind ein sehr komplexes Thema, und die Wissenschaft ist längst noch nicht am Ende mit ihrer Erforschung. Ich werde die Erkenntnisse hier unter dem pragmatischen Aspekt der Umsetzung im Leben vorstellen.

Hast du dich schon einmal gefragt, wie du zu den Gefühlen kommst, die du im Laufe eines Tages empfindest? Ich finde das eine spannende Frage, weil wir damit vielen Mythen auf die Spur kommen, die darüber im Umlauf sind.

Schauen wir uns einmal an, wie der Duden die Begriffe Gefühl und Fühlen definiert: 1. »(durch Nerven vermittelte) Empfindungen« und 2. »psychische Regung, Empfindung des Menschen, die seine Einstellung und sein Verhältnis zur Umwelt mitbestimmt«. Unter dem Stichwort Emotion findet sich: »psychische Erregung, Gemütsbewegung; Gefühl, Gefühlsregung«.

In der Psychologie sind Emotionen und Gefühle keine Synonyme. Sie unterscheiden sich vor allem dadurch, dass Emotionen allen Menschen bekannt, Gefühle dagegen kulturell anerzogen sind. Das erscheint befremdlich, da wir Gefühle doch als sehr persönlich und »authentisch« erleben.

Der US-amerikanische Psychologe Paul Ekman ist dadurch bekannt geworden, dass er Emotionen und ihren Ausdruck systematisch erforscht hat. In Reisen zu verschiedenen Völkern der

Erde stellte er fest, dass es bestimmte Basisemotionen gibt, die bei allen Menschen gleich sind und die wir alle unabhängig von unserer Nationalität lesen und verstehen können:

- ◇ Freude
- ◇ Angst
- ◇ Trauer
- ◇ Wut
- ◇ Scham
- ◇ Ekel
- ◇ Erstaunen

Diese Emotionen finden sich überall auf der Welt bei allen Völkern. Wir erkennen sie auch in fremden Menschen wieder, was eine Grundverständigung möglich macht. Der Gesichtsausdruck für diese Emotionen ist für uns les- und interpretierbar, sodass wir darauf reagieren können, selbst wenn wir die Sprache unseres Gegenübers nicht verstehen. Emotionen zeigen sich meist deutlich und sind für uns spürbar. Sie können sehr eindeutig sein und sind von einer gewissen Intensität. Gefühle hingegen sind oft diffus und vermischt. Wir können sie nicht über alle Kulturen erkennen und richtig interpretieren. Sie sind eben stark kulturell geprägt. Manchmal glauben wir, wir würden über das gleiche Gefühl sprechen, aber häufig ist das nicht so. Die Folge sind Verständigungsschwierigkeiten und gegenseitige Frustration.

Ein Beispiel: Spricht ein Araber oder Türke über Stolz, mögen wir annehmen, dass wir das Gleiche fühlen oder wenigstens verstehen, um was es geht. Das ist aber höchstwahrscheinlich nicht der Fall, es sei denn, wir haben die gleiche Sozialisation genossen. Wenn eine deutsche Frau und ein arabischer Mann über Stolz sprechen, ist mit ziemlicher Sicherheit davon auszugehen, dass sie zwar beide das gleiche Wort benutzen, aber vollkommen andere Dinge dabei empfinden.

Doch wie entstehen Gefühle und Emotionen in uns? Im Alltag denken wir häufig, dass unsere Gefühlswelt davon abhängt, was um uns herum passiert und wie das Leben und andere Menschen mit uns umgehen. Das ist leider – oder zum Glück – falsch, je nachdem, aus welcher Perspektive wir es betrachten.

Meines Erachtens brauchen wir einen neuen Umgang mit Gefühlen. Wir kommen aus einer Zeit, die Gefühle massiv unterdrückt hat. Menschen waren weitgehend abgeschnitten von ihrem Gefühlsleben. Schaust du dir alte Filme an, so siehst du die Starre in den Körpern.

Inzwischen scheinen Gefühle eine große Bedeutung gewonnen zu haben, die eher zum anderen Extrem tendiert. Wir sprechen von Bauchgefühlen und Bauchentscheidungen, von wahren Gefühlen und Authentizität, wenn jemand Gefühle zeigt und auslebt.

DAS BAUCHGEFÜHL

Unsere Intuition gilt als einer der guten Wegweiser des Lebens. »Hör auf dein Bauchgefühl« ist ein gern erteilter Ratschlag.

Doch stimmt das wirklich? Wie so oft gibt es zwei Seiten. Manchmal ist das Bauchgefühl ein guter Ratgeber, und ein anderes Mal sollten wir auf keinen Fall darauf hören. Die Kunst besteht darin, das eine vom anderen zu unterscheiden. Dafür musst du wissen, wie das Bauchgefühl entsteht und wovon es beeinflusst wird.

Tatsächlich ist es so, dass unsere Intuition und unsere Bauchgefühle, die ihre Informationen aus unserem Unbewussten beziehen, über viel mehr davon verfügen, als unser Bewusstsein jemals haben könnte. Das Unbewusste verarbeitet unzählbare Eindrücke, die uns nur selten bewusst zugänglich werden.

Der Thalamus – der »Hüter der Schwelle« – in unserem Gehirn sortiert die Informationen nach ihrem »Gebrauchswert«. Und hier liegt der erste mögliche Fehlerpunkt. Das Gehirn filtert sie nach Relevanz und Neuigkeit. Alles andere fällt sozusagen mehr oder minder unter den Tisch. Informationen werden vom Gehirn als Energie wahrgenommen. Diese Energie muss einen Schwellenreiz überschreiten, um ins Bewusstsein vorzudringen.

Und wer entscheidet, was relevant ist?

Das ist eine wichtige Frage. Das Gehirn wählt aufgrund von Vorerfahrungen, von der Bedeutung für das Überleben und von Neuigkeit aus. Ist etwas neu und aufregend, so hat es große Chancen, am Thalamus vorbeizukommen und den Weg in unsere bewusste Wahrnehmung zu finden.

Unser Gehirn neigt zu Verallgemeinerungen und Vereinfachungen.

Unsere Intuition beruht demnach in hohem Maße auf Vorerfahrungen. Und hier liegt eine weitere große Störanfälligkeit. Haben wir beispielsweise eine schlechte Erfahrung mit einer älteren Frau gemacht, die eine Brille trug und graue Haare hatte, wird unser Bauchgefühl höchstwahrscheinlich bei jeder Frau, die ähnlich aussieht, eine Alarmmeldung ausgeben. Wir finden diese Frau dann unangenehm und unsympathisch, ohne dass uns die Ursache bewusst ist. Wenn wir in diesem Fall ohne weiteres Nachdenken nach unserem Bauchgefühl vorgehen, werden wir solchen Frauen generell mit Antipathie begegnen.

Unsere Erfahrungen werden vom Gehirn verallgemeinert und vereinfacht, damit sie als einfache Regeln zu handhaben sind. Dies hilft uns dabei, uns schnell zu orientieren und Entscheidungen zu fällen. Es birgt allerdings auch die Gefahr von zu starker Vereinfachung und Verallgemeinerungen, die wir dann für wahr halten. Die Folge sind nicht selten Vorurteile, Desinformation und falsche Entscheidungen. Zusammen können diese sehr viel Chaos in unserem Leben anrichten.

Natürlich kann es nicht darum gehen, Gefühle abzuschaffen. Und was soll falsch daran sein, sie auszudrücken? Gefühle und Emotionen sind äußerst mächtig – weitaus mächtiger als unser Verstand. Mir ist schon lange bewusst, dass der Verstand nur einen geringen Einfluss auf uns hat, der letztlich begrenzt ist (auch wenn wir als Menschheit immer etwas anderes postulieren).

Im Laufe der Auseinandersetzung mit Trauma in all seinen Formen in den letzten zwanzig Jahren wurde mir mit der Zeit klar, dass es die Gefühle und Emotionen waren, die mich selbst und meine Klienten völlig überforderten, in die innere Überwältigung führten und im Alltag sehr viele negative Erfahrungen hervorbrachten. Sie belasteten oder zerstörten Beziehungen, verhinderten Karrieren und machten den Alltag zu einer nie endenden Fahrt auf einer Achterbahn der Gefühle.

Es wurde mir auch bewusst, dass diese Emotionen, die im Alltag und im Hier und Jetzt auftauchen, im Großen und Ganzen gar nichts mit der aktuellen Realität zu tun haben.

Wie ist das zu verstehen?

Es gibt echte Gefühle – ohne echte Ursache im Jetzt!

Der Ausdruck dieser Gefühle sollte eigentlich gesund sein, macht aber Menschen und ihre Verhaltensweisen vor allem in Beziehungen oftmals toxisch. Es kostete mich wiederum einige Jahre, um dieses Paradox aufzulösen. Und nochmals einige Zeit, um in mir (zumindest meistens) einen anderen Umgang mit Gefühlen zu finden und diesen auch in meiner therapeutischen Arbeit umzusetzen.

DIE WAHRHEIT ÜBER EMOTIONEN

Es gibt ein paar Dinge über Gefühle, die du wissen solltest:

- ◇ Gefühle sind interpretierte Körperempfindungen. Interpretationen sind erlernt und können verändert werden.

- ◇ Gefühle sind sehr häufig rückbezüglich, das heißt, sie speisen sich aus Erfahrungen der Vergangenheit und sind keine Reaktion auf die Realität heute.
- ◇ Gefühle kommen und gehen. Wir halten sie fest, indem wir uns mit ihnen identifizieren.
- ◇ Gefühle unterliegen gesellschaftlichen Einflüssen.
- ◇ Gefühle entstehen durch die Interpretation unserer Erfahrung/Wahrnehmung, nicht durch die Erfahrung/Wahrnehmung selbst.

Als Babys haben wir noch keinen Namen für das, was wir empfinden – wir empfinden es einfach. Erst im Laufe der Jahre lernen wir durch die Spiegelung unserer Eltern und Bezugspersonen, dass bestimmte Empfindungen bestimmte Namen haben: traurig, hungrig, ängstlich, wütend etc.

Wir lernen Namen für »Bündel von Empfindungen«. Wir lernen also Namen für unsere Empfindungen, die den Wahrnehmungsfilter einer anderen Person durchlaufen haben. Dies kann dazu führen, dass Menschen Empfindungen als Angst interpretieren, auch wenn es vielleicht eher Wut oder lediglich Aufregung ist. Es gibt Eltern, die können Wut als Gefühl bei ihrem Kind nicht sehen – vielleicht weil sie dieses Gefühl immer auf sich beziehen und es deshalb vermeiden. Stattdessen nennen sie starke Gefühle ihres Kindes Angst oder Traurigkeit.

Aus Untersuchungen weiß man, dass es auch geschlechtsspezifische Interpretationen von Gefühlsausdrücken bei Kindern durch Bezugspersonen gibt. Bei Mädchen wird viel öfter gesagt, dass sie traurig und bei Jungen, dass sie wütend seien. Deshalb haben Frauen oft Schwierigkeiten zu erkennen, dass sie wütend sind. Während Männer oft nicht erkennen können, dass sie traurig sind. Wenn Gefühle also interpretierte Körperempfindungen sind, dann haben wir die Erklärung dafür, dass manche Menschen Dinge als aufregend beschreiben, während andere sie als angsteinflößend bezeichnen.

Ein weiterer wichtiger Faktor ist der Grad unserer Selbstregulationsfähigkeit – also wie wir Erregung managen können. Dies hängt deutlich mit der Fähigkeit zusammen, Empfindungen im Körper als Grundlage von Gefühlen wahrzunehmen.

Wir erleben Gefühle immer wieder als sehr grundlegend und dauerhaft. Beobachten wir kleine Kinder, so erkennen wir rasch das wahre Wesen von Gefühlen: Sie kommen und gehen. Gerade ist ein Kind noch völlig verzückt, einen Moment später weint es, und dann lacht es wieder.

Diese Sprunghaftigkeit und Kurzlebigkeit von Gefühlen haben ihre Vor- und Nachteile. Kinder leben im Hier und Jetzt und stellen sich nicht vor, was morgen sein wird (sie können das auch einfach noch nicht), und sie grübeln nicht über ihr Unglück von gestern nach. Alles findet im Jetzt statt.

Das reine Leben im Hier und Jetzt ist *nicht* erstrebenswert. Es bedeutet, keine Vorsorge zu treffen und nicht aus Fehlern zu lernen. Es bedeutet, nicht zu planen und nicht nach vorn zu schauen. Diese Form von Leben wird einen Menschen sehr schnell ins Abseits bringen oder auf der Straße leben lassen. Deswegen werden Kinder von ihren Eltern versorgt oder sollten es werden, deswegen lassen Eltern ihnen diese Fürsorge zuteilwerden. Man erzählt von manchen erwachten Gurus, dass sie auch wieder in einem solchen kindlichen Zustand leben und deswegen von anderen versorgt werden.

Das Hier und Jetzt

Wenn ich davon spreche, im Hier und Jetzt zu leben, meine ich, präsent zu sein. Präsent im Augenblick und ganz wach anwesend. Dies ist jedoch nur möglich, wenn wir unsere Gefühle und Gedanken regulieren können, denn sonst lenken sie uns immer von der Situation weg, in der wir uns gerade befinden. Anders als Kinder identifizieren sich Erwachsene mit ihren Gefühlen und investieren in diese. Das macht es viel schwerer, sie loszulassen.

Wenn du sagst: »Ich bin ein eher melancholischer Mensch«, dann erklärst du damit, dass bestimmte Gefühle zu deiner Identität gehören. Sobald etwas zu deiner Identität gehört, wirst du es nur sehr schwer wieder loslassen können.

Wenn du sagst: »Ich bin traurig«, dann nimmst du ein Gefühl heraus und fokussierst dich darauf. Alle anderen Gefühle, die vielleicht auch noch da sind, lässt du außer Acht. Vielleicht könntest du auch sagen: »Ich wünsche mir etwas anderes«, »Ich habe mir das anders vorgestellt«, oder »Ich bin ärgerlich, dass etwas nicht so ist, wie ich es wollte«. Vielleicht sind alle Aussagen wahr, aber in dem Moment, in dem du entscheidest, dass du traurig bist, werden die anderen Gefühle unsichtbar.

Je besser du lernst, deine Gefühle als Körperempfindungen wahrzunehmen, desto schneller kannst du sie verändern – wenn du das möchtest.

Wie rasch Gefühle wechseln können, kannst du auch feststellen, wenn du Musik hörst. Auf einmal kommt ein Song, der dich an eine Zeit erinnert, in der du sehr verliebt warst. Plötzlich wird das Licht um dich herum heller, du fühlst die Energie in deinem Körper und lächelst. Das Gefühl von Langeweile oder Stress, das du vorher hattest, ist wie weggewischt.

EXPERIMENT: WAS FÜHLE ICH HEUTE?

Beobachte einmal einen Tag lang die Gefühlslagen, die du durchläufst.

Du musst sie nicht bewerten, sondern einfach nur kurz wahrnehmen: Jetzt bin ich angestrengt, oder: Jetzt bin ich aufgeregt, oder: Jetzt bin ich erschöpft etc.

Du wirst merken, dass du deinen Tag viel klarer erlebst und dich viel deutlicher spürst.

Gefühle und Kultur

Der Ausdruck von Gefühlen ist hochgradig kulturell geprägt, ja sogar, welche Gefühle wir wann haben. Gefühle sind Teil unserer Kultur und der Mentalität von Völkern und für »Fremde« häufig nicht gut zu verstehen. Hinzu kommt der historische Aspekt: Früher hat man Liebeskummer anders ausgedrückt als heute, es wurden andere Dinge als erotisch empfunden, und man hat andere Gefühle empfunden als heute.

Falls du schon einmal im Ausland warst oder mit Menschen anderer Kulturkreise zu tun hattest oder hast, achte einmal auf die Unterschiede:

- ◇ Welche Mentalität haben andere Menschen?
- ◇ Wie äußern sie bestimmte Gefühle?
- ◇ Welche Einstellungen haben sie zum Leben?

Schließlich gibt es auch »hippe« Gefühle, die von einer Kultur in einer bestimmten Zeit bevorzugt werden. Dadurch erhalten sie mehr Aufmerksamkeit und Bedeutung und werden deshalb von Menschen auch für ihr persönliches Leben als wichtig wahrgenommen. Momentan sind das etwa: authentisch, individuell, autonom, glücklich etc.

SCHATTEN DER VERGANGENHEIT

Wir halten Gefühle meist für eine direkte Antwort auf etwas, das gerade passiert, als Reaktion auf Reize aus der Umwelt. Wir empfinden sie als authentisch und wahrhaftig. Man darf sie nicht anzweifeln und nicht infrage stellen. Dabei sind es häufig Schatten aus der Vergangenheit.

Hier begeben wir uns auf ein schwieriges Feld. Gefühle sind natürlich »echt«, in dem Sinne, dass wir sie eben jetzt real fühlen, ABER: Gefühle entstehen zum großen Teil durch Erfahrungen, die wir in der Vergangenheit gemacht haben, es sind sogenannte *Flashbacks* (engl. Blitz zurück, Rückblende). Dieses Wiedererleben wird ausgelöst durch einen Abgleich, bei dem das Gehirn die momentane Situation mit bereits erlebten Situationen in Beziehung setzt. Sehr schnell werden im Gehirn Vergleiche angestellt, die unter Umständen vollkommen an der Situation vorbeigehen.

Emotionale Flashbacks

Flashbacks erleben wir sehr häufig und ohne es zu bemerken. Wir reagieren dann nicht auf die Realität um uns herum, denken aber, dass wir genau das tun. Diesem Phänomen ist nur mühsam beizukommen.

Verletzungen in unserer frühen Kindheit prägen unsere Wahrnehmung in hohem Maße, sodass wir bestimmte Annahmen darüber entwickeln, wie die Welt beschaffen ist.

Ein besonderer Blick, jemand ruft viel später zurück als erwartet, ein Freund oder eine Freundin erscheint nicht pünktlich zum verabredeten Treffen – das alles können kleine Alltagsereignisse sein, die dich wieder in einen emotionalen Zustand versetzen, der zwar deinen Prägungen und traumatischen Erfahrungen entspricht, in dem Moment aber nichts mit der Realität und der wirklichen Intention der anderen Personen zu tun hat.

Das führt nicht selten zu dramatischen Situationen und unangenehmen Auseinandersetzungen. Später merkst du vielleicht, dass du gar nicht auf die Person oder das Ereignis reagiert hast, sondern auf »früher«.

Gerade in Beziehungen sind wir dafür hochanfällig. In der Bindungsforschung wird inzwischen davon gesprochen, dass bis zu 90 Prozent unserer Reaktionen nicht auf das Gegenüber gerichtet sind, sondern auf die Vergangenheit. Sich diesen Umstand bewusst zu machen, damit zu arbeiten und immer mehr zu lernen – sei es durch Therapie oder innere Auseinandersetzung und Reflexion –, eine Pause zwischen Reiz und Reaktion einlegen zu können ist von immenser Bedeutung.

Sobald ein gewisses Erregungsniveau im Körper überschritten ist, neigt das Gehirn außerdem zu negativen Interpretationen der Umweltreize. Gesichter werden als unfreundlich gedeutet, Dinge persönlich genommen. Wir schalten in den Kampf-oder-Flucht-Modus und nehmen die Welt als gefährlichen Ort wahr.

Erst mal innehalten

Sobald wir merken, dass wir das Gefühl haben, uns »wehren« zu müssen, müsste eine Pause zwischen Reiz und Reaktion – eines unserer wichtigsten Ziele – erfolgen, um mehr Informationen aufzunehmen und die Situation aufgrund der neuen »Daten« neu zu interpretieren. Nur wenn wir innehalten, hat unser Gehirn Zeit, mehr Daten aufzunehmen und diese neu und eventuell anders zu bewerten als in der ersten spontanen Reaktion. Diese Pause ist vor allem im zwischenmenschlichen Bereich unglaublich wichtig, da wir sonst durch unser Verhalten womöglich Beziehungen zerstören.

Leider können die Schatten der Vergangenheit so stark sein, dass sie alle neuen Erfahrungen verhindern und einen Kreislauf der Reinszenierung in Gang halten, der für die Betroffenen und ihr Umfeld sehr anstrengend und destruktiv sein kann.

Eine Pause zwischen Reiz und Reaktion ist letztlich nur möglich, wenn wir lernen, Gefühle und Emotionen zu beobachten, am Rand zu bleiben und sie im Körper spürbar zu halten. Dadurch werden sie nicht überwältigend, und es können neue Informationen aufgenommen und neue Erfahrungen gemacht werden.

Gefahr erkannt – Gefahr gebannt

Es ist also wichtig, eine Pause zwischen Reiz und Reaktion einlegen zu können und erst einmal abzuchecken:

- ◇ Wo bin ich?
- ◇ Welches Jahr schreiben wir?
- ◇ Wer ist mein Gegenüber, und will diese Person mir wirklich gerade etwas Schlechtes?

Das ist gar nicht so einfach, aber durchaus sinnvoll. Je länger dir die Pause gelingt, desto mehr Informationen kann dein Gehirn verarbeiten. Womöglich kommst du dann zu einem anderen Schluss und hast die Freiheit, anders zu reagieren als sonst. Das ist ein wichtiger Schritt, um wieder mehr Leben und Lebendigkeit in deinem Alltag zu erfahren und zu spüren. Es ist eine Möglichkeit, die emotionalen Flashbacks zu erkennen.

- ◇ Wo erlebst du emotionale Flashbacks?
- ◇ Wo reagierst du nicht so, wie du es gern würdest?
- ◇ Worauf könnte deine Reaktion zurückgehen?

DIE WELT DURCH DEN FILTER

Wir gehen, wie gesagt, meist davon aus, dass unsere Gefühle eine Reaktion auf das sind, was wir gerade erleben. Unsere Wahrnehmung lässt einen Schritt aus, da dieser sehr schnell geschieht. Er gehört praktisch zu unserer Grundausstattung und wird deshalb für unsere Wahrnehmung unsichtbar.

Ganz selten öffnet sich eine Tür, und plötzlich können wir spüren, wie unsere Interpretationen unsere Wahrnehmung beeinflussen. Das geht sogar so weit, dass unsere Deutung die sinnlichen Eindrücke beeinflusst, obwohl uns das zunächst unglaubwürdig erscheint.

Dieser starke Filter wirkt natürlich auch, wenn es um andere Dinge geht. Stell dir vor, du wartest auf einen Freund, und nach zehn Minuten beginnst du, dich zu ärgern, weil du denkst, er hätte dich versetzt. Dann bekommst du eine Nachricht, dass er auf der Straße Erste Hilfe leisten musste. Dein Ärger ist sofort verflogen, und du wartest wahrscheinlich gern noch ein wenig länger.

Jede Information wird von uns unbewusst in einen Kontext gebettet und interpretiert. Das macht es in Beziehungen oftmals sehr schwer, aus einer Negativspirale wieder auszusteigen. Plötzlich interpretiert man die Handlungen des anderen ständig durch einen negativen Filter, und dann kann der andere tun, was er will. Er macht ihr ein Kompliment, und sie denkt: »Na, da will er wohl gut Wetter machen, das kann er sich sparen.« – Ich denke, jeder von uns kennt diese Dinge.

Der größte und am schwersten zu ändernde Filter ist allerdings der unserer vergangenen Prägungen. Dieser ist immer aktiv, rund um die Uhr. Bist du der Meinung, dass das Leben ungerecht ist, so wirst du immer und immer wieder die Bestätigung finden. Bist du der Meinung, dass es sich nicht lohnt, Menschen zu trauen, so wirst du auch das immer wieder erleben.

Das ist meiner Meinung nach eines der großen Dilemmata unseres Lebens. Der Filter, durch den wir die Welt zu sehen gelernt haben, ist ungeheuer stark und für uns völlig unsichtbar. Wir alle gehen mit Annahmen auf unser Leben zu, und diese sind uns zunächst nicht bewusst. Wir müssen etwas dafür tun, damit sie uns bewusst werden – und dann sehen wir sie plötzlich überall. Im Grunde reagieren wir die meiste Zeit in unserem Leben emotional auf unsere eigenen Interpretationen, und nicht auf das, was uns gerade passiert. Diese Annahmen sind Überzeugungen, wie das Leben funktioniert und wie wir sind. Die meisten davon stammen aus einer Zeit, in der wir zu jung waren, um zu reflektieren, welche Überzeugungen wir da entwickeln. Aus diesem Grund halten wir sie für Wahrheiten.

Legen wir den Filter des Misstrauens auf unser tägliches Leben und alle Menschen, mit denen wir leben, so verändern sich unser Verhalten, unser Gesichtsausdruck, unsere Art und Weise zu kommunizieren, unsere Körperhaltung. Unsere gefühlsmäßigen Reaktionen auf die Ereignisse, die wir erleben, wandeln sich.

DIE KALTE DUSCHE

Mir selbst wurde das noch einmal sehr deutlich, als ich [illegible] dem Lesen des Buches von Scott Carney über die Wirkun[illegible] tremer Reize auf unseren Körper und psychisches Wohlbefi[illegible] anfing, kalt zu duschen. Dazu musst du wissen, dass ich k[illegible] Wasser hasse. Bisher hatte ich nicht einmal nach der Sauna [illegible] geduscht. Nun stand ich also unter kaltem Wasser in der Du[illegible] und ich fand es interessant. Dann schwamm ich im Bagger[illegible] Ende November. Es war und ist eine faszinierende Erfahr[illegible] sich dieser Kälte auszusetzen. Meine Interpretation der [illegible] hatte sich durch das Buch und durch die darauffolgende Bes[illegible] tigung mit der Arbeit von Wim Hof verändert, und plöt[illegible] war es mir möglich, die Kälte auszuhalten.

Ein weiteres Problem, das viele negative und starke Emotionen mit sich bringt, ist es, wenn wir beständig im Flucht-oder-Kampf-Modus durch die Welt laufen, weil alte unverarbeitete Traumata unser Nervensystem dermaßen dysreguliert haben, dass wir uns kaum einmal im Toleranzfenster befinden. Hat ein Mensch viele unverarbeitete Verletzungen in sich, so warnen sein Körper und seine Psyche ständig vor Gefahr. Das macht das Leben sehr anstrengend und die Welt zu einem Kriegsschauplatz. Manchmal zeigt sich diese starke Dysregulation auch darin, dass man ständig in Konkurrenz lebt oder immerfort in Angst vor unvorhersehbaren Katastrophen. Manchmal manifestiert sie sich auch in einem Gefühl von Überwältigung, Rückzug und Depression.

◇ Welche Überzeugungen hast du in Bezug auf das Leben?
◇ Welche Annahmen hast du über dich selbst?
◇ Was hältst du für wahr daran, wie die Welt funktioniert oder was du bist und kannst?

DER BLICK DES ADLERS – DAS BEOBACHTER-ICH

Gefühle sind wie Gedanken, sie kommen und gehen. Je mehr wir uns mit ihnen identifizieren, desto schneller und steiler fährt die emotionale Achterbahn – und das Aussteigen wird fast unmöglich. Dies ist besonders wichtig, da bei starken Emotionen das Beobachter-Ich aussetzt und dies oft zu Handlungen führt, die weder für uns selbst noch für unser Umfeld gut sind.

Unser Beobachter-Ich ist der Teil von uns, der uns über die Schulter sieht und unsere Handlungen wahrnimmt und manchmal eingreift oder wenigstens versucht einzugreifen, bevor wir etwas tun, was wir womöglich bereuen.

Dein Beobachter-Ich kann sehr streng sein und eher ein Kritiker sein, aber manchmal sind es auch zwei getrennte Instanzen. Dein Beobachter-Ich hält sozusagen eine Metaebene und schaut mit etwas Distanz auf dein Handeln und Verhalten. Dein Beobachter-Ich ist kühler und neutraler als dein emotionales Ich, und es macht dich auf Dissonanzen, schlechtes Benehmen etc. aufmerksam. Im besten Fall, bevor du so etwas tust.

Werden wir sehr emotional, so wird das Beobachter-Ich von der emotionalen Energie überwältigt, da es im Neokortex angesiedelt ist. Das emotionale Gehirn ist viel stärker als der Verstand, und deshalb ist es so wichtig, Gefühle regulieren zu lernen. Gefühle können uns blind machen für unsere Umwelt oder unser Handeln, Gefühle können sehr kurze Reaktionszeiten auslösen und sind oft nicht unbedingt sinnvoll für unser Leben.

Gefühle können aber auch unglaublich bereichernd sein und Tiefe, Leidenschaft und Freude in unser Leben bringen. Der Verstand ist von Natur aus eher kühl, und ein Leben, das vom Verstand gesteuert wird, ist interessanterweise nicht nur langweilig und flach, sondern zum Scheitern verurteilt.

Gefühle und Emotionen sind in erster Linie Motivatoren, und Menschen, die nur sehr flach in ihren Affekten sind, haben oft auch große Antriebsschwierigkeiten und versinken in einem depressionsähnlichen Zustand. Wir sind kaum fähig zu entscheiden, ob wir Tee oder Kaffee trinken wollen, wenn uns der Zugang zu unseren Gefühlen fehlt.

Auf der anderen Seite gibt es Menschen, die von ihren Emotionen und Gefühlen überwältigt werden. Sie leiden unter Angststörungen, posttraumatischen Belastungsstörungen, unkontrollierten Wutanfällen und Affektausbrüchen. Sie wirken oft unkontrolliert und schwer einschätzbar. Menschen, die ihre Emotionen überhaupt nicht kontrollieren können, landen auch oft im Gefängnis, da sie ihre Wut auf andere Menschen nicht im Zaum halten können.

Beide Extreme machen das Leben zur Hölle. Im Alltag nehmen wir nicht wahr, welche Leistungen unser Körper und Gehirn ständig vollbringen, damit wir unser Leben leben können. Uns fällt es nur auf, wenn etwas nicht oder nicht mehr funktioniert.

DRAMA, BABY, DRAMA – DIE SUCHT NACH GROSSEN GEFÜHLEN

Unsere Gesellschaft scheint süchtig zu sein nach großen, dramatischen Gefühlen. Alles wird übertrieben dargestellt und wenn man manche Facebook-Seiten verfolgt, dann scheinen einige Menschen eine immerwährende Party zu feiern und andere nur vom Pech verfolgt zu sein. Wir leben im Zeitalter des Narzissmus, und so muss das Ich aufgebläht werden. Die Selbstdarstellung ist für viele ein wichtiger Teil des Lebens geworden.

Leider verschiebt sich dadurch unsere Vorstellung davon, wie das Leben ist beziehungsweise sein sollte. Wir glauben, dass es intensiver sein sollte, oder wir warten auf große Ereignisse, die unser Leben erleuchten und verändern. Wir glauben an die großen Veränderungen, die uns auf eine neue Spur setzen. Gleichzeitig fühlen sich immer weniger Menschen und spüren ihren Körper und ihr Leben nicht.

Wir füllen unsere innere Leere und Unverbundenheit dann schnell mit Dramatik. Diese simuliert echte Emotionen, ist aber vom Wesen her leer. Sie ist wie ein Feuersturm, während echte Gefühle und Emotionen einem kleinen Feuer oder schwelender Glut gleichen. Sie sind wärmer, und wir können sie genießen, während ein Feuersturm oft einfach nur zerstörerisch ist.

Das Leben besteht aus lauter kleinen Dingen. Es ist quasi eine Abfolge von kleinen Dingen, die zusammen unser Leben werden. Je weniger wir diese fühlen und in Beziehung zu diesen scheinbaren Kleinigkeiten stehen, desto fader erleben wir unser Dasein.

Auf der anderen Seite führen frühe Verletzungen und Traumatisierungen zu einem ständigen Auf und Ab im Lebensgefühl. Das Leben wird zu einem emotionalen Chaos. Auf diese Weise werden dramatische Inszenierungen nicht selten zum Teil des Alltags, vergiften aber oftmals gerade nahe Beziehungen. Hinzu kommt, dass man sich schnell damit identifizieren kann, dass man eben ein besonders emotionaler oder leidenschaftlicher Mensch ist. Wir gehen dann davon aus, dass dies ein Charakterzug ist, mit dem andere zurechtkommen müssen.

Drama ist nicht zu verwechseln mit Lebendigkeit!

Dramatik wieder zu verlernen heißt, Emotionen regulieren zu können, und zwar so, dass sie für mich (und andere) noch angenehm und auch situationsangepasst sind. Vielleicht magst du sagen, du willst nicht immer angepasst sein, aber darum geht es mir nicht. Es geht nicht um eine gesellschaftliche Anpassung, sondern darum, dass du Freunde behältst, dass du eine Beziehung so führen kannst, dass sie allen Beteiligten Freude macht, und gegenüber Kindern nicht aus der Haut fährst.

In all diesen Bereichen ist es wichtig zu lernen, unsere Emotionen sinnvoll und situationsangepasst zu steuern. Das ist gar nicht so einfach, wie es sich anhört. Was wir dafür brauchen, ist viel Selbstbeobachtung und Übung, ganz viel Übung.

Interessanterweise empfinden viele Menschen, die zu emotionaler Dramatik neigen, diese als Motor für ein spannendes Leben. Sich davon abzuwenden wäre ja stinklangweilig. Das bedeutet praktisch eine »Dramasucht«.

Es handelt sich tatsächlich um eine Sucht! Denn jedes Mal, wenn bei uns starke Gefühle ausbrechen, schüttet unser Körper sowohl Adrenalin als auch Endorphine aus. Endorphine sind so stark wie Heroin. Es sind körpereigene Morphine, die eigentlich dafür da sind, dass wir in einer Gefahrensituation, wenn wir angegriffen werden, keine Schmerzen mehr haben. Dasselbe passiert bei Unfällen: So kommt es, dass Menschen, selbst wenn sie schwer verletzt sind, noch um Hilfe rufen können, weil sie den Schmerz nicht fühlen.

Dies betrifft leider auch Kinder, die in hochstressigen Haushalten aufwachsen. Sie werden förmlich immer wieder mit Adrenalin und Endorphinen überflutet, wenn es zu Hause Stress gibt. Heute weiß man, dass das Gehirn nach diesem Kick süchtig wird. Dementsprechend suchen wir, auch wenn wir älter sind, stressige Situationen oder kreieren ein Drama, weil unser Gehirn nach dem Endorphin-Kick strebt.

Diesen können wir uns auf verschiedene Arten und Weisen holen. Manche machen Sport bis zum Umfallen, andere streiten in Beziehungen. Auf jeden Fall scheinen wir in Alltagssituationen immer wieder diesen Kick zu provozieren. Das funktioniert auch mit kathartischen Therapien, in denen man verdrängte Erlebnisse noch einmal ausagiert und Kissen vermöbelt, oder solchen, die tief ins Dramatische gehen. Auch danach kann man süchtig werden, weil der Körper immer wieder Endorphine ausschüttet.

Der erste Schritt besteht darin zu erkennen, dass ich ein wenig abhängig bin von dem Drama. Das bedeutet, dass ich mein Leben ohne Dramatik schnell als langweilig empfinde und deswegen Dramen inszeniere. Beziehungen sind natürlich ideal dafür, weil sie ohnehin ganz viel antriggern, wie unsere Geschichte und unsere Bindungsmuster. Deswegen kommt diese Endorphinsucht dort häufig ganz besonders zur Geltung.

Wichtig ist, dass du weißt, dass es diesen Mechanismus gibt. Bitte glaube deswegen nicht, dass du merkwürdig bist, sondern akzeptiere diesen Mechanismus in deinem Körper. Er aktiviert sich immer wieder von selbst, weil du es durch traumatische Erfahrungen genau so abgespeichert hast.

EXPERIMENT: SICH VOM KICK LÖSEN

Hier bedarf es tatsächlich wie bei jeder Sucht einer Entwöhnung. Beobachte dich zunächst und versuche dann mit viel Geduld, dir hier und da deiner Dramatik bewusst zu werden. Beruhige dich innerlich, und du wirst feststellen, dass du dich nach und nach besser regulieren kannst.

FÜRS LEBEN LERNEN

Lernst du gerne? Wenn nicht, dann leg dieses Buch bitte aus der Hand. Es ist kein Wissensbuch, es ist ein Lernbuch. Ich habe dich immer wieder eingeladen, Experimente mit dir zu machen, Neues auszuprobieren und Altes infrage zu stellen.

- ◇ Wann hast du beschlossen, dass du mehr lernen willst?
- ◇ Und was hat es mit deinem Leben gemacht?

Sprechen wir über Lernen, sind wir indirekt schon wieder bei dem Du, das wir brauchen. Viele Menschen glauben, dass sie alles aus sich selbst holen müssten. Dass sie »Schwäche« zeigen würden, wenn sie zugäben, etwas nicht zu können. Sie glauben, dass andere Menschen ihnen dann überlegen wären. Wie schade!

Überleg noch mal, was du heute könntest, wenn du schon als Kind beschlossen hättest, nichts von anderen zu lernen. Du würdest wohl noch immer vor dich hinbrabbelnd Bauklötze hin und her schieben. Wir brauchen andere Menschen zum Lernen, egal, ob wir ein Buch lesen oder uns direkt von jemandem etwas abschauen oder es von ihm oder ihr beigebracht bekommen.

Menschen, die versuchen, alle Antworten in sich selbst zu finden, nenne ich *selbstreferentiell.* Sie leben nur in ihren eigenen Bezügen und sind kaum fähig, neue Informationen zu integrieren. Statt zu fragen oder Unsicherheiten einzuräumen, geben sie sich alle Antworten selbst.

Dies führt zu einem sehr eingeschränkten Gesichtsfeld und zu einem sehr engen Denken. Es bedeutet auch, dass man dann indirekt davon ausgeht, selbst die Wahrheit zu kennen. Das bedeutet leider oft im Umkehrschluss, dass der andere unrecht hat.

Wenn wir uns nur in unserer eigenen Welt bewegen, verlieren wir die Verbindung.

Diese sichere Überzeugung, die Wahrheit zu kennen, scheint mehr und mehr um sich zu greifen. Einerseits wird heute immer weniger gelesen, und Dinge werden nicht mehr in die Tiefe gelernt, andererseits kennen immer mehr Menschen die Wahrheit. Der Austausch und die Diskussion verkommen in vielen Fällen zu einem Austausch von Beleidigungen. Wir brauchen wieder mehr Interesse an einem Du, das uns gegenübersteht.

Die Welt ist eine Welt des Ich, des Du und des Wir. Das Leben in einer Blase macht uns krank. Es ist gut, wenn wir gewahr werden, an welchen Stellen wir vielleicht auch (zu) wenig Verbindung leben, einfach nur, weil wir glauben, es am besten zu wissen.

- ◇ Wieso ist dieser Mensch anderer Meinung als ich?
- ◇ Wie kommt dieser Mensch zu seiner Meinung? Und:
- ◇ Könnte es sein, dass ich meine Meinung revidieren muss?

EINFLUSS AUF MEINE GEFÜHLE NEHMEN

Es kann gar nicht oft genug betont werden: Selbstregulation ist einer der wichtigsten Faktoren psychischer Gesundheit und die Grundlage aller anderen Fähigkeiten für ein erfülltes und verbundenes Leben! Gefühle und Emotionen triggern im Gehirn einen sehr kurzen Reaktionsweg an. Dieser ist sinnvoll, um vor einem herannahenden Auto zurückzuspringen, meist jedoch nicht, um mit einem Konflikt konstruktiv umzugehen.

Aus diesem Grund ist es so wichtig, dass wir eine gute Selbstregulation erlangen, denn sie hilft uns, auch unsere Emotionen zu steuern. Gefühle sind nicht absolut, unveränderlich und wahr. Sie unterliegen unserer Interpretation, umwelt- und gesellschaftlichen Einflüssen und sind wandelbar. Sie verlieren ihre Stärke, wenn wir sie als Körperempfindung spüren lernen.

Je mehr wir unsere Selbstregulation fördern, desto besser wird uns die Pause zwischen Reiz und Reaktion gelingen.

Nur dann ist es möglich, die Situation neu zu betrachten und mehr Informationen aufzunehmen, die ein neues Ergebnis liefern können. Was dann letztlich zu neuen Erfahrungen und dadurch neuen Handlungsmöglichkeiten führt.

Außerdem kann das Beobachten von Empfindungen als Grundlage von Gefühlen genutzt werden, um dadurch andere Interpretationen auszuprobieren und damit altbekannte Gefühle und Muster neu zu bewerten.

Menschen, die nie emotionale Spiegelungen bekommen haben, sind häufig »gefühlsblind«. Sie können Gefühle einfach nicht benennen und dadurch ist es äußerst schwierig, mit diesen Menschen in Beziehung zu treten. Es ist eine sehr wichtige soziale Fähigkeit, Gefühle zu spüren und benennen zu können. Sie hilft uns, bedeutsame Beziehungen zu pflegen und psychisch gesund zu bleiben.

Die zweite Quelle: Bindung ist gesund

Es gibt nichts, was uns schneller glücklich oder unglücklich macht als die Beziehung zu anderen Menschen. Egal, ob in Liebesbeziehungen oder Freundschaften. Beziehungen bedeuten viel mehr für unser Leben, als wir oft denken. Gute Beziehungen halten uns gesund, sie senken unseren Blutdruck und stärken unser Immunsystem. Eine liebevolle Beziehung lässt uns besser mit Stress umgehen und man vermutet inzwischen eine starke Korrelation (Zusammenhang) zwischen Depressionen, Angststörungen und Einsamkeit. »Und am schlimmsten ist die Einsamkeit zu zweit«, wie schon Erich Kästner wusste. Gute Beziehungen dagegen steigern unsere Lebenserwartung und unser Lebensglück.

AM ANFANG WAR DAS DU

»Babys spüren, ob sie willkommen geheißen werden.«

Wer wärst du heute, wenn niemand jemals in deinem Leben für dich da gewesen wäre? Wenn du keinerlei Beziehung zu anderen Menschen gehabt hättest? Dir niemand je einen Rat gegeben hätte, dich unterstützt, dir etwas beigebracht, für dich da gewesen oder dich gar geliebt hätte?

Ich kann es dir sagen: Wenn du irgendetwas davon zu wenig bekommen hast, dann geht es dir heute nicht gut. Du bist nicht glücklich mit deinem Leben, vielleicht gibt es eine unbestimmte Unzufriedenheit, vielleicht erlebst du aber auch sehr schmerzhafte Symptome wie Ängste, Depressionen oder körperliche Schmerzen und andere Symptomatiken. Vielleicht funktionierst du auch gut, aber du fühlst eine Leere in deinem Leben – das Gefühl, dass deine Tage irgendwie an dir vorbeigehen.

Wir leben in einer Welt, in der wir Autonomie, Unabhängigkeit und Individualismus idealisieren. Bedürftigkeit, Bezogenheit und manchmal sogar Freundlichkeit und Gemeinsinn sind nicht mehr sehr populär. Im Gegenteil: Oftmals wird Freundlichkeit als Schwäche oder Dummheit ausgelegt.

Autonomie wird in unserer Gesellschaft vollkommen falsch verstanden. Hier wird Autonomie als Unabhängigkeit von anderen interpretiert. Dies ist jedoch oft nur eine Abwehr von Verletzlichkeit aus der Erfahrung heraus, dass Beziehungen und Nähe manchmal wehtun. Echte Autonomie zeichnet sich dadurch aus, dass ein Mensch um Hilfe bitten kann, sich verletzlich in Beziehungen zeigen und auch allein sein kann, dass er also das ganze Spektrum zur freien Verfügung hat.

Wir vergöttern Menschen, die es scheinbar allein »geschafft« haben, und übersehen, wie viele Menschen – meist im Hintergrund – diese Person unterstützt haben. Immer mehr Menschen leben allein und haben mehr Facebook-Freunde, als sie Menschen in ihrem Leben wirklich kennen. Wir wählen narzisstische Politiker und fördern psychopathische Führungspersönlichkeiten. Einfach weil die zu wissen scheinen, was die Antworten sind, und uns vormachen, dass sie einen einfachen Weg aus der Komplexität des Lebens wissen.

Wir vereinzeln immer mehr, obwohl wir so vernetzt sind wie noch nie. In Großbritannien gibt es das erste Ministerium für Einsamkeit, und in Deutschland waren die Zahlen wegen Krankmeldungen aus psychischen Gründen noch nie so hoch.

Es sieht so aus, als hätten wir eine falsche Weggabelung genommen und würden nun etwas hilflos herumirren und nach schnellen Lösungen suchen – die uns meist weiter in die Irre führen. Es scheint, dass wir unsere Bezüge verloren haben, die uns Orientierung geben.

Ich möchte zeigen, dass das tatsächlich auch stimmt. Viele unserer evolutionären inneren Referenzen funktionieren heute nicht mehr, und wir brauchen eine neue Orientierung. Dazu müssen wir uns einerseits rückbesinnen und gleichzeitig die Möglichkeiten nutzen, die wir heute haben. Es gibt so unendlich viele neue Erkenntnisse über uns und das, was wir brauchen und können müssen, um uns glücklich und erfüllt zu fühlen.

Der Weg zu dir selbst muss aber auch ein Weg zu einem Du und einem Wir sein. Du kannst allein nicht glücklich sein! Wir haben vergessen, dass wir Rudeltiere sind und es lieben und brauchen, miteinander zu sein. Immer mehr Erwachsene verbringen immer weniger Zeit mit Freundinnen oder Freunden oder haben gar keine nahen Freunde mehr.

Diese innere Vereinzelung hat einen Grund. Er liegt in unserer Geschichte, auf die ich einen kurzen Blick werfen möchte. Ein starkes Ich braucht ein starkes Du.

Lass uns einmal untersuchen, wie unser Gefühl für uns selbst entsteht. Schon im Mutterleib nehmen wir wahr, ob wir gewollt wurden und ob sich jemand auf uns freut. Wir hören den Tonfall der Menschen um uns herum und fühlen alle Gefühle, die unsere Mutter während der Schwangerschaft hat. Wir leben in einem Universum, das aus Wärme und den unterschiedlichen Gefühlszuständen unserer Mutter besteht. Kommen wir dann auf die Welt, dann suchen wir nach der Stimme, die uns nun schon seit neun Monaten begleitet. Es scheint, als würden wir fühlen: *Ah, da ist sie ja! Jetzt kann ich sie auch sehen und spüren!* Babys suchen nach dem Du. Sie spüren, ob da eine Verbindung ist, ob sie willkommen geheißen werden. Sie empfinden sich als aufgenommen und beschützt und beginnen ihre Reise in ihr eigenes Selbst außerhalb der Mutter. Schon im Mutterleib werden wir dadurch geprägt, wie unsere Mutter mit sich selbst ist. Ist sie sehr nervös, mag sie sich selbst, ist sie gut mit sich, ihrem Partner oder ihrer Partnerin? Kann sie dieses neue Leben als etwas wahrnehmen, das ein Teil von ihr ist, aber auch etwas ganz Neues und Eigenes?

Als Babys können wir unsere Welt praktisch nicht beeinflussen. Wir sind rezeptiv und nehmen jede Stimmung um uns herum auf. Wir können nicht differenzieren in Ich und Du. Wir sind einfach ein Teil unserer Familie. Was immer mit uns getan wird, wir können nichts tun, außer zu schreien und zu kommunizieren versuchen, wie es uns geht.

Wenn wir Glück haben, haben wir Eltern, die uns verstehen. Sie gehen empathisch auf uns ein, sie tragen uns viel am Körper, sind selbst positiv gestimmt und fühlen sich in ihrer Partnerschaft sicher und aufgehoben. Sie geben uns das Gefühl, in Ordnung zu sein und liebenswert. Sie spiegeln uns, machen Quatsch mit uns und beruhigen uns, wenn wir es brauchen. Sie sind präsent und klar in ihren Botschaften. (Möchtest du mehr über den Einfluss unserer Kindheit auf unser Selbstbild und die Art, wie wir die Welt wahrnehmen, wissen, empfehle ich dir mein Buch *Auch alte Wunden können heilen.*)

Das führt später dazu, dass wir uns in uns und der Welt zu Hause fühlen. Wir empfinden uns als »richtig« und liebenswert. Sicher haben wir auch Probleme, und das Leben geht an niemandem spurlos vorbei, aber wir fühlen uns einfach positiv.

Durch das konstante – positive oder unterstützende – Feedback unserer Bezugspersonen entwickeln wir ein positives Selbst- und Weltbild.

Wir können gut in Beziehungen gehen, sind verlässlich und bezogen. Es ist uns aber auch möglich, allein zu sein und unsere Grenzen zu spüren, ohne uns einsam oder abgeschnitten zu fühlen. Wir können unsere PS so auf die Straße bringen, dass wir uns in unserem Leben verwirklichen. Wir fühlen uns erfüllt.

Wichtig ist, dass wir so als Babys schon ganz viele Fähigkeiten gelernt haben, die wir für ein erfülltes Leben brauchen. Unser Leben ist nämlich nicht einfach so erfüllend. Erfüllung, Lebendigkeit und Glück sind nichts, was einfach irgendwie – hoffentlich – passiert.

VERLETZLICHKEIT VERBINDET

Eine der wichtigsten Fähigkeiten für eine gelungene Beziehung und gleichzeitig eines ihrer wichtigsten Kennzeichen ist der Grad an Verletzlichkeit, den die Beziehungspartner zeigen können.

Leider habe ich über die Jahre festgestellt, dass immer mehr Menschen davon reden, dass sie nicht mehr verletzt werden wollen. Sie möchten sich schützen vor dem Schmerz und bestimmte Enttäuschungen nie wieder erfahren müssen. Dies ist ein verständlicher Wunsch, vor allem wenn man schon häufiger verletzt worden ist.

Ich habe allerdings noch niemanden gefunden, bei dem es funktioniert hat. Über kurz oder lang schleicht sich der Schmerz ein, und wir werden verletzt. Und je näher wir einem Menschen kommen, desto größer ist die Wahrscheinlichkeit von Verletzungen. Solange wir miteinander umgehen, egal ob in Liebesbeziehungen, Freundschaften oder Bekanntschaften: Wir werden verletzt werden! Verletzungen gehören zum Leben, oder anders ausgedrückt: Es gehört zum Leben, auch einmal verletzt zu werden.

Schmerz fühlen zu können, zu trauern und zu weinen macht uns menschlich.

Verletzungen sind Bestandteil eines lebendigen Lebens. Wenn wir aufhören, verletzlich zu sein, hören wir ein Stück weit auf zu leben. Es ist wie bei spielenden Kindern: Wenn sie herumtollen und lebendig sind, werden sie sich auch verletzen. Vielleicht ist es nur ein aufgeschürftes Knie, aber vielleicht brechen sie sich auch einen Arm oder gar ein Bein. Kein Kind käme darauf, nach einem Sturz nicht mehr aufzustehen oder nicht mehr weiterzuspielen.

Wiegt ein sicheres Leben, in dem einen scheinbar nichts mehr erschüttern kann, ein lebendiges Leben voller Begegnungen und Erfahrungen auf?

Ich bin zutiefst überzeugt davon, dass dem nicht so ist! Wenn wir diese Lebendigkeit und auch die Liebe und Hingabe ablehnen, haben wir vordergründig vielleicht ein Gefühl von Kontrolle und glauben unser Herz gut geschützt – bis wir merken, dass wir uns trotz allem verletzt fühlen. Es ist unmöglich, ein fühlendes, schlagendes Herz zu schützen.

Die tiefen menschlichen Verletzungen entstehen oft schon im Kindesalter. Sind wir mit Zurückweisung, Demütigung, Liebesentzug und womöglich Gewalt aufgewachsen, dann ist es eine logische kindliche Schlussfolgerung, dass man das nie wieder erleben will. Zu schlimm, zu bedrohlich sind die Gefühle. Sie werden assoziiert mit Kontrollverlust, mit dem Gefühl des Ausgeliefertseins … Und als Kind war diese Schlussfolgerung auch richtig. Wir waren abhängig von unseren Eltern, und wir hätten sterben können, wenn sie sich nicht um uns kümmerten. Aber gilt das heute auch noch?

Die Angst vor dem Verletztwerden nehmen wir leider mit in unser erwachsenes Leben und verhalten uns dementsprechend. Unseren Beziehungspartnern räumen wir damit eine Macht ein, die sie gar nicht besitzen.

Dein Gegenüber wird es nicht umbringen, wenn du einmal nicht in seinem Interesse handelst.

Menschen können uns wehtun – wobei die meisten Verletzungen durch Handlungen entstehen, die nicht absichtlich gegen die andere Person gerichtet sind, sondern einfach, weil das Leben so ist, wie es ist, und unterschiedliche Interessen aufeinanderprallen. Sehr selten findet man Menschen, die mit voller Absicht ihre Partner oder Partnerin verletzen. Und häufig ist uns nicht einmal klar, dass alles, was wir tun, eine Wirkung auf unsere Umwelt hat.

Manchmal treffen wir Entscheidungen, die für eine andere Person nicht schön sind. Das ist eins von den Dingen, die zwangsläufig geschehen und um die man nicht herumkommt. Wenn du versuchst, alles so zu entscheiden, dass es niemanden stört oder verletzt, dann wird von deinem eigenen Leben nicht mehr viel übrig bleiben, weil du zu oft im Sinne deines Gegenübers entscheidest statt für dich.

Je genauer du also deine Verhaltensmuster kennst und um deren Wirkung weißt, desto mehr wird es dir gelingen, diese Mechanismen zu durchschauen und zu ändern.

Wenn wir beschließen, uns vor weiteren Verletzungen zu schützen, ist uns meist nicht klar, welch immens hohen Preis wir dafür zahlen. Indem wir versuchen, nicht mehr verletzlich zu sein, verschließen wir uns vor Nähe, vor Intimität, vor unseren Bedürfnissen – und auch vor unserer Freude und dem Gefühl von Glück. Denn je mehr wir uns vor Schmerz fürchten, desto weniger erlauben wir uns Freude, Glück und Verbundenheit. Wir haben Angst, das alles sofort wieder zu verlieren, und das würde wehtun. Deshalb verzichten wir von vornherein lieber ganz darauf.

Aber wenn wir unsere Verletzlichkeit abschotten, verzichten wir auf unsere Berührbarkeit! Wir verschließen unser Herz und unseren Körper für uns selbst und die Welt. Das hat zur Folge, dass wir uns oft isoliert und einsam fühlen, weil erst die Berührbarkeit und die Verletzlichkeit uns mit der Welt und den Menschen in Verbindung bringen. Erst dann ist es uns möglich, uns als »ein Teil von« etwas zu empfinden.

Zugegeben, es braucht viel Mut, uns zart, bedürftig und verletzlich zu zeigen, aber es wird uns unserem Wunsch, zufriedener und glücklicher zu sein, um einiges näher bringen.

Haben wir uns jedoch entschlossen, unser Herz nicht mehr zu öffnen und nicht mehr verletzlich zu sein, so wird diese Entscheidung über kurz oder lang zum Selbstläufer. Irgendwann ist es nicht mehr eine bewusste Entscheidung, sondern nur noch ein Muster, ein Lebens- oder besser Überlebensmuster.

In diesem Stadium suchen Menschen nicht selten therapeutische Hilfe. Nicht, weil sie gern wieder verletzlicher sein möchten, sondern weil ihre Beziehungen nicht funktionieren oder ihr Leben aus Schmerz und Enttäuschung besteht.

- ◇ Wo schützt du dich vor Verletzlichkeit?
- ◇ Was würde sich in deinen Freundschaften und deiner Liebesbeziehung ändern, wenn du dich verletzlicher zeigen würdest?

EIN AUSFLUG ZUR SCHAM

Da Verletzlichkeit häufig ein Ergebnis von Scham ist, möchte ich kurz erklären, wie diese entsteht, denn sie ist ein mächtiger Wirkfaktor für unser Leben und unsere Beziehungsfähigkeit. Scham ist auch der größte Gegenspieler für unsere Selbstliebe. Deshalb werde ich in dem entsprechenden Kapitel noch einmal darauf zurückkommen. Was ist Scham, und was ist Schuld?

»Ich hab einen Fehler gemacht.« Fühlt jemand Schuld, so hat er etwas getan, was für ihn selbst oder seine Mitmenschen nicht in Ordnung war. Meist ist es möglich, die Handlung zu korrigieren, sich zu entschuldigen oder in irgendeiner Form Abbitte zu leisten.

Bei Scham hingegen hat ein Mensch nichts falsch gemacht. Scham entsteht, weil jemand sich »falsch« fühlt. Es geht dabei nicht um das Handeln, sondern um den Einzelnen selbst. Die Aussage ist: »Ich bin falsch.« Das ist ein gewaltiger Unterschied.

Scham ist ein Gefühl, das einen Menschen zerstören kann. Er würde sich am liebsten in Wohlgefallen auflösen und sich unsichtbar machen. Scham entsteht, wenn mir jemand zu verstehen gibt, dass ich nicht wertvoll bin. Sie entsteht durch Liebesentzug, Nichtbeachtung und Demütigung meiner Person, meist schon in der frühesten Kindheit.

Scham in ihrer gesunden Form macht uns in unserem sozialen Umgang zu angenehmen Menschen. Scham in ihrer toxischen Form dagegen sorgt dafür, dass wir uns von anderen zurückziehen, weil wir denken, dass wir es nicht wert sind und uns sowieso niemand mag und schon gar nicht lieben kann. Mit einer solchen Grundeinstellung, die ja fast immer unbewusst ist, wird es sehr schwierig, sich auf eine Beziehung einzulassen, zu lieben, sich lieben zu lassen und sich in ihr zu entfalten. Umso wichtiger ist es also, diesem Verhalten auf die Schliche zu kommen, um sowohl sich selbst als auch dem Gegenüber anders zu begegnen.

◇ Gibt es Anteile von dir, für die du dich schämst?
◇ Trägst du Geheimnisse mit dir herum? Wie wäre es, diese zu erzählen?

LIEBE LERNEN

Fragt man Menschen nach der Liebe, so hört man unweigerlich sehr viel mehr über Liebesverlust, Liebeskummer und Herzschmerz, über Enttäuschung und Verletzung als über gelungene und erfüllte Liebesbeziehungen. Die meisten von uns haben beide Erfahrungen mit der Liebe gemacht: höchstes Glück und tiefsten Schmerz. Das eine oftmals am Anfang und das andere während oder am Ende einer Beziehung.

Die Fähigkeit, in Beziehung treten zu können, ist von so großer Bedeutung in unserem Leben, dass sie kaum überschätzt werden kann. Menschen, die das nicht erlernt haben, sind oft vom Leben enttäuscht, einsam und unglücklich.

Wir kommen mit der Fähigkeit, in Beziehung zu treten, auf die Welt. Das heißt, Menschen, die dazu in ihrem Leben als Erwachsene nicht mehr in der Lage sind, haben sie durch ihre Erziehung verloren. Wenn das so ist, müssen ihre Bezugspersonen sehr viele Fehler begangen haben.

Um zu verstehen, wie wir uns heute in Beziehungen verhalten, müssen wir verstehen, wie wir aufgewachsen sind und wie unsere Eltern sich uns gegenüber verhalten haben. Das mag für dich vielleicht zu einfach, zu therapeutisch oder zu einseitig klingen. Aber es ist tatsächlich so, dass dein Verhalten in deiner heutigen Liebesbeziehung aufgrund der elterlichen Bindungsmuster mit hoher Wahrscheinlichkeit vorauszusagen ist.

Stabile Bindungen in der Kindheit – darin sind sich inzwischen alle Wissenschaften einig – sind einer der Grundpfeiler unserer seelischen Gesundheit. Durch eine sichere Bindung mit unseren Eltern lernen wir, wie Beziehung geht.

Den Eltern abgeschaut

Es gibt zwei Arten von Lernen: *explizites* und *implizites* Lernen. Das explizite Lernen umfasst alles, was wir bewusst lernen und hinterher bewusst abrufen und erklären können. Beim impliziten Lernen erwerben wir eine Fähigkeit oder bilden eine Erinnerung, können diese jedoch nicht beschreiben oder benennen in dem Sinne, dass wir eine Handlungsabfolge schildern könnten. Die Erinnerung steht auch nicht in einem beschreibenden zeitlichen Zusammenhang und ist deshalb für uns nicht konkret zu fassen. Zu den impliziten Erinnerungen zählt es zum Beispiel, wie deine Mutter dich angeschaut hat, in welchem Ton sie mit dir gesprochen hat. Sicher kannst du dich nicht mehr explizit daran erinnern, also als erzählbare und beschreibbare Erfahrung in einem zeitlichen Kontext. Dennoch hat sie dich nachhaltig geprägt.

Unsere Verhaltensmuster bestimmen, was wir von der Welt erwarten dürfen.

Implizites Lernen beginnt noch im Bauch unserer Mutter, schon dort fangen wir an, Erinnerung zu bilden. Bereits jetzt werden wir geprägt von dem Gefühlszustand unserer Mutter. Wir hören den Klang ihrer Stimme, wir hören, wie unsere Eltern miteinander sprechen. Wir bekommen jeden Stress mit, und all diese Erfahrungen nehmen wir schon auf, bevor wir auf die Welt kommen.

In den ersten Jahren bilden wir nur implizite Erinnerungen aufgrund der sogenannten *kindlichen Amnesie*, das heißt, wir können uns meist nicht an Ereignisse erinnern, die vor dem dritten Lebensjahr stattgefunden haben. Bis zu diesem Zeitpunkt entstehen also noch keine expliziten, also erinnerbaren und erzählbaren Erinnerungen. Das bedeutet jedoch nicht, dass wir nicht andauernde und meist lebenslange implizite Erinnerungen formen. Forscher sprechen von Mustern oder *Repräsentationen*, die dann unsere Sicht der Welt bestimmen. Diese inneren Repräsentationen sind so stark, dass sie konstant bleiben, selbst wenn wir später neue Erfahrungen machen. Es ist äußerst schwer, diese Muster aufzulösen, deshalb brauchen wir dafür viel Geduld, Mitgefühl für uns selbst und Unterstützung.

Sie prägen unser Bild von zwischenmenschlichen Interaktionen und Beziehungen. Und selbstverständlich bestimmen sie auch unser Bild von uns selbst. Diese Prägungen entstehen wie gesagt schon vor dem dritten Lebensjahr, also weit früher, als die meisten Menschen glauben. Wie Kommunikation funktioniert, haben wir gelernt, bevor wir das erste Wort sprechen konnten. Wie wir als Erwachsene mit unseren Beziehungen umgehen, lernen wir ebenfalls in großen Teilen vor dem dritten Lebensjahr.

Tatsächlich sind Babys extrem aktiv an der Beziehung beteiligt. Noch vor nicht allzu langer Zeit sah man Babys als passive Empfänger von Handlungen, welche die Bezugsperson vornimmt. Babys galten nicht als eigenständige Personen mit Gefühlen und Bedürfnissen – bis in die 70er-Jahre hinein wurden sie zum Teil ohne Anästhesie operiert!

Kinder lernen, ihr Beziehungsverhalten so anzupassen, dass sie von den Bezugspersonen möglichst das Optimum an Zuwendung erhalten.

Ein Baby lernt sehr schnell, wie seine Bezugsperson agiert und welche Art von Beziehung sie aufbaut oder nicht. Man kann sagen, dass das Kind sich dem Beziehungsmuster der Eltern anpasst. Haben die Eltern ein sehr distanziertes Verhältnis zu ihrem Kind, so wird es rasch lernen, sich so zu verhalten, dass es die bestmögliche Zuwendung von seiner distanzierten Mutter bekommt.

Dabei läuft es so ab: Eine Mutter, die selbst keine Nähe zulassen kann, weist ihr Kind immer wieder ab, wenn es Kontakt möchte. Das Kind lernt dadurch, seinen Impuls nach Kontakt zu unterdrücken, weil die Reaktion negativ und damit sehr schmerzhaft ist. Es lernt aber auch, dass es, wenn es nur ganz still und »unkompliziert« ist, ab und zu auf ein Lob und Zuwendung hoffen darf. Häufig führt diese Anpassung zu sehr »pflegeleichten« Kindern, die jedoch ihre wirklichen Impulse immer wieder unterdrücken.

Dies ist überlebenswichtig und damit sehr gesund. Nur leider führt es dazu, dass diese Muster später im Leben wiederholt werden und dadurch, dass sie nur implizit – also dem Bewusstsein nicht zugänglich – sind, ist uns nicht klar, warum wir in Beziehungen immer die gleichen Schwierigkeiten haben.

FREUNDSCHAFT UND GEMEINSCHAFT

Liebesbeziehungen sind, wie wir alle wissen, ein wichtiger Baustein für ein erfülltes Leben. Doch genauso wichtig sind Freundschaften und das Gefühl, einer Gemeinschaft anzugehören.

Da, wo Liebesbeziehungen kommen und gehen, bleiben Freundschaften. Wahre Freundschaften und Gemeinschaften sind das echte Sicherungsnetz unseres Lebens. Wir haben das Glück, in einer Kultur zu leben, die eine lange tiefe Freundschaftskultur pflegt. In Deutschland werden schon seit Jahrhunderten Freundschaften besungen und in Gedichten und Prosa gepriesen. Die Älteren erinnern sich vielleicht noch an das Lied *Ein Freund, ein guter Freund …*

Ein Freund, eine Freundin zum Pferdestehlen, zum Reden und Weinen sind ein echtes Geschenk des Lebens. Wir sollten diese Freunde hegen und pflegen, weil sie ein Schatz sind.

Manchmal fühlt man in den Beschreibungen von Freundschaften mehr echte Liebe und Verbundenheit als in der Prosa über die erotische Liebe.

Gemeinschaften gehen noch über die Zweierbeziehungen hinaus, und wir alle kennen den Zauber, wenn wir einen gelungenen Abend mit Freunden hatten, gekocht, geredet und gelacht haben … miteinander und manchmal auch liebevoll übereinander.

Freundschaften und Gemeinschaften brauchen echte Begegnungen, sie brauchen Zeit in realer Begegnung. Telefon und Internet sind nette Zwischenintermezzi, aber ersetzen nicht die Person, die real vor dir sitzt.

Bei diesen echten Begegnungen wird im Körper von Menschen Oxytocin ausgeschüttet. Dieses Hormon ist maßgeblich an engen Bindungen beteiligt und ermöglicht Bindung und beruhigt Menschen und macht uns glücklich. Wenn wir uns einer Gemeinschaft angehörig fühlen, spüren wir mehr Sicherheit und Zufriedenheit in unserem Leben, jenseits davon, ob wir eine Liebesbeziehung führen oder nicht. Deshalb wird es immer die Sehnsucht geben, einer Gemeinschaft anzugehören, sei es als Wohnprojekt, einer Kirche oder einer politischen Organisation.

Es geht also nicht nur darum, eine zufriedene Liebesbeziehung zu führen, sondern auch darum, in einem engen Netzwerk mit Freunden in Kontakt zu stehen. Auch darüber stellt sich ein größeres Maß an Zufriedenheit ein und kann für eine schon bestehende Beziehung sehr förderlich sein.

- ◇ Wen zählst du zu deinen nahen Freunden?
- ◇ Wie oft siehst du deine Freunde?
- ◇ Wie zeigst du deinen Freunden, wie wichtig sie für dich sind?

EMPATHIE UND STRESS

Eine weitere wichtige Fähigkeit zur positiven Gestaltung unseres Lebens ist Empathie. Wir brauchen unser Einfühlungsvermögen für jede unserer Beziehungen, von der Kollegin bis hin zu unseren Partnern oder Partnerinnen. Je besser unsere Empathie ausgeprägt ist, desto positiver können wir unsere Beziehungen und Kontakte gestalten und uns in sozialen Kontexten bewegen.

Die Fähigkeit, uns einzufühlen, hängt allerdings dramatisch davon ab, wie gut es uns selbst geht. Das bedeutet, dass Mitgefühl und Empathie sehr stark damit zusammenhängen, ob wir uns selbst gut regulieren können. In dem Augenblick, in dem wir aus dem Toleranzfenster fallen, nimmt unsere Empathiefähigkeit stark ab.

Bei Stress springt wie oben beschrieben der sympathische Zweig des autonomen Nervensystems an und leitet den Kampf-oder-Flucht-Modus ein, häufig, ohne dass wir dies bewusst merken. Allerdings verändert sich dadurch unsere Wahrnehmung von anderen fundamental!

Wir filtern auf einmal alle Anzeichen heraus, die negativ sind, und können positive Gesichtsausdrücke und Handlungen nur noch schlecht identifizieren. Unser Fokus liegt auf der Bestätigung unserer Befürchtungen. Deshalb können wir nicht mehr objektiv erkennen, was unser Gegenüber wirklich will. Du kannst dir vorstellen, welch katastrophale Folgen das unter Umständen haben kann.

(ÜBER-)LEBENSMUSTER

Mit steigendem Stress gehen wir innerlich immer schneller in die Defensive, und je mehr wir uns in der Defensive befinden, desto stärker reagieren wir in unseren Überlebensmustern. Diese Verhaltensweisen haben wir uns als Kinder angeeignet, um in der Familie am besten zu überleben.

Für Menschen, die als Kinder permanent von ihren Eltern missachtet oder schlecht behandelt wurden, kann das bedeuten, dass sie sich bei Konflikten völlig in sich zurückziehen oder aber sofort in massiven Angriff übergehen, um die drohende Gefahr abzuwenden, bevor sie selbst vernichtet werden. Für diejenigen unter uns, in deren Familie sich alles um Leistung und Erfolg drehte, bedeutet der Überlebensmechanismus vielleicht, sich noch mehr anzustrengen oder Fehler grundsätzlich zu verleugnen, weil es viel zu bedrohlich wäre, diese zuzugeben und eine Demütigung zu riskieren. Wir bedienen uns dieser Verhaltensmuster, weil sie uns so vertraut sind und uns haben überleben lassen. Auf die Strategien, die wir uns als Erwachsene angeeignet haben, um auf Stress und Druck zu reagieren, haben wir dann keinen Zugriff mehr. Geraten Menschen unter Druck, so verlieren sie den größten Teil ihrer Frontalhirntätigkeit und damit das Reflexionsvermögen des rationaleren Teil des Gehirns.

Deshalb müssen wir lernen, die automatisierten Reaktionen zu erkennen und zu verzögern. Denn sobald wir uns in der Reaktionskette befinden, können wir nicht mehr eingreifen. »Der Drops ist dann gelutscht«, hat es ein Seminarteilnehmer einmal treffend beschrieben. Selbst wenn ein Teil unseres Hirns als leise Stimme zu uns sagt: »Du solltest jetzt den Mund halten«, hat die Vernunft meist keine Chance mehr.

Eine gute Möglichkeit, eine Veränderung in diesem Reaktionsschema einzuleiten, ist es, zu versuchen, uns selbst dabei zu beobachten und wirklich wahrzunehmen, welche Verletzungen wir bei dem anderen und bei uns selbst verursachen. Solange wir die Auswirkungen unseres Verhaltens auf uns selbst und auf unser Gegenüber ignorieren und rationalisieren, werden wir uns nicht ändern. Warum auch? Wir müssten uns konfrontieren, den Schmerz sehen und fühlen und vor allem unser Verhalten infrage stellen!

Rationalisierungen sind die stärkste Waffe unseres Verstandes. Unser Verstand schafft es, auch die schlimmsten Dinge zu rechtfertigen. Fühlen wir uns im Recht, behauptet er, dass wir uns ja nur gewehrt hätten oder dass der andere es ja endlich einmal verdient gehabt hätte, die Wahrheit gesagt zu bekommen.

Je gestresster wir sind, desto getrübter ist unsere Fähigkeit, uns in den anderen hineinzufühlen. Man könnte sagen, der Spiegel in uns wird blind.

Neuropsychologen liefern immer mehr Nachweise dafür, dass wir unser Verhalten nur dadurch verändern können, wenn wir lernen, uns selbst zu beobachten und wahrzunehmen – das heißt, bewusst wahrzunehmen, was wir sagen und tun. Letztlich geht es darum, dass wir Verantwortung für unser Handeln übernehmen. Das bedeutet zu versuchen, das eigene Verhalten zu erkennen und zu verändern – auch wenn es einige Zeit braucht und womöglich bedeutet, ein paar unschöne Dinge in unserem Leben zu entdecken. Sobald uns unser Verhalten bewusst wird, kommen wir nicht mehr umhin zu erkennen, welchen Schaden wir unseren Mitmenschen manchmal zufügen. Über unser Mitgefühl fangen wir an zu leiden. Und Leiden führt dazu, dass wir etwas ändern wollen.

Die Überlebenszentren unseres Gehirns sind viel schneller als die jüngeren, komplexeren höheren Hirnzentren. Damit wir die instinktiven Reaktionen eindämmen können, brauchen wir eine Pause, bevor wir auf vermeintliche Angriffe antworten – also die oben beschriebene Verzögerung zwischen Reiz und Reaktion. Daniel Siegel, ein bekannter Neuropsychologe, bezeichnet die Fähigkeit, zwischen Reiz und Reaktion eine Pause eintreten zu lassen, als einen der Grundpfeiler seelischer Gesundheit.

- ◇ Wo in deinem Leben kennst du solche Muster?
- ◇ Wo gehst du schnell in die Defensive und rechtfertigst dich oder mauerst?

DAS VERTRAUTE HAMSTERRAD

Deshalb ist es sinnvoll, auch in unserem Alltag dafür zu sorgen, dass wir Pausen haben, nicht nur zwischenmenschlich in unseren Reaktionen, sondern auch für uns selbst.

Unser Leben und die andauernden Ansprüche an uns sorgen dafür, dass wir uns nicht mehr spüren und wir in den – wie ich ihn nenne – Funktionsmodus wechseln. Einerseits ist es gut und sinnvoll, über einen solchen zu verfügen. Menschen, denen diese Möglichkeit in ihrer Persönlichkeit fehlt, haben meist große Schwierigkeiten, in ihrem Alltag zurechtzukommen. Wir erledigen all unsere Aufgaben und Pflichten, selbst dann, wenn uns schon längst alles zu viel ist.

Wir sollten diesen Zustand aber nicht überstrapazieren, weil uns sonst unser Kontakt zu unseren eigenen Gefühlen und Empfindungen ebenso entgleitet wie zu denen unseres Gegenübers.

Wir brauchen Pausen, in denen wir wieder zu uns kommen können.

Oft entfremden wir uns von uns selbst und unseren Bedürfnissen, vor allem geht uns unser Körperbewusstsein völlig verloren. Das führt dazu, dass wir zwar alles erledigen, jedoch am Ende völlig erschöpft sind. Dauert dieser Zustand im Funktionsmodus zu lange an, entwickeln wir oftmals schmerzhafte, diffuse Symptome, die wir nicht einzuordnen wissen, weil ja nichts Außergewöhnliches passiert ist. Deshalb brauchen wir immer wieder Pausen, Zeit, uns selbst spüren und wieder bei uns anzukommen.

VERSTEHST DU MICH? – WIE KOMMUNIKATION GELINGT

»Suche zu verstehen, bevor du verstanden werden willst.«
STEPHEN COVEY

Beziehungen sind eine der Säulen eines erfüllten Lebens. Dazu gehört auch die Beziehung zu uns selbst. Wenn wir über Beziehungen sprechen, so meinen wir damit einen Austausch von Gedanken, Gefühlen und Energie, im Sinne von Intensität.

Ein wesentlicher Faktor einer jeden Beziehung in unserem Leben ist es, wie gut wir kommunizieren können. Sind wir in der Lage, durch die Art, wie wir in Kommunikation treten, Kontakte zu vertiefen, oder bleibt jeder Austausch irgendwie oberflächlich?

BEGEGNUNG UND NÄHE

Ein gutes Gespräch, eine tiefe Begegnung machen uns glücklich, zufrieden und irgendwie satt. Was also ist das Geheimnis einer gelungenen Kommunikation?

Im Alltag gehen wir häufig davon aus, dass dieser Austausch hauptsächlich über Worte geschieht. Wie wir aber sehen werden, findet er hauptsächlich auf der Körperebene statt. Eine goldene Regel für eine gelungene Kommunikation lautet mit den Worten des US-amerikanischen Managementtrainers Stephen Covey: »Suche zu verstehen, bevor du verstanden werden willst.«

Oft fangen wir schon an, unsere Antwort zu formulieren, bevor der andere überhaupt zu Ende gesprochen hat. Das liegt einerseits daran, dass wir Worte sehr viel schneller aufnehmen, als sie gesprochen werden. Andererseits und vor allem aber finden wir uns selbst oft interessanter als die anderen.

Wir wollen zum Zuge kommen, und manchmal sind Gespräche lediglich Pingpongspiele, bei denen wir uns gegenseitig Stichworte geben. Für einen Abend kann dies in Ordnung sein, und wir haben Spaß miteinander. Wenn wir jedoch ein Anliegen haben oder es liegt uns etwas am Herzen, dann enttäuscht uns diese Art der Kommunikation.

Möchtest du dein Gegenüber beglücken, so lausche auf seine Worte, beobachte die Körpersprache und versuche zu erahnen, was für ein Gefühl im Hintergrund mitschwingt. Eines, das vielleicht ungesagt bleibt, aber dennoch wichtig ist. Damit wirst du sehr schnell Freunde gewinnen!

EXPERIMENT: ZUHÖREN UND ERFÜHLEN

Wenn du magst, versuche einmal, in einem Gespräch mehr zuzuhören, als zu sprechen, und auch zu erfühlen, was sie oder er nicht sagt. Sprich deine Vermutungen aus, und schau, was dann passiert.

WISSEN OHNE WORTE

Die meisten von uns sind mit der Idee aufgewachsen, die Gedanken wären frei – schließlich kann niemand in unseren Kopf schauen. Aber dem ist nicht so.

Zwei Beispiele: Du kommst nach Hause. Dein Partner oder deine Partnerin ist schon da und werkelt in der Küche. Wie lange brauchst du, um zu erfassen, in welcher Stimmung sie oder er ist? Musst du fragen?

Stell dir vor, du bist an deinem Arbeitsplatz und möchtest gern Arbeit loswerden, weil du keine Zeit mehr hast oder wegwillst. Du möchtest kein Nein hören. Wen fragst du? Den, der am schlechtesten Nein sagen kann, oder?

Warum?

Wahrscheinlich fällt dir gleich die Antwort ein: »Ich weiß es einfach.« Doch wie kann es sein, dass wir Dinge über Menschen wissen, die sie uns nicht gesagt haben?

Offensichtlich gibt es einen Informationsaustausch, der jenseits unseres Bewusstseins stattfindet – auch wenn sich dies unserem Verstand entzieht.

Eine besondere Rolle spielt das auch, wenn wir uns verlieben. Zunächst sind wir glücklich und schweben auf Wolke sieben. Alles ist anders. Auf jeden Fall völlig anders als das letzte Mal! Aber dieses Schwelgen in dem Gefühl, alte Konfliktpunkte endlich hinter sich gelassen zu haben, ist meist nicht von langer Dauer. Irgendwann stellen wir fest, dass es doch so anders nicht ist, dass die Themen wieder auftauchen, die wir schon bis zum Abwinken kennen und von denen wir gehofft hatten, wir wären sie los. Wir suchen uns Menschen, die uns wieder vor die gleichen Beziehungsthemen stellen – obwohl wir die Person vorher nicht kannten.

WORTE SIND MEHR ALS WORTE

Tim Bendzko singt in seinem Lied *Wenn Worte meine Sprache wären*:

> »Mir fehlen die Worte ich
> Hab die Worte nicht
> Dir zu sagen was ich fühle

Ich bin ohne Worte ich
Finde die Worte nicht
Ich hab keine Worte für dich.«

Ich denke, wir alle hatten schon einmal das Gefühl, dass Worte nicht reichten. Vielleicht sogar, dass sie etwas zerstört haben, weil sie so furchtbar ungenügend waren. Sicher kennt auch jeder von uns die Momente, in denen dringend hätte etwas gesagt werden müssen, aber die Worte blieben uns im Halse stecken – aus Angst vor den Konsequenzen.

Wer viele Kommunikationsstile beherrscht, kann mit unterschiedlichen Menschen in Verbindung treten.

Worte sind wohl das am meisten überschätzte und gleichzeitig unterschätzte Medium unserer Kommunikation. Worte können wie liebevolle Streicheleinheiten sein oder wie brutale Messer, die uns verletzen. Worte können banal sein und einfach dahergesagt oder sorgfältig gewählt wie ein Kunstwerk. Worte sind mehr als Worte, sie sind eine Brücke, die wir zwischen uns bauen, oder eine Wand, die wir zwischen uns errichten.

Wörter sind jedoch nichts ohne Kontext. Sie sind irreführend oder verwirrend, wenn wir sie nicht in einen Zusammenhang stellen können. Sie werden untermalt von der Melodie der Betonung, von unserer Körpersprache und unserer Mimik. Wir kommunizieren zu 95 Prozent über Körpersprache und Satzmelodie. Diese sagen oft mehr über die Bedeutung eines Wortes aus als das Wort selbst. Nicht zuletzt deshalb haben Emojis so stark Einzug in unsere digitale Kommunikation gehalten.

Wie so vieles lernen wir Kommunikation und ihre Bedeutung, bevor wir überhaupt sprechen können. Wir lernen, wie wir Sprache benutzen, indem mit uns gesprochen wird. In den Jahren unserer Kindheit lernen wir, uns auszudrücken, und wir lernen, ob es eine Bedeutung hat, dass wir etwas erzählen. Wir lernen, ob sich jemand für unsere Worte interessiert oder nicht.

Auf diesem Wege verfestigt sich auch das Wissen darüber, ob wir Bedeutung für jemanden haben.

Durch das Sprechen über uns selbst entwickelt sich das Beobachter-Ich. Das Sprechen über uns selbst ist eine wundersame Fähigkeit, da wir praktisch über uns in der dritten Person erzählen müssen. Wir erzählen eine Geschichte, in der wir die Hauptperson sind. Durch diese Fähigkeit lernen wir Selbstreflexion. Wir lernen aber auch, dass wir eine interessante Geschichte erzählen können! Durch Geschichten entwickeln wir Sinnhaftigkeit für unser Leben. Eine Geschichte verwebt die Ereignisse unseres Lebens und macht sie kohärent für uns, stellt sie in einen Zusammenhang. Stell dir vor, du würdest dein Leben lediglich als eine Abfolge von Einzelereignissen sehen, die nichts mit dir oder miteinander zu tun haben. Wie anders wären dein Leben und dein Gefühl für dich selbst?

Menschen, die frisch verliebt sind, erzählen gern immer wieder, wie sie sich kennengelernt haben und wie alles dazu geführt hat, dass sie jetzt zusammen sind. Das Paar beginnt, seine eigene Geschichte zu entwickeln, die dann zu mehr Gemeinsamkeitsgefühl und Verbindung führt.

Kommunikation hat also eine sehr vielschichtige Bedeutung für uns. Sie schafft Verbindung oder verhindert Verbindung. Sie schenkt uns ein Gefühl für unsere Identität und Gemeinsamkeiten mit anderen, oder sie zerstört Identitäten und reißt tiefe Gräben.

WAS WIR UNS ERZÄHLEN

Es gibt sehr unterschiedliche Formen der Kommunikation, und es ist wichtig für uns zu wissen, wie wir selbst kommunizieren.

Dinge und Ereignisse. Man erzählt zum Beispiel, was man an einem Tag gemacht hat. Man tauscht quasi Abläufe und Ereignisfolgen aus: »Letzten Sonntag waren wir im Harz. Die Sonne schien so schön, da sind wir an die Okertalsperre gefahren. Es war toll: Karl hat die ganze Zeit mit dem Ernst Federball gespielt, und ich war schwimmen.«

Das innere Erleben. Ein anderer Kommunikationsstil ist es, nur darüber zu sprechen, wie etwas für uns war, welche Gefühle wir dabei hatten: »Also, diese Woche war so furchtbar. Ich war ständig gestresst, weil ich so viel zu erledigen hatte. Warum kann ich nicht mal in Ruhe einen Tag planen? Immer ist irgendwas, und ich bin doch so empfindlich.«

Fragen und Zuhören. Manche Menschen versuchen, gar nichts von sich mitzuteilen, weil sie Angst haben, etwas Falsches zu sagen oder sich angreifbar zu machen: »Wie geht's dir? Deine Tochter ist ja richtig gut erzogen. Wie machst du das?«

Dozenten. Dann gibt es noch solche unter uns, die eigentlich gar nicht kommunizieren, sondern dozieren. Sie reden ständig in der Form von Meinungen und Gewissheiten über die Welt und andere: »Niemand hat dieser Tage noch Mumm in den Knochen. Schau dir an, welche Arbeitsmoral die Leute heute haben. Hätten wir uns das damals geleistet, würden wir alle jetzt ganz schön dumm dastehen!«

◇ Wie kommunizierst du im Alltag?
◇ Fällt es dir schwer, über dich zu sprechen, Gefühle auszudrücken?
◇ Worüber redest du am meisten?

WIR HABEN VIER OHREN – UND VIER SCHNÄBEL

Zu jeder Form von Kommunikation gehören mindestens zwei Lebewesen. Ich wähle bewusst das Wort Lebewesen, da wir auch mit Tieren kommunizieren, und das gar nicht so selten.

Bei jeder Form von Kommunikation gibt es einen Sender und einen Empfänger. Der Empfänger ist dabei mindestens so bedeutsam wie der Sender, denn – wie wir schon festgestellt haben – nichts kommt unverzerrt bei uns an. Jede Nachricht durchläuft einen Filter, und manchmal »hören« wir dann etwas völlig anderes, als vom Empfänger beabsichtigt war.

Angelehnt an das klassische Sender-Empfänger-Modell aus den 1940er-Jahren hat der Kommunikationsforscher Friedemann Schulz von Thun sein »Vier-Ohren-Modell« entwickelt:

- das Sachohr
- das Beziehungsohr
- das Appellohr
- die Selbstkundgabe

Schauen wir uns nur diese vier »Ohren« an, so wird klar, wie viel bei der Kommunikation danebengehen und in schwerwiegenden Missverständnissen und Konflikten enden kann. Dazu kommt, dass die Senderin oder der Sender genauso viele Möglichkeiten haben, ihre Nachricht einzufärben.

Wir hören also beständig Dinge, die unser Gegenüber nicht in Worten ausdrückt und die eventuell unserer Interpretation entspringen – oder auch nicht. Letztlich wissen wir nie wirklich genau, was der andere ausdrücken will.

Mit Sicherheit warst du auch schon einmal Teil eines solchen »Kommunikationsdramas«. Vielleicht warst du auf der Empfängerseite und hast gemerkt, dass du deinem Gegenüber nicht mehr traust und plötzlich jedes Wort auf die Goldwaage legst.

Die andere Person hatte keine Chance mehr, bei dir irgendetwas richtig zu machen.

Vielleicht warst du aber auch auf der anderen Seite und hast dich – mit vier Schnäbeln – verzweifelt bemüht, wieder in Kontakt mit jemandem zu kommen. Aber was du auch gesagt hast, es wurde falsch aufgenommen.

Wenn du in deinem Leben Verbundenheit fördern und sie zu einem Teil deines Alltags werden lassen willst, so brauchst du den guten Willen, Menschen verstehen zu wollen in dem, was sie *wirklich* sagen. Viele können nicht ausdrücken, was in ihnen ist, was sie bewegt und was sie schmerzt.

DIE KUNST DES LAUSCHENS

In neuester Zeit taucht in der Psychoanalyse und anderen Wissenschaftsbereichen häufiger der Begriff der *Intersubjektivität* auf, der einige weitere Puzzlestücke unserer sozialen Hellsichtigkeit erklärt.

Intersubjektivität bezeichnet das gemeinsame Wissen, das wir miteinander teilen, sobald wir in Kontakt oder in Beziehung treten. Wir alle kennen das Phänomen, ohne dass es uns bewusst ist. Dieses »gefühlsmäßige« Wissen stützt sich auf keine Tatsachen und ist dennoch genauso real wie gesprochene Worte. Diese Intersubjektivität ist ein wesentlicher Faktor von Beziehung.

Die Fähigkeit dazu entsteht vorsprachlich in einer Zeit, in der Mütter mit ihren Babys auf eine Art kommunizieren, die sich mehr an einer gemeinsamen Erfahrung orientiert als an Fakten. Durch Töne, Gesten und Mimik stimmen sich Mutter und Kind aufeinander ein. Diese *eingestimmte Kommunikation* ist ein wichtiger Teil einer gesunden Kindheit und hat viele positive – oder bei Fehlen derselben eben auch negative – Auswirkungen auf unser späteres Leben.

Wir erfahren durch diese Einstimmung mit unseren Bezugspersonen, dass wir verstanden und gefühlt werden. Wir fühlen uns geborgen, sicher und sind während der Interaktion mit der Bezugsperson in freudiger Erregung.

Wenn wir auch als Erwachsene in der Lage sind, eingestimmt zu kommunizieren, so kann ein gemeinsamer Handlungs- und Wissensraum entstehen, der mehr ist, als miteinander zu reden. Es entsteht eine *Synchronizität*, ein Gleichklang, der sich für uns anfühlt wie ein vollkommenes Verstandenwerden. Die Resonanz, zu der wir fähig sind, führt dazu, dass unsere Hirnwellen sich bei Kontakt zu synchronisieren beginnen und auch unser Herzschlag und unser Atem sich rhythmisch angleichen.

Die Kommunikation ist mühelos, und man weiß, dass auch das, was sich nicht in Worte fassen lässt, gehört wird. Die tiefe innere Verbundenheit schenkt uns ein Wissen, ohne zu wissen, und dadurch eine Intimität, die uns nährt und guttut. Manchmal fühlt es sich an, als würde eine dritte Kraft in den Raum treten und ein Feld schaffen, das uns verbindet und heilsam für uns ist. Diese Art von Intimität und Verbundenheit, zu der wir fähig sind, ist entscheidend für unsere Gesundheit, unser Glück und unser Gefühl von Erfüllung.

Leider erlernen immer weniger von uns dies in der Kindheit. So fühlen sich die Menschen mehr und mehr allein, isoliert und abgeschnitten, oft selbst in ihren Partnerschaften. Doch die Kunst des Lauschens, wie ich sie gern nenne, kann wieder erlernt werden.

Es braucht Neugier, Interesse und kostet Zeit, aber es lohnt sich in jedem Fall – das Ergebnis beglückt uns tiefer, als es die meisten anderen Dinge in unserem Leben können.

- ◇ Wann hast du diese Art der Kommunikation schon erlebt?
- ◇ Was, denkst du, sind die Voraussetzungen dafür?

EMOTIONEN SIND ANSTECKEND

Emotionen gehören zu unseren »Kommunikationswerkzeugen«, und sie sind ansteckend. Die schon erwähnten Basisemotionen (Freude, Angst, Trauer, Wut, Scham, Ekel und Erstaunen) scheinen angeboren zu sein, da sie sich überall auf der Welt gleich ausdrücken. Ihre besondere Eigenschaft ist ihre Ansteckungsfähigkeit. Vielleicht hast du schon einmal in einem Tierfilm die rasende Geschwindigkeit beobachtet, mit der Emotionen überspringen können. Ein Zebra erschreckt sich, und plötzlich reißt die ganze Herde den Kopf hoch, um zu wittern und zu schauen, ob eine Gefahr droht.

Warum ist das so?

Evolutionär muss es einen Sinn haben, denn sonst hätte die Natur uns nicht so geschaffen. Wenn wir als Horde unterwegs waren, war es wie bei den Zebras überlebenswichtig, Gefahren schnell zu erkennen, unabhängig von der doch sehr langsamen sprachlichen Übermittlung.

Es ist fast unmöglich, neben einem aggressiven oder depressiven Partner, Kollegen oder Freund eine heitere und ausgeglichene Stimmung beizubehalten.

Unsere innere Sensitivität nimmt die Emotion unseres Gegenübers sofort auf. Unsere eigenen Empfindungen werden dadurch überschrieben, und wir verlieren unsere gute Laune.

Unsere Macht, mit unseren Gedanken und Gefühlen andere in unserer Umgebung beständig zu beeinflussen, ist uns meist nicht bewusst. Gehen wir in eine *Interaktion*, sehen wir die Reaktion des Gegenübers oft nicht als Reaktion auf uns, sondern empfinden die andere Person als aktiv Handelnde – auf die *wir* reagieren. Vor allem bei Konflikten, ja sogar bei Schlägereien sehen sich beide Parteien mit ihrem Verhalten lediglich als Reagierende. Wir haben also das Verhalten der Menschen um uns herum sehr viel genauer im Blick als unser eigenes.

Interaktion spielt sich in hohem Maße außerhalb unserer Bewusstseinsschwelle ab. Sie nimmt beständig Einfluss auf all unsere Kommunikation und damit letztlich auch auf unser Leben und unser Lebensgefühl.

Wir sehen uns gern als autonome Individuen, die sich frei für ihre Handlungen und Gedanken entscheiden und in ihrem Leben und ihren Gefühlen unabhängig von anderen Menschen sind. Neueste Studien widerlegen diese Annahme jedoch immer massiver. In der Netzwerkforschung beispielsweise geht man davon aus, dass unser Gemütszustand im Wesentlichen von dem der Menschen um uns herum abhängt. Falls diese Erkenntnis zutrifft, hat das verschiedene Folgen für unser Leben.

Es wäre demnach enorm wichtig, dass wir auf unsere Gedanken und Gefühle achten, denn aus ihnen entspringt unsere innere Haltung, aus der wiederum unsere Worte und Reaktionen hervorgehen. Wenn wir also darauf achten, dass wir die Menschen um uns herum respektvoll und freundlich behandeln und diese sich wohlfühlen, dann bedeutet dies, dass auch wir uns wohler fühlen.

DIE MACHT DER INNEREN HALTUNG

»Unsere Absichten machen das Leben sehr komplex und oft kompliziert.«

Kommunikation findet nicht nur mit den Ohren und dem Mund statt. In dem Moment, in dem jemand durch die Tür tritt, beginnt Kommunikation oder eigentlich Interaktion. Unter einer Interaktion versteht man alles, was Menschen aufeinander bezogen tun.

Dabei kann es sein, dass wir dies noch gar nicht wahrnehmen, unser Gegenüber aber schon in eine Interaktion mit uns eintritt.

DER ERSTE EINDRUCK

Stell dir vor, du sitzt in einem Café und trinkst deinen Cappuccino. Eine Frau kommt herein. Du schaust sie an, und du beginnst automatisch, sie zu bewerten. Vielleicht denkst du, dass sie ein interessantes Gesicht hat und aussieht, als hätte sie ein spannendes Leben. Du machst dir also ein Bild von ihr, und damit beginnt bereits eine Art von Interaktion, nur dass diese momentan noch einseitig ist.

Stell dir weiter vor, der Zufall will es, dass alle anderen Tische besetzt sind und sie dich fragt, ob sie sich an deinen Tisch zu dir setzen darf. Das Gefühl, das du nun hast, und auch die Entscheidung, wie du mit deiner neuen Tischnachbarin umgehst – ob du sie ansprichst oder schweigend in deinen Kaffee starrst –, all das beruht von jetzt an auf dem Bild, das du dir sofort gemacht hast, und auf deiner eigenen Interaktion mit der Frau.

WIE WIR AUFTRETEN

Wie mächtig dieser erste Eindruck ist, wurde mir bewusst, als ich mit einer Freundin auf Weltreise war. Wir fuhren mit dem Fahrrad von Vancouver bis Los Angeles. Irgendwo in Kalifornien trafen wir einen Mann, der auf einem alten Fahrrad mit zerschlissenen Gepäcktaschen unterwegs war. Als wir am Abend auf einem Zeltplatz zusammensaßen, erzählte er über seine Fahrt. Autofahrer hatten ihm leere Dosen an den Kopf geworfen, ihn beschimpft oder ihm den Weg abgeschnitten. Er erklärte uns, er habe ein schweres Leben gehabt und daraus den Schluss gezogen, dass die Menschen schlecht, unzuverlässig und nicht liebenswert wären. Das Leben sei ein Krieg, sagte er. Er habe zu Hause Waffen gebunkert und wäre bereit, sich zu verteidigen.

Mir wurde noch einmal sehr bewusst, dass wir alle zwar auf der gleichen Erde leben, aber nicht in der derselben Welt. Denn unsere Reise verlief völlig anders. Wir wurden über Nacht eingeladen, verpflegt, ermutigt und überall sehr freundlich behandelt. Der erste Eindruck, den der Mann und wir beide auf Menschen machten, schien völlig unterschiedlich zu sein, und die nachfolgende Kommunikation verlief vollkommen anders.

Der Kommunikationsforscher Peter Watzlawick hat einmal gesagt: »Man kann nicht nicht kommunizieren.« Dieser Satz ist noch viel wahrer, als er zunächst erscheint. Jede unserer Gesten, jede Mimik und jede Haltung vermittelt sich in die Welt, wird wahrgenommen und interpretiert – selbst wenn wir denken, dass wir gerade nichts mit anderen Menschen zu tun haben.

Unsere erste Interpretation, unser erster Eindruck beeinflusst jede weitere Interaktion positiv oder negativ, je nachdem. Wir hören jemandem anders zu, den wir sympathisch finden, und vor allem: Wir hören positiver gestimmt zu und sind williger, das, was wir hören, positiv zu interpretieren.

EXPERIMENT: FREMDBILD

- ◇ Frage einmal Freunde und Bekannte, wie sie dich wahrnehmen. Am besten gibst du ihnen eine Auswahl von Wörtern, dann ist es für sie einfacher zu beantworten: freundlich, aufgeschlossen, zurückhaltend, offen, leicht reizbar, verschlossen, hart, zart, sensibel, unklar, mitfühlend, verlässlich, egoistisch, mit sich beschäftigt, liebevoll, depressiv, aggressiv, interessiert, desinteressiert etc.
- ◇ Nimm auch genügend nicht positive Wörter in deine Liste auf. Lass dir Noten geben von 1 bis 10, dann bekommst du ein ganz gutes Bild von dir.

Lass dich überraschen! Vielleicht bist du erstaunt, dass Menschen etwas wahrnehmen, von dem du dachtest, dass du es nie nach außen zeigst. Vielleicht bist du auch frustriert darüber, wie wenig du dich wirklich gesehen fühlst.

Was auch immer dabei herauskommt, du bekommst eine gute Rückmeldung darüber, wie kongruent du bist, also in welchem Maß dein inneres Bild mit dem übereinstimmt, was andere von dir wahrnehmen.

Ich bin fest davon überzeugt, dass sich unsere innere Haltung uns selbst, der Welt und anderen Menschen gegenüber mitteilt, ohne dass wir dies kontrollieren können. Selbst ein guter Pokerspieler kann irgendwann nicht mehr alles kontrollieren und gibt Hinweise auf sein Blatt. Jeder von uns kann sich mehr oder weniger gut eine Weile verstellen, aber dann zeigt sich unsere wahrhaftige Haltung doch in unserem Handeln und Sein.

HEIMLICHE ABSICHTEN

Ein weiterer wichtiger Faktor, um mehr Verbundenheit in unserem Leben zu erschaffen, ist es, an einem Bewusstsein über unsere *Intention* zu arbeiten. Intention ist unsere Absicht hinter dem, was wir tun. Dabei ist uns selbst unsere wirkliche echte Absicht oft unbekannt – vermutlich ist es fast unmöglich, sich der eigenen Intention voll und ganz bewusst zu sein. Hier geht es jedoch nicht um Wahrheit, denn wir können kaum überprüfen, ob unsere Erkenntnisse über uns selbst oder andere wahr sind. Es geht darum, ein Bewusstsein zu erschaffen für deine Handlungen und Interaktionen und die Absichten, die du damit verfolgst.

Warum ist das so wichtig?

Du kennst bestimmt die Situation, in denen jemand freundlich auf dich zukommt und du trotzdem das Gefühl hast, plötzlich wachsam zu werden. Irgendetwas stimmt für dich nicht, obwohl du nicht den Finger drauflegen kannst. Nach einer Weile stellt sich dann heraus, dass die Person eine bestimmte Absicht hatte, die dir unangenehm war. Im Grunde wissen wir oft schon, dass jemand uns um etwas bitten wird, bevor er oder sie den Mund aufmacht. Wir wissen, ob jemand etwas von uns »will«, bevor es ausgesprochen ist.

Noch deutlicher wird die Bedeutung von Intention, wenn uns jemand kritisiert. Es gibt Menschen, die dürfen uns Dinge sagen, die uns sehr unangenehm sind, und dennoch sind wir ihnen weder böse noch ziehen wir uns verletzt zurück. Vielleicht empfinden wir es sogar als Geschenk, eine klare Rückmeldung zu bekommen, weil so etwas wirklich selten ist. Bei anderen Menschen erleben wir die gleiche Kritik jedoch als verletzend, angreifend und sehr unangenehm. Wir fühlen uns herabgesetzt und können kaum in Ruhe zuhören.

Wie kann die gleiche Rückmeldung derart unterschiedliche Gefühle hervorrufen?

Intention ist verborgen, aber oftmals enthüllt sie sich dennoch. Wir können gute Taten vollbringen, aber unsere Intention ist egoistisch und zielt nur darauf, uns selbst besser zu fühlen oder jemanden für uns einzunehmen.

Narzissten etwa sind fantastisch darin, sich zu Beginn des Kontakts als einfühlsame und gute Zuhörer zu zeigen. Ihre Intention ist aber nicht, Kontakt herzustellen, sondern einen Zugang zu ihrem Gegenüber zu finden, um es an sich zu binden. Ihre Interaktionen folgen einer Absicht, die nicht zugewandt und freundlich für die anderen ist, sondern einen komplett gegensätzlichen Ansatz verfolgt.

Absicht macht das Leben sehr komplex und oft kompliziert.

Manchmal tun wir Dinge, die gesellschaftlich nicht als okay gelten. Unsere Intention ist positiv, und manchmal haben wir einfach nur die Konsequenzen nicht gut durchdacht. Sehr häufig gehen wir uns dabei aber auch oft selbst auf den Leim. Wir erzählen uns eine Geschichte, die wir dann glauben, und denken, wir handelten in bester Absicht. Doch ganz fein im Hintergrund flüstert uns eine leise Stimme etwas anderes zu …

Noch einmal: Hier gibt es keine Wahrheit – wir können nur versuchen, so ehrlich, wie es geht, mit uns selbst zu sein. Es gibt kein Falsch und Richtig, sondern nur den Vorsatz zu klären, wie wir in der Welt sein wollen.

Mit welcher Haltung gehst du in die Welt? Vielleicht hast du dich das schon mal gefragt, vielleicht aber auch noch nie. Deine Grundhaltung kann sich im Laufe des Lebens verändern, aber sie wandelt sich nicht von Stunde zu Stunde. Gehst du mit der Intention in die Welt: Ich zuerst!, zeigt sich das in allem, was du tust, auch wenn du es zu verbergen versuchst. Ist dein wichtigstes Bestreben, bloß niemandem zur Last zu fallen, zeigt sich das auch in jeder Hinsicht.

Zusätzlich zu deiner grundsätzlichen Intention gibt es Absichten, die du in einer bestimmten Situation verfolgst. Hinter fast jeder Kommunikation und Handlung liegt eine innere Absicht, so verborgen sie zu Beginn auch sein mag. Manchmal ist es weniger wichtig, sie zu kennen, in anderen Situationen jedoch gewinnt sie eine große Bedeutung. Das betrifft vor allem nahe Interaktionen mit Menschen.

Deine Beziehungen werden sich deutlich verändern, wenn du versuchst, klarer und liebevoller zu werden. Andere Menschen spüren deine Haltung und Absicht, auch wenn du sie nicht aussprichst.

Unsere Intentionen haben mit einem weiteren wichtigen Thema zu tun, nämlich unseren Bedürfnissen. Meist ist es unsere Absicht, unsere Bedürfnisse erfüllt zu bekommen, egal, ob wir uns dieser bewusst sind oder nicht.

EXPERIMENT: SICH SELBST BEOBACHTEN

Schaffst du es, dich selbst ein wenig in deinen Gesprächen – und auch bei deinen Handlungen – ein wenig zu beobachten?

- ◇ Warum sage ich das jetzt?
- ◇ Warum tue ich, was ich tue?

WAS WIR BRAUCHEN – UNSERE BEDÜRFNISSE

»Die eigenen Bedürfnisse gut zu kennen bringt Klarheit.«

Wenn wir sagen, dass wir etwas brauchen, dann sprechen wir eigentlich indirekt über Bedürfnisse. Diese bestimmen viele Entscheidungen in unserem Leben, auch wenn wir es nicht bewusst so wahrnehmen. Jeder Mensch hat Bedürfnisse – ununterbrochen. Das meiste von dem, was wir am Tag tun oder lassen, erfüllt uns direkt oder indirekt ein Bedürfnis. Je besser wir unsere Bedürfnisse kennen und erfüllen können, desto besser fühlen wir uns meist.

Bedürfnisse sind Motivationen, wir setzen uns über Gefühle und Bedürfnisse in Bewegung, um diese zu erfüllen. Nur haben die wenigsten von uns gelernt, ihre Bedürfnisse zu erkennen und genau zu wissen, was sie brauchen. Die meisten Menschen wissen, was sie *nicht* brauchen oder wollen – aber nicht, was sie brauchen.

Manche Menschen denken, dass sie nichts brauchen. Sie haben gelernt, oft in sehr früher Kindheit, dass sie mehr Liebe bekommen, wenn sie bedürfnislos erscheinen. Dies ist jedoch nur Schein, denn selbst wenn wir unsere Bedürfnisse nicht bewusst wahrnehmen, haben wir welche. Sie erfüllen sich auch, allerdings oft nur indirekt.

Bedürfnisse werden in unserer Gesellschaft oft mit Bedürftigkeit gleichgesetzt. Außerdem sind sie – und noch mehr Bedürftigkeit – mit Scham gekoppelt. Man hat das Gefühl, sich abhängig zu machen, verletzlich und ausgeliefert zu sein. Scham ist nur schwer auszuhalten, und deshalb verdrängen wir sie oder versuchen, uns so zu verhalten, dass wir möglichst nicht Gefahr laufen, uns schämen zu müssen. Tatsächlich geht es uns aber darum, möglichst nicht beschämt zu werden. Der Grund für unsere Angst ist die Demütigung und Beschämung in unseren Ursprungsfamilien. Deshalb trauen sich viele Menschen nicht, sich selbst wirklich auszudrücken und ihr Leben nach ihren eigenen Wünschen und Bedürfnissen zu gestalten.

Viele von uns verfolgen die Strategie, sich Bedürfnisse zu erfüllen, indem sie etwas für andere tun: Sie schenken Liebe und Zuwendung in der Hoffnung, dasselbe zurückzubekommen. Leider geht diese Rechnung oft nicht auf, und das führt zu viel Frustration und Selbstaufgabe.

Die eigenen Bedürfnisse gut zu kennen bringt Klarheit. Es kann sein, dass du deine eigenen Entscheidungen besser verstehst, auch solche, die dir vielleicht bisher unverständlich waren.

Gefühle sind wichtige Indikatoren: Angenehme sagen uns, dass wichtige Bedürfnisse befriedigt sind, und unangenehme, dass wichtige Bedürfnisse es gerade nicht sind.

Wir müssen diese Gefühle jedoch zunächst überhaupt wahrnehmen, um unseren dahinterliegenden Bedürfnissen auf die Spur zu kommen. Wir brauchen unsere Gefühle nicht nur um ihrer selbst willen, wir benötigen sie, um Zugang zu unseren Bedürfnissen zu bekommen.

Bedürfnisse steuern unser ganzes Leben. Man kann sie nicht »tun« oder kaufen. Ein Bedürfnis können wir durch eine Handlung nur indirekt befriedigen – und hier liegen die großen Schwierigkeiten und Missverständnisse, die viele Menschen mit ihren Bedürfnissen haben.

Was heißt das konkret?

Beispiel Kontakt. Kontakt ist ein Bedürfnis. Kontakt selbst kann ich nicht »tun«, ich muss jemanden anrufen oder treffen, um das Bedürfnis danach zu befriedigen. Ich muss also etwas Spezifisches unternehmen. Das, was ich tue, ist meine Strategie, um dieses Bedürfnis zu erfüllen (in diesem Fall ein Telefonat oder ein Treffen).

Beispiel Anerkennung. Ist dein Bedürfnis Anerkennung – und es ist schon gut, wenn du dir dessen bewusst bist –, wird es schon schwerer, eine geeignete Strategie zu finden. Du bist nämlich davon abhängig, diese Anerkennung von einer anderen Person zu bekommen.

Wichtig ist, dass dir bewusst wird, von wem du Anerkennung bekommen möchtest.

Manche Menschen unternehmen sehr viel, um Anerkennung zu bekommen. Hin und wieder wird ihnen diese sogar zuteil, aber nie von der richtigen Person – und so bleiben sie unzufrieden.

Viele hoffen auf Anerkennung, indem sie Leistung erbringen. Andere versuchen, sich Achtung zu »erkaufen«, indem sie sich ein neues Auto, ein besonderes Kleid oder ausgefallenen Schmuck anschaffen, um darüber die Bestätigung zu erhalten, die sie brauchen.

BEDÜRFNIS ODER STRATEGIE?

In unserer Gesellschaft wird die Strategie häufig mit dem Bedürfnis verwechselt, und dies führt zu Frustrationen. Wenn du zum Beispiel denkst, du brauchst abends ein Bier, dann verwechselst du eine Strategie mit dem dahinterliegenden Bedürfnis. Welches Bedürfnis, glaubst du, soll dir das Bier (oder was auch immer du willst) wirklich erfüllen?

Damit wir unseren Bedürfnissen treu bleiben und uns nicht im Dschungel der Strategien, Wünsche und Vorstellungen verirren, brauchen wir (wieder einmal) Zugang zu unserem Körper!

Denn dort entstehen unsere Gefühle, und nur wenn wir sie lesen können, haben wir eine Chance, auch unsere Bedürfnisse zu entziffern und für sie einzustehen. Manchmal sind es nicht einmal Gefühle, die uns den Weg zeigen, sondern sogenannte *Bodymarker*, also angenehme oder unangenehme Empfindungen, die im Körper auftauchen und die wir nicht selten allzu schnell übergehen.

WIE BIN ICH WIRKLICH?

Sich selbst kennenzulernen und sich mit dem eigenen Sein und Körper zu verbinden braucht viel Zeit und Geduld. Es ist ein immer tieferes Eintauchen in sich selbst. Was auch bedeutet, der Trauer über alte Verletzungen zu begegnen, immer wieder auf Irrwege zu geraten, sich mit der eigenen Scham auseinanderzusetzen und sich unter Umständen dem Selbsthass zu stellen. Das alles trägt dazu bei, weicher und liebevoller mit sich umzugehen und sich mit sich selbst anzufreunden.

> *Hab Geduld, komm dir näher wie einem guten Freund – langsam, beharrlich und freundlich.*

Noch einmal und immer wieder: Lass dir nicht erzählen, dass du dich an einem Wochenende kennenlernen oder verändern kannst.

Big Data

Ein Problem in unserer heutigen Welt ist die Künstliche Intelligenz (KI). Sie ist darauf ausgerichtet, dich in- und auswendig kennenzulernen. Auch wenn du kein Interesse daran hast, dich wirklich zu durchschauen und dir nah zu sein, kannst du dir sicher sein, dass Amazon, Google und Co. es genau darauf angelegt haben.

Vielleicht ist dir das aus der Datenperspektive egal, aber es sollte dir nicht gleichgültig sein, wenn deine Bedürfnisse ausgenutzt werden, um dich zum Kaufen zu animieren. Genau das gelingt aber immer besser und häufiger. Bedürfnisse steuern deine Handlungen und Entscheidungen und wenn du diese nicht bewusst spüren und benennen kannst, dann wirst du über Strategien manipuliert. Schau dir die Werbung der Telekom an, und du siehst, welches menschliche Bedürfnis dort angesprochen wird: Unser Bedürfnis nach Verbindung und Kontakt wird genutzt, um Mobiltelefone zu verkaufen.

In einigen Jahren wird die KI uns alle besser kennen als die meisten Menschen sich selbst. Wenn wir einigermaßen bewusste Konsumenten bleiben wollen, dann ist Selbsterkenntnis ein absolutes Muss. Im Grunde gehören die Fähigkeiten, die ich in diesem Buch beschreibe, zu den unabdingbaren Voraussetzungen, um sich in einer immer komplexeren Welt zurechtfinden zu können.

Je besser und klarer du deine Bedürfnisse wahrnehmen und benennen kannst, desto besser bist du in der Lage, dein Leben zu gestalten, und desto einfacher fällt es dir, Entscheidungen zu fällen.

DIE VERLEUGNETE SEHNSUCHT

Menschen, die innerlich ein Gefühl von Leere und eine vage Sehnsucht in sich tragen, sind auf der Suche nach etwas, von dem sie oft nicht wissen, was es ist. Diese Suche ist das Ergebnis unerfüllter Bedürfnisse in unserer Kindheit, und es ist wichtig, dass wir diese Zusammenhänge erkennen und verstehen.

Als Menschen werden wir gesteuert von unseren Gefühlen und Bedürfnissen, von Schmerz und Lust. Wir neigen dazu, Schmerz aus dem Weg zu gehen und Lust zu folgen. Das führt manchmal zu katastrophalen Fehlentscheidungen, da kurzfristige Lust nicht selten langfristigen Schmerz mit sich bringt. Einfachstes Beispiel ist der Schokoladengenuss am Abend, den ich als äußerst lustvoll empfinde, der sich aber langfristig auf der Waage und gesundheitlich schmerzlich auswirkt. Selbst in sehr persönlichen Entscheidungen wie der Frage, ob wir eine Beziehung beenden wollen oder nicht, kommt dieser Mechanismus zum Tragen. Wir bleiben in einer nicht erfüllenden Beziehung, obwohl es nicht angenehm ist. Doch die Furcht vor dem Schmerz einer Trennung wiegt schwerer.

Schmerz- und Lustempfinden taugen nicht als Ratgeber für das Leben, und je mehr Angst wir vor unseren Bedürfnissen und Gefühlen haben, desto mehr sind wir in der Schmerzvermeidung gefangen.

Auch hier sind wir ein »Opfer« unserer Evolutionsgeschichte. Vor tausend Jahren war etwas, das Schmerz brachte, meist gefährlich und musste gemieden werden, etwas, das Lust brachte, war im Allgemeinen auch langfristig gut für uns. Diese Einstellung ist tief in uns verwurzelt und hat uns über Jahrtausende gut gedient. Heute ist sie aber in vielen Fällen untauglich. Es gibt in unserer Zeit viele Dinge, die kurzfristig einen Lustgewinn oder Erleichterung (weil der einfache Weg) bringen, uns jedoch auf lange Sicht schaden. Ich bin mir sicher, du findest einige Beispiele, sowohl auf gesellschaftlicher als auch auf persönlicher Ebene. Nehmen wir dann noch die Ebene des Allgemeinwohls dazu, dann wird noch deutlicher, dass es schädlich ist, immer den Weg des kurzfristigen Lustgewinns zu gehen.

WERTMASSSTÄBE

Zu der bedürfnisorientierten Grundsteuerung unseres Lebens kommen unsere Werte und Überzeugungen hinzu.

Dazu gehören zum Beispiel Integrität oder Ehrlichkeit. Bei manchen Werten gibt es Überschneidungen zu Bedürfnissen,

Werte kann man als inneren Kompass sehen, der uns eine Richtung vorgibt und andere Richtungen verbietet.

Integrität etwa kann ein Wert und ein Bedürfnis sein.

Unser Wertesystem ist stark gesellschaftlich und von unserer Ursprungsfamilie geprägt. Manchmal leben wir nach Werten, die gar nicht die unseren sind. Wir befolgen sie dennoch, weil wir einen untergründigen Schmerz fühlen, den wir vermeiden. Sicher kennst du die Redewendungen »jemanden einnorden« oder »jemanden wieder auf Linie bringen«. Dabei geht es meist darum, einen Menschen wieder an ein Wertesystem anzupassen, aus dem er oder sie ausgebrochen ist. Je nach Gesellschaftssystem können diese Formulierungen eine freundliche Aufforderung sein oder die Todesstrafe.

UNSERE STRATEGIEN

Das bedeutet, dass unsere Bedürfniserfüllung – also die Strategien, mit denen wir versuchen, unsere Bedürfnisse zu erfüllen – auch noch bestimmten Auflagen unterliegt. Wir beugen uns ihnen, damit wir nicht durch den Verstoß gegen diese inneren Werte oder gegen gesellschaftliche Normen den Schmerz des inneren oder äußeren Konflikts erleben müssen.

Ein Bedürfnis, das mit gesellschaftlichen Werten und Normen kollidiert, könnte beispielsweise sein, in einer konservativen Kleinstadt zu leben und festzustellen, dass man schwul oder lesbisch ist. Oftmals verstecken die Betroffenen dann ihre Identität, um nicht den Schmerz der Zurückweisung (oder Gewalt) zu erleben. Hier stoßen innere Welten mit der äußeren zusammen, und das führt zu vielen Spannungen und Auseinandersetzungen.

Wenn wir ein Wertesystem entwickelt haben, nach dem die Bedürfnisse anderer immer wichtiger sind als unsere eigenen, bekommen wir über kurz oder lang ein Problem. Jeder Mensch kann seine eigenen Bedürfnisse – beispielsweise das nach Zuwendung – nur begrenzt unterdrücken.

Menschen mit dieser Prägung entscheiden sich überwiegend dafür, die Bedürfnisse anderer zu befriedigen, um dadurch indirekt Zuwendung und Dankbarkeit zu erhalten. Sie opfern sich auf, um damit Gegenliebe zu erzeugen, und bekommen manchmal auch über Leiden Zuwendung. Sicher kennst du jemanden in deiner Umgebung, der darüber jammert, dass er oder sie immer so viel tun muss und darüber Aufmerksamkeit und Zuwendung erfährt.

Je weniger Zugang Menschen zu ihren Bedürfnissen haben, desto enger sind sie in ihrer Kreativität, was ihre Strategien angeht. Da sie diese mit dem eigentlichen Bedürfnis verwechseln, halten sie oft auch an einem Verhalten fest, das selbstschädigend oder schädigend für andere ist.

Alle Menschen haben Bedürfnisse. Lediglich die Strategien, die wir anwenden, um unsere Bedürfnisse zu befriedigen, sind aufgrund unserer verinnerlichten Werte und Normen sehr unterschiedlich. Was könnte nun die Lösung, die Strategie sein, die eigenen Bedürfnisse zu erfüllen, ohne gegen die inneren Wertvorstellungen zu verstoßen?

Stell dir einmal die beiden folgenden Fragen und schreib die Antworten auf:

- ◇ Welche Strategien wende ich in jeder Lebenslage an?
- ◇ Welche Bedürfnisse stecken hinter meinen Gewohnheiten?

Das Bedürfnis dahinter

Strategien – egal, wie ungesund oder lebensfeindlich – können wir niemals verändern, wenn uns keine andere Strategie zur Verfügung steht, die das gleiche Bedürfnis ebenso gut oder gar besser erfüllt. Genau aus diesem Grund gelingen viele Veränderungswünsche nicht. Ein Verhalten kann für die Umwelt oder die Person selbst noch so nachteilig sein, es erfüllt immer ein Bedürfnis. Deshalb sind viele Versuche, eine Verhaltensänderung zu erreichen, zum Scheitern verurteilt, denn diese setzt voraus, dass Menschen bereits ein anderes Verhalten als Alternative haben. Wenn es so wäre, dann hätten sie das schädigende Verhalten schon längst aufgegeben. Diese Zusammenhänge zu verstehen ist enorm wichtig. Es erklärt dir dein eigenes manchmal unverständliches Verhalten, aber auch das Handeln anderer, das uns manchmal unbegreiflich erscheint.

Wenn du also ein Verhalten aufgeben willst, musst du wissen, welches Bedürfnis du damit befriedigst, und du brauchst eine neue, bessere Strategie. Möchtest du jemand anderen dabei unterstützen, ein Verhalten zu verändern, so musst du auch hier zunächst Verständnis schaffen und dann alternative Strategien finden.

Wir haben unter anderem das Bedürfnis nach:

- ◇ Akzeptanz und Respekt
- ◇ Autonomie und Freiheit
- ◇ Bewegung
- ◇ Entspannung
- ◇ Entwicklung und Selbstverwirklichung
- ◇ Freude/Spaß und Kreativität
- ◇ Glück und Harmonie
- ◇ Liebe und Sexualität
- ◇ Respekt und Integrität
- ◇ Sicherheit und Geborgenheit
- ◇ Sinn
- ◇ Verbundenheit und Nähe
- ◇ Vertrauen
- ◇ Wertschätzung und Mitgefühl
- ◇ Zugehörigkeit

EXPERIMENT: MEINE WICHTIGSTEN BEDÜRFNISSE

Vielleicht hast du Lust, diese Liste einmal durchzulesen und die fünf Bedürfnisse zu unterstreichen, die für dich am wichtigsten sind.

Dann gehst du alle Bedürfnisse noch einmal durch und unterstreichst die Bedürfnisse, nach denen du tatsächlich lebst, das heißt, nach welchen du wirklich dein Leben ausrichtest und deine Entscheidungen triffst.

ANTRIEBSARTEN

Anthony Robbins, einer der erfolgreichsten Coaches aller Zeiten, hat in seiner langjährigen Arbeit mit Menschen einige der folgenden Grundbedürfnisse herausgefiltert, die jeder Mensch in unterschiedlichen Gewichtungen für sich hat. Ich habe diese durch meine eigenen Erfahrungen mit Menschen ergänzt:

- ◇ Sicherheit
- ◇ Abwechslung
- ◇ Bedeutung
- ◇ Liebe und Verbindung
- ◇ Autonomie
- ◇ Wachstum
- ◇ Einen Beitrag leisten
- ◇ Sinn

Je besser wir unsere wichtigsten Bedürfnisse erfüllen können, desto wohler fühlen wir uns. Unerfüllte Bedürfnisse, die bedeutsam für unser Leben sind, fangen an, im Hintergrund an uns zu nagen. Es ist dieses komische Gefühl, das uns sagt, dass da doch noch mehr sein muss. Dass wir zu mehr fähig sind, dass es noch etwas anderes geben muss. Diese Sehnsucht, die ab und zu auftaucht und uns melancholisch werden lässt. Sie ist dein innerer Kompass für das, was für dich wichtig ist im Leben.

WIR BRAUCHEN SICHERHEIT

Jeder Mensch braucht das Gefühl von Sicherheit. Ist dieses nicht gegeben, verdrängt es fast jedes andere Bedürfnis, und die Ausrichtung wird sehr eng. Alle Dinge im Leben werden auf Sicherheit ausgerichtet. Traumatisierungen werfen Menschen leider häufig auf diese Ebene des Seins zurück. Sicherheit ist die Basis unseres Lebens und am Beginn unseres Daseins sind wir darauf angewiesen, dass andere – unsere Eltern – für unsere Sicherheit sorgen. Je besser das gelingt, desto sicherer fühlen wir uns später. Diese Grundsicherheit ist die Basis für unser Leben.

Im Zusammenhang mit dem Bedürfnis nach Sicherheit tun viele Menschen alles, um die Umwelt zu einem sicheren Ort zu machen. Dieses Bemühen geht meist mit einem ausgeprägten Kontroll- und Planungsbedürfnis einher. Abweichungen von inneren Vorstellungen werden als bedrohlich erlebt, und der einzige Weg, das Leben zu kontrollieren, besteht darin, den eigenen Bewegungsspielraum immer enger zu machen. Und entweder die Welt als solche dafür verantwortlich zu machen oder uns selbst die »Schuld« zu geben.

Haben wir alles in unserem Leben weitgehend abgesichert – was natürlich eine Illusion ist, da das Leben sich nicht kontrollieren lässt –, dann wird uns leider häufig langweilig. Sicherheit ist nicht abwechslungsreich und bedeutet die Vermeidung des Neuen und Aufregenden. Das ist ein Zustand, in dem niemand über einen längeren Zeitraum leben möchte.

Dies führt dazu, dass Menschen irgendwann häufig ausbrechen aus ihrem sicheren Leben. Dieser Abbruch von Beziehungen ist für die anderen Beteiligten unverständlich und schmerzhaft. Häufig ist es dann jedoch so, dass ein Mensch sich nach dem »Ausbruch« wieder genau die gleiche Situation erschafft, die er zuvor hinter sich gelassen hat.

Der Klassiker ist der langjährige Familienvater, der mit Ende vierzig alles hinwirft und Frau und Kinder verlässt, um noch einmal von vorn anzufangen. Meist verliebt er sich dann neu, und nicht selten hat er nach einem Jahr schon wieder eine neue Familie, die ein Abbild der alten ist. Nach dem kurzen Ausflug in die Abwechslung hat wieder das Bedürfnis nach Sicherheit gesiegt.

◇ Wie erfüllst du dir dein Bedürfnis nach Sicherheit?
◇ Ist diese Form von Bedürfniserfüllung gut für dich?
◇ Ist diese Form von Bedürfniserfüllung gut für dein Umfeld?

WENN DIE ABWECHSLUNG LOCKT

Dem Bedürfnis nach Sicherheit gegenüber steht das nach Abenteuer und Lebendigkeit. Es kann bei manchen Menschen genauso stark sein wie das Bedürfnis nach Sicherheit, bei einigen ist es sogar stärker als dieses. Je sicherer sich Menschen in sich selbst fühlen, desto stärker wird meist das Bedürfnis nach dem Entdecken neuer und anderer Welten im Innen und Außen, mit anderen Menschen und in sich selbst.

Auf neue Pfade begibt sich nur der, der sich in sich oder in der Welt sicher fühlt.

Wir brauchen diese innere Basis, um Unsicherheit genießen zu können. Manchmal überschätzen wir uns und sehnen uns nach Abwechslung und Freiheit, weil unser Leben so sicher erscheint. Gehen wir dann den Schritt, merken wir oft erst in der Umsetzung, dass das, was in der Fantasie so aufregend erschien, in der Realität entweder viel verunsichernder oder uninteressanter ist als gedacht.

Je bewusster uns ein innewohnendes Bedürfnis ist, desto bewusster und integrierter können wir es uns erfüllen. Nur dann können wir Strategien wählen, die uns guttun, und nur dann können wir zufriedenstellende Lösungen oder Wege hin zu unserer Bedürfnisbefriedigung wählen.

JEDER BRAUCHT MINDESTENS EINEN FAN

Eigentlich gibt es dazu gar nicht mehr zu sagen. Unser Hunger nach Wertschätzung, Anerkennung und Beachtung begleitet uns ein Leben lang. Das Gefühl, keine Bedeutung zu haben, macht uns krank, depressiv und unglücklich. Kinder, die ihren Wert nicht gespiegelt bekommen, entwickeln eine tiefe Scham über ihr Dasein.

Das gilt auch für Erwachsene, die sich aussortiert und nutzlos fühlen, zum Beispiel ältere Arbeitslose, deren gesamte Erfahrung für bedeutungslos erklärt wird, oder Jugendliche, die schon früh lernen, dass sie zu nichts zu gebrauchen sind. Scham wird oft zu einer tiefen zerstörerischen Wut, insbesondere wenn sie nicht gefühlt wird, sondern abgespalten ein Eigenleben entwickelt.

Das Bedürfnis nach Bedeutung ist so mächtig in uns, dass die Strategien, die wir einsetzen, um uns dieses zu erfüllen, sehr unterschiedlich sind. Manchen Menschen genügt es, andere um sich zu haben, die ihm oder ihr in Liebe zugetan sind. Einige müssen beruflich oder finanziell erfolgreich werden, wieder andere werden berühmt oder stehen auf einer kleinen Bühne, um sich dort zu verwirklichen und das Gefühl von Bedeutung zu erlangen. Manche Menschen entdecken auch, dass sie Bedeutung empfinden, wenn sie einen anderen bedrohen oder kontrollieren.

Diese Grundbedürfnisse erklären oft unerklärliche Verhaltensweisen von Menschen und auch von uns selbst.

Jugendliche, die sich Gangs anschließen und damit ihr Leben und ihre Zukunft gefährden, sind trotzdem sehr schwer davon loszulösen. Wie kann das sein? Schauen wir uns kurz an, welche Bedürfnisse in einer Gang erfüllt werden:

◇ Bedeutung
◇ Liebe und Verbundenheit
◇ Sicherheit
◇ Abwechslung
◇ Einen Beitrag leisten (für die anderen Mitglieder)

Es sind also recht viele unserer wichtigsten Bedürfnisse, und das erklärt, warum Gruppen, Sekten oder Gangs so eine starke Anziehungskraft besitzen.

In unserer Kultur hat Bedeutung, wer gesehen wird. Aufmerksamkeit ist die Währung unserer Zeit. Menschen, die Aufmerksamkeit erhalten, schaffen es regelmäßig unter die hundert einflussreichsten Menschen. Gerade weil sie beschränkt ist und wir nicht unbegrenzt aufmerksam sein können, ist Aufmerksamkeit so kostbar. Im Privatleben sind es besondere Augenblicke, in denen uns die volle Aufmerksamkeit unseres Gegenübers zuteilwird. Deshalb ist es so wichtig, dass wir uns bewusst werden, worauf wir unsere Aufmerksamkeit richten. Menschen sind leicht abzulenken und werden von Bewegung, Handlung und Neuem magisch angezogen. Inzwischen sind die Tage der meisten von uns übervoll, und man ist schon fast unnormal, wenn man Zeit hat.

Langeweile gebiert neue Ideen, lässt uns bei uns ankommen und erfrischt den Geist. Langeweile stirbt aus und wird kaum noch ausgehalten. Dabei ist sie die Wiege der Kreativität und Selbstreflexion.

Wie erfüllst du dir dein Bedürfnis nach Bedeutung?

- ◇ Ist diese Form von Bedürfniserfüllung gut für dich?
- ◇ Ist diese Form von Bedürfniserfüllung gut für dein Umfeld?
- ◇ Wer oder was bekommt den größten Teil deiner Aufmerksamkeit und damit Bedeutung?
- ◇ Wem oder was würdest du gerne mehr Aufmerksamkeit/ Bedeutung schenken?
- ◇ Wie würde sich dein Leben dann ändern?
- ◇ Gibst du dir genügend Zeit allein und für inneren Rückzug und Erholung?

LIEBE UND VERBUNDENHEIT

»Ich kann ich sein und verbunden.«

Jeder Mensch hat das Bedürfnis, sich verbunden zu fühlen. Und jeder Mensch möchte geliebt werden und lieben. Wir brauchen das Gefühl, ankommen, irgendwo landen zu können. Nur in diesem Kontext fühlen wir uns sicher und kommen zur Ruhe. Unsere inneren biologischen Verteidigungssysteme schalten nur in einem sicheren sozialen Kontext ab. Gibt es diesen nicht, heißt das, immer auf der Hut zu sein und sich nie wirklich entspannen zu können. Diese Sicherheit sollte in der Kindheit die Regel sein, ist es aber sehr häufig nicht.

Wenn wir nicht ankommen und uns verbinden können, entstehen eine tiefe Sehnsucht und ein Gefühl des Verlorenseins. Viele Menschen, die sich am Beginn ihres Lebens nicht willkommen gefühlt haben, empfinden sich als fremd, anders oder wie ein Alien.

Liebe und Verbundenheit sind angeborene Bedürfnisse. Wir lernen sehr früh, wie wir mit anderen Menschen umgehen sollen und was wir von ihnen erwarten können. Je besser wir dies gelernt haben, desto befriedigender gestalten sich später unsere Beziehungen.

Hier entsteht ein Lebensparadox oder die sprichwörtliche Katze, die sich in den Schwanz beißt. Für ein gutes Leben und unsere innere Zufriedenheit brauchen wir die Befriedigung unserer Bedürfnisse, können uns diese aber nur stillen, wenn sie uns als Kleinkinder erfüllt wurden und wir dadurch lernen konnten, wie es geht. Das »Nachlernen« als Erwachsene kostet viel Zeit und Mühe, aber es ist möglich!

Wichtig ist, dass du verstehst: All die Fähigkeiten und Bedürfnisse, die wir erfüllen und beherrschen müssen, um unser Leben befriedigend zu leben, entstehen eben nicht dadurch, dass wir ein Buch lesen oder auch nur verstehen, um was es geht. Die Grundfähigkeiten unseres Lebens können nicht kognitiv, also mit dem Verstand, erworben werden. Sie müssen praktiziert und geübt werden. Dafür brauchen wir auch andere Menschen, die uns unterstützen.

FREIHEIT IN VERBINDUNG

Scheinbar im Gegensatz zu Liebe und Verbundenheit steht das Bedürfnis nach Autonomie. Hier gibt es wieder ein faszinierendes Paradox: Echte Autonomie kann nur durch Liebe und Verbundenheit entstehen.

Man kann sogar so weit gehen, dass Autonomie nur durch eine einmal positiv gelebte Abhängigkeit entstehen kann. (Ich sehe förmlich vor mir, wie einigen meiner Leserinnen und Lesern bei diesem Satz die Haare zu Berge stehen.)

Lass es mich erklären: In ganz früher Kindheit waren du und deine Hauptbezugsperson eine Einheit – als Baby konntest du nicht unterscheiden zwischen ich und du, du warst in einem symbiotischen Zustand. Dann hast du Krabbeln gelernt und konntest die Welt entdecken. Damit hast du angefangen, dich von deiner Mutter oder nahen Bezugsperson zu lösen und eine erste Form von Autonomie zu entwickeln. Die Welt war spannend und gefährlich zugleich – wie auch heute noch –, und deine Bezugsperson hatte immer ein Auge auf dich, ließ dich aber, solange es nicht gefährlich für dich war, das Terrain erkunden.

Irgendwann hast du dann angefangen zu laufen, und deine Erkundungskreise wurden größer. Womöglich bist du irgendwann das erste Mal in einen anderen Raum gekommen, und plötzlich wurde dir bewusst, dass Mama nicht da war. Großer

Schreck! Du bist zu ihr zurückgerannt. Womöglich, wenn der Schreck zu groß war, bist du auf ihren Schoß geklettert. Dann war die Welt wieder in Ordnung, und du konntest wieder losziehen und weiter auf Entdeckungsreise gehen. Ich kann ich sein *und* verbunden.

Du konntest also deine Autonomie auf der sicheren Basis einer engen Verbindung austesten. Kinder sind umso neugieriger und offener für die Welt und erkunden mutiger die Umgebung, umso verlässlicher die Verbindung mit ihrer Bezugsperson ist. Diese vorausgegangene Symbiose und Abhängigkeit bereitet also den Boden für die Neugier auf die Welt.

Leider ist diese Phase bei vielen von uns nicht optimal verlaufen. Vielleicht hatte deine Bezugsperson zu viel Angst, dir Freiraum zu geben, oder deine Mutter fühlte sich selbst in dem Moment verlassen und hat dich das spüren lassen. Sätze wie: »Geh ruhig, du brauchst mich ja jetzt nicht mehr!«, oder: »Ich komm schon allein klar, hab du nur deinen Spaß.« wirken sich auf Kinder verheerend aus. Selbst als Erwachsene fällt es uns schwer, mit solchen Aussagen umzugehen.

Kinder bekommen dadurch das Gefühl, sich entscheiden zu müssen (selbstverständlich fällen sie diese Entscheidung meist nicht bewusst): Entweder sie verzichten auf die Beziehung und sind fortan allein, können aber die Welt entdecken – oder sie bleiben bei der Mutter, retten also die Beziehung und verzichten im Gegenzug auf die eigene Autonomie. Das ist der Grund, weshalb die meisten Erwachsenen Autonomie und Beziehung als Gegensätze sehen und nicht als zwei Aspekte von Beziehung.

Wie gehst du mit diesen scheinbaren Gegensätzen in deinem Leben um und welchen Raum gibst du ihnen?

Gesunde Autonomie bedeutet, dass ich gut für mich sein kann und für meine Bedürfnisse einstehe, aber auch um etwas bitten und mit anderen Menschen zusammen sein kann.

Liebe und Verbundenheit gehören zu den zentralen menschlichen Bedürfnissen. In vielen Studien hat sich immer das gleiche

Ergebnis herauskristallisiert: Je mehr wir erfüllende Beziehungen leben und uns verbunden und eingebunden fühlen, desto glücklicher sind wir. Nicht nur die Lebenszufriedenheit wächst über Bindung, sondern auch unsere Gesundheit und Stressresistenz profitieren davon.

Aus diesem Grund ist es überaus sinnvoll, dir im Alltag genügend Zeit zur Pflege deiner Beziehungen zu nehmen. Dies ist Zeit, die du nicht bereuen wirst. Gleichzeitig ist es wichtig für dein Wohlbefinden, dein Bedürfnis nach Autonomie zu pflegen. Oftmals assoziieren wir mit Autonomie Abgrenzung oder gar Alleinsein. Das muss aber so nicht sein. Gesunde Autonomie hat viel mit intakten und gesunden Grenzen zu tun.

- ◇ Wie erfüllst du dir dein Bedürfnis nach Liebe und Verbundenheit?
- ◇ Ist diese Form von Bedürfniserfüllung gut für dich?
- ◇ Ist diese Form von Bedürfniserfüllung gut für dein Umfeld?
- ◇ Wie erfüllst du dir dein Bedürfnis nach Autonomie?
- ◇ Ist diese Form von Bedürfniserfüllung gut für dich?
- ◇ Ist diese Form von Bedürfniserfüllung gut für dein Umfeld?

LEBEN HEISST WACHSEN

Wir wollen lernen, neue Erfahrungen machen und das Gefühl haben »weiterzukommen« – sei es beruflich, persönlich oder bei einer Fähigkeit.

Als Kinder sind wir kleine »Lern- und Wachstumsmaschinen«, wir wollen alles ausprobieren und versuchen es so lange, bis wir es können. Dennoch ist Wachstum für viele von uns problematisch, denn zu irgendeinem Zeitpunkt im Leben lernen wir, dass es nicht in Ordnung ist, Fehler zu machen. Doch wie soll man etwas lernen, ohne Fehler zu machen? Wusstest du, dass Kinder, die von ihren Eltern für das Ausprobieren von Dingen gelobt werden (und nicht nur für das Ergebnis), viel geduldiger und konstanter Dinge lernen, auch wenn es ihnen nicht sofort gelingt?

Viele Forscher sind sich einig, dass das Leben selbst nach einer immer höheren Kongruenz, das heißt nach einer höheren inneren Ordnung strebt. Es will wachsen und immer komplexer (nicht: komplizierter) werden. Die Evolution und die Chaosforschung unterstützen diese Annahme.

Entscheiden sich Menschen dafür, nach der Schule nichts mehr zu lernen, weil sie frustriert und entmutigt worden sind, so bezahlen sie dafür wiederum einen Preis. Sie versuchen, das Leben in kontrollierbaren Bahnen zu halten, es soll vorhersehbar sein. Menschen, die entmutigt worden sind, wollen nicht einfach nur nicht mehr verletzt werden. Sie streben nach Sicherheit.

Das Bedürfnis nach Wachstum gilt als Kann-Bedürfnis, da erst die anderen Bedürfnisse erfüllt sein müssen, damit wir uns ihm widmen können. Man könnte etwas übertrieben sagen, Wachstum sei eine Art Luxusbedürfnis.

Ich sehe das anders. Es gibt Menschen, die nach Wachstum streben, lernen und verstehen möchten, nach kreativem Ausdruck suchen, obwohl oder gar weil ihr Leben unsicher ist oder traumatisch war. Gerade bei tief traumatisierten Menschen trifft man häufig auf eine immense Kreativität, die für die Verarbeitung oder Bewältigung des eigenen Lebens genutzt wird.

DIE ANGST VOR VERÄNDERUNG

Wachstum bedeutet in vielen Fällen Veränderung. An dieser Stelle kommen wir immer wieder mit unserer grundlegenden Angst vor dem Neuen in Berührung. Das Alte mag zwar unangenehm sein, aber dafür ist es wenigstens bekannt.

Als Schmerzflüchter und -vermeider setzen wir uns häufig erst in Bewegung, wenn das Pendel auf der Schmerzseite hängen bleibt und wir das Gefühl haben, etwas unternehmen zu müssen, weil der Schmerz zu groß geworden ist. Plötzlich erscheint uns Veränderung gar nicht mehr so beängstigend, denn unsere aktuelle Situation hat den Schmerzlevel überschritten, den wir auszuhalten bereit sind.

Dieser Wendepunkt kommt bei manchen Menschen sehr schnell, andere halten lange Dinge aus, die eigentlich nicht mehr auszuhalten sind. Dies liegt an den sehr unterschiedlichen Schmerzgrenzen, die sehr früh in unserem Leben entstehen. So können Menschen ihr Gespür für ihre Bedürfnisse komplett außer Kraft setzen. Dies funktioniert, indem der Körper und die Wahrnehmung des Körpers sich abschalten. Wie schon erwähnt, hilft dieser Mechanismus beim Aushalten von schmerzhaften Lebensumständen und kann eine große Ressource sein. Wenn die gefährlichen Lebensumstände allerdings vorbei sind und wir dennoch auf der Stelle verharren, dann verpassen wir viele Möglichkeiten.

Das Bedürfnis nach Wachstum kann sich andererseits auch aus der Lust am Lernen, Ausprobieren und Erfahren speisen. Dann sehen wir die Welt als ein großes Feld der Möglichkeiten, und wir spüren, wie viel es zu entdecken und zu erfahren gibt. Diese Lust an der Exploration ist wiederum eng an unser Gefühl von innerer Sicherheit gekoppelt. Wenn diese, wie oben beschrieben, nicht gegeben ist, kann die Neugier an und auf die Welt jedoch neu entfacht und erlernt werden.

Es ist eine innere Haltung, neugierig zu sein, die wir uns aneignen können.

Neugier ist die Lust, etwas zu erfahren, herauszufinden, und sie ist uns angeboren. Wäre sie das nicht, dann würden wir alle noch in der Wiege liegen und die Decke anschauen. Neugier führt automatisch zu Wachstum, allerdings nicht ganz ohne Anstrengung. Vielleicht magst du damit experimentieren?

- ◇ Was willst du in deinem Leben unbedingt noch lernen?
- ◇ Auf welchen Gebieten fällt dir Wachstum leicht und auf welchen schwer?
- ◇ Wo hast du am meisten Angst, Fehler zu machen?
- ◇ Wie erfüllst du dir dein Bedürfnis nach Wachstum?
- ◇ Ist diese Form von Bedürfniserfüllung gut für dich?
- ◇ Ist diese Form von Bedürfniserfüllung gut für dein Umfeld?

WAS WILLST DU DER WELT GEBEN?

Als ein weiteres Kann-Bedürfnis wird das Bedürfnis gesehen, etwas beitragen zu wollen. Es ist eng mit dem Wunsch nach Bedeutung oder auch Sinn verknüpft. Außerdem ist es tief in uns angelegt, sozial und kooperativ zu sein. Es macht uns Freude, andere zu erfreuen. Menschen, die soziale Dienste leisten, sind Studien zufolge gesünder, zufriedener und glücklicher mit ihrem Leben. Unsere Kultur ist auf unserem Sozialverhalten aufgebaut und nicht auf unserem Egoismus.

Die Neurowissenschaften unterstützen diese neue Weltsicht durch die Erkenntnisse, die durch MRT-Hirnscans gewonnen werden. Bei der Magnetresonanztomografie kann das Gehirn in Echtzeit in seinen Reaktionen beobachtet werden. Die Ergebnisse erschüttern die Darwin'sche Theorie, nach der jeder für sich selbst oder seine Verwandtschaft kämpft, in den Grundfesten. Das darwinistische Welt- und Menschenbild hat tiefe Spuren in dem Denken und Verhalten von Menschen hinterlassen und damit weitreichende Auswirkungen darauf, wie wir leben. Da dies auch unser Selbstbild beeinflusst, möchte ich kurz näher darauf eingehen. Bis heute müssen sich nämlich Menschen, die freundlich, ehrlich und sozial sind, häufig vorwerfen lassen, dass ihr Verhalten dumm sei.

BELOHNUNG STEUERT MOTIVATION

Neue neuropsychologische Forschungsergebnisse widersprechen dem jedoch fundamental. Wissenschaftler fragten sich, für welche Art von Leben der Mensch geschaffen sei und was das Verhalten unserer Spezies steuert. Dadurch wurden die elementaren menschlichen Motivationssysteme entdeckt und entschlüsselt. Man hat festgestellt, dass es sogenannte *reward systems* (Belohnungssysteme) gibt. Es sind grundlegende Antriebsaggregate, die jede Motivation, ja den Lebenswillen steuern.

Hier trifft die Wissenschaft wieder einmal auf den gesunden Menschenverstand. Wir können und konnten nicht allein überleben. Wir sind hochsoziale Wesen, die tiefe Freude erleben, wenn sie Teil eines sozialen Systems (oder mehrerer) sind und zum Gelingen dieses Systems beitragen dürfen. Unser tiefes Bedürfnis nach Sinnhaftigkeit kommt ins Wanken, wenn wir uns unbedeutend fühlen und überflüssig. Aus der Sicht des Mediziners und Psychotherapeuten Joachim Bauer ist es »Kern aller Motivation […], zwischenmenschliche Anerkennung, Wertschätzung, Zuwendung oder Zuneigung zu finden und zu geben. Wir sind – aus neurobiologischer Sicht – auf soziale Resonanz und Kooperation angelegte Wesen.«

Das bedeutet für uns, dass wir am glücklichsten sind, wenn wir uns verbunden fühlen und einen Beitrag für das Wohlbefinden anderer leisten können und dürfen.

Wir können also nicht allein glücklich sein, sondern streben danach, zu einer sozialen Gemeinschaft zu gehören und Anerkennung zu bekommen. Erst dadurch finden wir zu innerer Zufriedenheit. Einen Beitrag zu leisten bedeutet, sich als Teil von etwas Größerem fühlen zu dürfen, und erfüllt dadurch ein tiefes Bedürfnis nach sozialer Wertschätzung.

ERFOLG

Vor Jahren, als ich noch sehr mit meiner Arbeit und dem damit einhergehenden (Nicht-)Erfolg haderte, fragte mich eine Freundin, was passieren müsste, damit ich das Gefühl hätte, erfolgreich zu sein. Ich sei es doch schon, denn die Teilnehmerinnen und Teilnehmer meiner Seminare gäben mir alle ein tolles Feedback. Was waren also meine inneren Kriterien für Erfolg?

Ich stellte fest, dass ich diese nie wirklich definiert hatte und gleichzeitig ein diffuses Bild von Erfolg mit mir herumtrug, das nur Menschen wie Jodie Foster oder George Clooney als erfolgreich sah. Das war sehr erschreckend und ernüchternd, vor allem weil mein Selbstbild mir doch sagte, dass ich mit diesem ganzen Hype um Leute gar nichts zu tun hatte. Dennoch waren bestimmte Vorstellungen in mein inneres Bild eingesickert, und ich brauchte eine Weile, um wirklich stimmige (und nicht nur rational aufgesetzte) Maßstäbe zu finden, um für mich persönlich Erfolg zu definieren.

Es gibt sehr unterschiedliche Arten, einen Beitrag zu leisten, und viele davon werden oft nicht gesehen. Durch unsere mediale Welt haben die meisten von uns ein verzerrtes Bild von Einflussnahme und Bedeutung.

So ist es wichtig, dein inneres Bild, was es heißt, teilzuhaben und einen Beitrag zu leisten, einmal einer näheren Untersuchung zu unterziehen. Vielleicht denkst du ja: »Wer bin ich schon, dass ich einen Beitrag leisten könnte?«

Ich halte es schon für einen bedeutenden Beitrag für unsere Gesellschaft, seinen Mitmenschen gegenüber freundlich zu sein. Auch andere zu unterstützen und sich mit ihnen über ihre Erfolge zu freuen ist für mich ein wertvoller Beitrag.

Vielleicht findest du ja etwas für dich. Ich bin mir sicher, dass dich das auch in der Rückwirkung glücklicher und erfüllter machen und dir mehr Gefühl von Verbundenheit geben wird.

◇ Wie erfüllst du dir dieses Bedürfnis?
◇ Ist diese Form von Bedürfniserfüllung gut für dich?
◇ Ist diese Form von Bedürfniserfüllung gut für dein Umfeld?

SINNHAFTIGKEIT

Der Sinn des Lebens ist ein großes Thema, und ich werde am Ende des Buches, quasi an der Mündung, noch einmal darauf zurückkommen. Hier geht es erst einmal um Sinn als tiefes menschliches Bedürfnis. Tatsächlich gibt es keine Kultur, die nicht versucht hat, ihr eigenes Da-Sein sinnhaft zu erklären.

Sinnhaftigkeit hat viel mit Zugehörigkeit und einer Aufgabe zu tun. Menschen blühen in Gemeinschaft auf, wir lieben es zu wissen, dass wir einen Platz, dass wir Bedeutung für andere Menschen haben. Dann hat es einen Sinn, geboren zu sein. Oder, wie eine Freundin von mir sagt: »Jeder Mensch braucht einen Fan!«

Allein gehen wir verloren. Fallen wir aus der Verbundenheit, so fühlen wir tief in uns diese diffuse Angst und Einsamkeit. Menschen, die sich zutiefst verbunden fühlen, stellen sich die Frage nach der Sinnhaftigkeit des Lebens oft gar nicht. Sie fühlen diesen Sinn einfach.

Wenn Sinn ein Bedürfnis ist, welche Strategien gibt es dann, um Sinn in unser Leben zu bringen? Diese Frage deutet schon darauf hin, dass wir es selbst übernehmen müssen, unsere Tätigkeiten oder unser Leben mit Sinn zu belegen.

Das gelingt uns aber nur, wenn wir das Gefühl haben, als Person – als Ich – Sinn zu machen. Haben wir uns als Kinder ungewollt und ungeliebt gefühlt, fällt es uns oft sehr schwer, unser Leben und unsere Existenz als sinnhaft zu erleben. Das heißt nicht, dass etwas mit uns nicht stimmt, sondern unser grundlegendes menschliches Bedürfnis nach Zugehörigkeit und Liebe wurde nicht erfüllt.

Ich glaube, dass alle Menschen, die Probleme mit dem Sinn ihrer Existenz haben, unter einem Entwicklungstrauma leiden. Ein Kind, das sich als geliebt, gesehen und gefühlt empfindet, stellt sein Da-Sein nicht infrage. Es freut sich einfach des Lebens und weiß, das es dazugehört und die anderen seine bloße Anwesenheit schätzen.

Menschen mit einem Mangel an innerer Sinnhaftigkeit laufen dagegen oft in die Falle, diesen mit Leistung zu kompensieren. Leider führt das eher zu Burn-out als zu Erfüllung. Ich bin überzeugt, dass unsere Gesellschaft zum großen Teil davon lebt, dass viele genau das tun. Inneren Mangel mit äußerer Aktivität und Konsum zu kompensieren ist ein Prinzip, auf dem dieses System beruht.

In jedem Fall ist es sinnvoll, dir genau anzuschauen, ob und wo du versuchst, dir über Leistung Sinnhaftigkeit und Verbundenheit zu erarbeiten.

- ◇ Wie erfüllst du dir dein Bedürfnis nach Sinn?
- ◇ Ist diese Form von Bedürfniserfüllung gut für dich?
- ◇ Ist diese Form von Bedürfniserfüllung gut für dein Umfeld?

DER GEIER IN UNS

Ein nicht zu ignorierender Gegenspieler zu allen Bewegungen in unserem Leben ist unsere Bequemlichkeit.

Menschen sind fähig, bedenkliche Zustände lange zu ignorieren. Das ist in der Politik und dem globalen Umgang mit ökologischen Problemen genauso zu beobachten wie in unserem Privatleben. Bequemlichkeit und das Bedürfnis, unsere Energie zu sparen, sind Teil unseres evolutionären Erbes. Dieses Bedürfnis kann verblüffende Formen annehmen.

FAUL SEIN IST WUNDERSCHÖN

Ich war einmal bei einer Flugshow von Greifvögeln und Geiern. Diese fand auf einer hoch gelegenen Burg statt. An einem steil abfallenden Hang wurden die Vögel fliegen gelassen. Ein großer Geier kam nicht zurück. Der Falkner erklärte uns, dass es dem Vogel zu anstrengend sei, wieder zurückzufliegen, wenn die Winde nicht stark genug wären. Er würde dann lieber laufen. Ich konnte das nicht glauben und setzte mich nach dem Ende der Show hin und wartete. Und tatsächlich, nach einer halben Stunde kam der Geier aus dem Wald gelaufen und stand dann am Zaun. Nicht, dass er kurz drübergeflogen wäre, nein, er wartete, bis jemand das Gatter aufmachte, und zockelte dann zu seinem Platz.

Dieses Erlebnis – und andere dieser Art – haben mich inzwischen meiner eigenen Bequemlichkeit gegenüber gnädiger gestimmt. Ich sage mir manchmal, dass mein innerer Geier einfach ab und zu doch sehr aktiv ist, und dann kann ich friedlicher mit meinem Bedürfnis nach Bequemlichkeit umgehen.

Diese wird nur selten als ernsthafter Faktor in unserem Leben beschrieben. Gibt man das Wort bei Google ein, so bekommt man praktisch keine Treffer, außer dass Synonyme angeboten werden. Im deutschsprachigen Raum wird die Bequemlichkeit auch gern als »innerer Schweinehund« bezeichnet, und es gibt einige Anleitungen dazu, diesen zu zähmen. Dabei hat Bequemlichkeit große und bedeutende Auswirkungen.

Leider ist jede Veränderung und überhaupt jede Tätigkeit zuerst einmal mit Anstrengung verbunden. Ist die Tätigkeit nicht in sich selbst belohnend – das heißt sofort angenehm –, dann siegen oft unser innerer Widerstand oder unser Hang zum Energiesparen. Das ist vollkommen normal, wenn auch nicht hilfreich.

Dabei weiß ich nicht, ob ich Bequemlichkeit als ein Gefühl, ein Bedürfnis oder eine Strategie bezeichnen soll …

In jedem Fall ist sie eine Tatsache, die unser Leben beeinflusst und die wir uns bewusst machen müssen, um mit ihr umgehen zu können. Die Entscheidung, wie Menschen sich anderen gegenüber verhalten oder als Teil der Gemeinschaft agieren, steht häufig in Zusammenhang mit dem Grad an Bequemlichkeit, die er oder sie gerade empfindet. Bequemlichkeit ist nicht gleichbleibend, sondern von der Tagesform abhängig.

Mir doch egal!

Bequemlichkeit lässt Menschen eindösen und fördert eine ihrer Verwandten – die Ignoranz. Nichts interessiert uns genug, dass wir etwas tun oder ändern würden.

Ignoranz hat in unserer Gesellschaft inzwischen ein bedrohliches Ausmaß angenommen und ist sehr stark an einen übermäßigen Narzissmus gekoppelt. Ignoranz beginnt mit einer Haltung von »Ist mir doch egal« oder »Geht mich nichts an« und endet damit, bei einem Unfall dabeizustehen, nicht zu helfen, aber das Handy draufzuhalten. Oder sich darüber zu beschweren, dass der Zug verspätet ist, weil sich wieder mal jemand auf die Gleise geworfen hat.

UNSERE ZIELE

Wir bewegen uns also ständig in einem Kontinuum von Wachstum und Bequemlichkeit, und mal siegt die eine, mal die andere Seite. Wir können unsere Bequemlichkeit in vielen Fällen nur überwinden, wenn wir sehr genau wissen und fühlen, warum wir etwas tun (wollen).

Wenn du dein Leben gestalten und aus fest eingefahrenen Mustern ausbrechen möchtest, ist das Warum unglaublich wichtig. Leider vergessen wir es oft, wenn wir uns Ziele setzen. Deshalb sind diese sehr häufig durch unsere Vorstellungen und

Ideen beeinflusst und beruhen weniger auf unserer tiefsten und echten Motivation.

EXPERIMENT: MEINE ZIELE

Bitte nimm dir Zeit, diese Fragen zu beantworten, denn wir neigen dazu, die Reihenfolge eher nach unserer Wunschvorstellung zu ordnen als nach der Realität.

- ◇ Wechsle ich den Job, wenn er mir nicht gefällt?
- ◇ Werfe ich oft Sachen hin, obwohl alles in Ordnung ist?
- ◇ Halte ich in Beziehungen oder der Arbeit aus, obwohl es mir keine Freude macht?
- ◇ Ist es mir wichtig, was andere denken, und brauche ich viel Anerkennung?
- ◇ Pflege ich einen großen Freundeskreis, oder stelle ich meine Liebesbeziehung vor alle anderen Bedürfnisse?

Wenn du die eine oder andere Frage mit Ja beantwortet hast, ist es vermutlich so:

- ◇ Wachstum oder Bedeutung sind dir wichtiger als Sicherheit.
- ◇ Dein Wunsch nach Abwechslung ist sehr groß.
- ◇ Du hast ein starkes Bedürfnis nach Sicherheit.
- ◇ Auch dein Bedürfnis nach Bedeutung ist recht ausgeprägt.
- ◇ Du empfindest ein großes Bedürfnis nach Liebe und Verbindung.

Diese Suche nach dem Bedürfnis hinter einem Traum oder einem Wunsch kann uns unglaublich viele Erkenntnisse bringen. Ebenso kannst du dadurch herausfinden, warum du bestimmte Dinge, die du nicht gut findest, dennoch machst und andere, die du unbedingt tun willst, nicht.

Ziele, die sich nicht mit deinen wichtigsten Bedürfnissen decken, wirst du wahrscheinlich nicht erreichen.

Der erste Schritt besteht darin, dass du zunächst die genannten Hauptbedürfnisse für dich in eine Reihenfolge bringst. Allein dies kann sehr erhellend für dich sein und erklärt dir vielleicht einiges aus deinem Leben.

Du musst immer die »Geschmacksrichtung« prüfen, man kann sich da selbst leicht auf den Leim gehen. Es kann sein, dass du eine langjährige Partnerschaft hast, aber vielleicht stellst du fest, dass diese nicht dein Bedürfnis nach Liebe und Verbindung befriedigt, sondern das nach Sicherheit. Das ist okay, es geht hier nicht um eine Bewertung deiner Bedürfnisse, sondern darum, dich besser kennenzulernen und zu überprüfen, ob deine Strategien für dich stimmig sind!

WENN DU MICH LIEBST, WEISST DU, WAS ICH BRAUCHE – BEZIEHUNGEN

»Eine Beziehung sollte uns das Gefühl von Heimat geben.«

Eine gute und erfüllende Partnerschaft steht und fällt mit zwei wichtigen Dingen:

- ◇ Werden meine wichtigsten Bedürfnisse erfüllt?
- ◇ Wie verletzlich kann ich sein?

Das hört sich etwas unromantisch an, doch es ist dennoch wahr. Beziehungen fangen an auseinanderzulaufen, wenn eine Partnerin oder beide Partner das Gefühl haben, etwas zu vermissen. Dann werden wir unzufrieden. Dieses Gefühl kann sich ausweiten, bis wir nicht mehr so recht wissen, warum wir mit diesem Menschen zusammen sind.

Das Fragen um bestimmte Dinge fällt uns nicht selten schwer. In unserer Prägung sind zu viele Verletzungen gespeichert, die uns das Gefühl geben, dass es uns abhängig und bedürftig erscheinen lässt, wenn wir um etwas bitten. Das Gegenteil ist jedoch der Fall.

DAS UNGELIEBTE NEIN

Es ist viel einfacher, mit jemandem zusammen zu sein, der sagt, was er gern möchte oder nicht möchte. Was wir jedoch lernen müssen, ist es, mit einem Nein umzugehen. Ein Nein bedeutet nicht, dass wir als Person abgelehnt werden, sondern dass jemand gerade keine Lust, keine Zeit hat oder aus sonstigen Gründen unser Bedürfnis nicht erfüllen will oder kann.

An dieser Stelle entsteht oft eine große Frustration, auch bei Menschen, die schon »an sich gearbeitet« und – oft mühsam – gelernt haben, ihre Bedürfnisse zu äußern. Werden diese nicht erfüllt, fühlen die Betroffenen häufig Wut und Enttäuschung und lassen das an ihrem Gegenüber aus. Im eigenen Empfinden haben sie einen enormen Schritt gewagt und erwarten, dass ihre Umwelt das durch die sofortige Erfüllung des Bedürfnisses honoriert. Nur interessiert es die Welt im Allgemeinen nicht, ob wir endlich etwas gelernt haben. Unsere Kindheit ist vorüber und lässt sich nicht nachholen. Als Erwachsene müssen wir damit rechnen, dass wir ein Nein auf unsere Bitte bekommen.

Wenn wir dieses Verhalten an uns feststellen, müssen wir daran arbeiten, die Welt aus der Pflicht uns gegenüber zu entlassen. vDas bedeutet nicht, zu resignieren oder nichts mehr zu wollen, sondern einfach zu akzeptieren, dass man manchmal eine Bitte erfüllt bekommt und manchmal eben nicht.

Außerdem müssen wir schauen, ob unsere Bitten nicht eigentlich Befehle sind. Darf unser Gegenüber Nein sagen, ohne dass es ein Drama, Enttäuschung, Liebesentzug oder Ärger gibt? Nur dann ist es eine Bitte. Wenn wir unser Gegenüber für ein Nein bezahlen lassen, war es ein Befehl.

REDET ÜBER EURE ERWARTUNGEN

Viele Paare haben ihre Erwartungen, die sie an eine Beziehung haben, nie klar kommuniziert. Sie gehen einfach davon aus, dass der andere ihre Vorstellungen, Fantasien, Werte und Träume teilt. Menschen sind jedoch sehr verschieden, was die Ausprägung im Einzelnen angeht.

Wir gleichen uns in unseren Bedürfnissen, aber wir können uns die Köpfe einschlagen über die Strategien, diese zu erfüllen. Du verstehst unter einem entspannten Abend vielleicht, in Ruhe ein Buch zu lesen, deine Partnerin stellt sich darunter vor, von dir eine Massage zu bekommen. Wir verwenden zwar die gleichen Worte – hier: entspannter Abend –, füllen sie aber sehr oft mit komplett anderen Inhalten. Aus diesem Grund ist es gut nachzufragen, was der andere unter Kontakt, Zuwendung etc. versteht.

Es macht Sinn, in einer Beziehung einmal die Hierarchie der Bedürfnisse der Partner durchzugehen. Dann zeigt sich vielleicht schon, wo sich die beiden womöglich verhaken. Ist die höchste Priorität der einen Person Wachstum und die der anderen Sicherheit, ist abzusehen, dass sie sich gut absprechen müssen, um die gemeinsame Basis zu erhalten.

ALL BY MYSELF?

In unserer Gesellschaft, die Autonomie und Individualität zu Göttern erhoben hat, gibt es eine beliebte Vorstellung: Wir müssten all unsere Bedürfnisse allein erfüllen können. Natürlich sollte ich die Verantwortung für meine Bedürfnisse übernehmen. Aber nur weil ich mir dieser bewusst bin und mich für ihre Erfüllung verantwortlich fühle, heißt das noch nicht, dass ich sie mir auch alle erfüllen könnte. Es gibt eine ganze Reihe von Bedürfnissen, bei denen wir ohne eine andere Person aufgeschmissen sind. Das beginnt mit Anerkennung und Wertschätzung. Niemand kann oder muss sich das selbst geben, und es ist auch nicht erstrebenswert, keine Anerkennung von außen mehr zu brauchen. Ich halte diese Idee sogar für schädlich, krank machend und zerstörerisch für die Gesellschaft.

Und was ist mit der Sexualität? Der eine oder die andere möchte diese vielleicht doch mit jemandem teilen. Was ist mit unserem Bedürfnis nach Kontakt? Es ist wichtig, in Kontakt mit sich selbst zu sein, aber nur und immer nur – das ist eher nicht gesund.

So gibt es auch in einer Partnerschaft, Freundschaft oder sogar mit Bekannten und Kollegen Bedürfnisse, deren Erfüllung du brauchst. Sicher ist es sinnvoll, darüber nachzudenken, ob ein bestimmtes Bedürfnis an diesem Ort und bei diesem Menschen gut aufgehoben ist, aber es kommt darauf an, dass du dir über deine wichtigsten Bedürfnisse klar bist.

MUSS SEIN ODER KANN SEIN

Es gibt bestimmte »Muss«-Bedürfnisse, die für dich existenziell sind und auf deren Erfüllung du nicht verzichten kannst. Vielleicht sind gute (definiere, was gut für dich bedeutet) Gespräche in einer Partnerschaft oder Freundschaft für dich unverzichtbar. Nimmt die Zeit zum Austausch und tiefer kommunikativer Begegnung ab, so wird sich dein Gefühl für Verbundenheit in der Beziehung verändern, und du wirst unglücklich.

»Kann«-Bedürfnisse kannst du dir auch mit jemand anderem erfüllen. Vielleicht gehst du gern ins Kino, aber es muss nicht mit deinem Partner sein, sondern du bist auch glücklich, wenn es eine Freundin ist. Viele Konflikte lassen sich vermeiden, wenn du dir über deine »Muss-« und »Kann-«Bedürfnisse in einer Beziehung – in jeder Form von Beziehung – klar wirst und dies kommunizierst.

Ich bin ein großer Fan von »Gebrauchsanweisungen« für sich selbst – das erleichtert das Leben für die Menschen um uns herum ungemein. Die Krux dabei ist, dass wir lernen müssen, ehrlich mit uns zu sein und nicht Bildern und Vorstellungen, die wir über uns haben, auf den Leim zu gehen. Das wird immer und immer wieder geschehen, weil es ein ständiger Prozess ist. Der Gewinn besteht darin, dass du dich stetig besser kennenlernst, dir näher kommst, immer mehr Verbindung zu deinem Inneren aufnimmst und präsenter und klarer in deinem Leben wirst.

Ein wunderbarer Nebeneffekt – aller der hier beschriebenen Prozesse – wird sein, dass du immer häufiger die »richtigen« Leute treffen wirst. Du wirst deiner Wahlfamilie begegnen, und so wird deine wachsende Verbundenheit nach innen allmählich auch zu wachsender Verbundenheit im Außen.

VERSTECKSPIELE

Viele Menschen heute geben sich im Außen so erfolgreich anders, als sie wirklich sind, dass sie sich dann wundern, warum sie immer die falschen Menschen und vor allem Partner anziehen.

Ist die Show gut genug, dann schauen nur noch sehr wenige hinter deine Fassade. Viele können es nicht, aber die meisten sind einfach so mit sich selbst beschäftigt, dass sie sich nicht die Mühe machen. Bist du dann noch gut darin, die Bedürfnisse deines Partners in spe ausreichend zu erfüllen, findest du dich oftmals in einer sehr einseitigen Beziehung wieder.

Dazu kommt, dass auch deine Partnerin bald enttäuscht sein wird, denn plötzlich kommt dein wahres Ich zum Vorschein und statt des pflegeleichten und lustigen Gegenübers zeigt sich ein ganz anderer Mensch. Liebesbeziehungen bringen unsere ganzen alten Muster und Macken in Farbe und 3-D zum Vorschein. Es gibt keine Chance für dich, dass dies nicht so ist. Freunde und Bekannte halten uns für normal – nur unsere Partnerinnen und Partner wissen es besser.

Gerade wenn es um Beziehung geht, neigen wir dazu, unseren neuen Liebespartner zu verklären. Kaum jemand fragt sich: Warum habe ich mich in sie oder ihn verliebt?

Diese Frage wird übrigens gern zu Beginn in Paartherapien gestellt, allerdings in einer leicht abweichenden Form: Was liebst du an diesem Menschen? Oder auch: In was hast du dich damals verliebt? Entsteht dann ein drückendes Schweigen, oder es kommen sofort Vorwürfe, dann zeigt sich, dass die Beziehung wirklich sehr belastet ist und kurz vor einer Trennung steht. Die Fragen greifen aber noch tiefer. Wenn du darüber nachdenkst, wirst du viel über dich lernen und über deine Bedürfnisse, vielleicht auch über einige, die du dir kaum eingestehen kannst.

- ◇ Welche Muster, Verhaltensweisen ziehen dich an?
- ◇ Warum, denkst du, dass sie dich anziehen?

STREITEN VERBINDET

Niemand mag Konflikte und Auseinandersetzungen, deshalb vermeiden die meisten Menschen sie, so gut es geht. Harmonie und ein gutes Miteinander sind für unser Wohlbefinden sehr wichtig. Doch das Vermeiden von Konflikten kann uns krank machen. Die Begriffe Konfliktscheu oder Harmoniesucht sagen schon viel darüber, dass es nicht immer sinnvoll ist, Streit zu vermeiden.

Die meisten Menschen, die Konflikten aus dem Weg gehen und ein sehr starkes Harmoniebedürfnis haben, werden von zwei Motiven geleitet – oder auch von zwei Ängsten gesteuert:

1. der Angst, nicht mehr gemocht oder geliebt zu werden, und
2. der Vorstellung, dass Konflikte letztlich bedeuten, dass eine Beziehung nicht mehr in Ordnung ist, was mit großen Ängsten verbunden ist.

Wie immer haben wir diese Überzeugungen irgendwann gelernt. Nach meiner Erfahrung sind die meisten Menschen in Familien aufgewachsen, in denen es keine konstruktive Streitkultur gab. Entweder war da eine Person, die über viel Macht ihre Position durchgesetzt hat, oder Konflikte sind ausgebrochen und wurden dann schweigend unter den Teppich gekehrt.

Die wenigsten von uns haben erfahren, dass ein respektvoll ausgetragener Streit eine Beziehung festigt und tatsächlich zu mehr Nähe führt. Wir haben gelernt, Konflikte als Bindungsunterbrechung zu sehen, die dann nicht repariert wurde. In unserem erwachsenen Leben stoßen wir deshalb immer wieder an diese verinnerlichten Muster, die wir zwar als Kinder schon furchtbar fanden, aber auf die wir oft trotzdem zurückgreifen – so lange, bis wir etwas Neues gelernt haben.

Und auch wenn wir uns schon viel mit Konfliktlösung beschäftigt haben, stellen wir in tiefen und schweren Auseinandersetzungen womöglich fest, dass wir diese ungeliebten alten Muster wieder hervorholen. Wir müssen deshalb erst alle neuen Muster in stressfreien Situationen gut einüben und langsam verfestigen, damit wir sie irgendwann auch in harten Konfliktsituationen anwenden können.

Sei geduldig mit dir, das ist normal!

Eine verinnerlichte Überzeugung zum Thema Konflikte möchte ich noch ansprechen. Es ist eine Aussage, die ich vor allem von Frauen immer und immer wieder gehört habe: »Wenn ich etwas sage, verändert sich unser Verhältnis oder ist dann belastet, und das möchte ich nicht.« Dabei vergessen sie, dass das Verhältnis längst belastet ist. In dem Moment, wo wir uns nicht mehr wohlfühlen mit jemandem und es nicht ansprechen, verhalten wir uns anders. Unsere Beziehung hat sich also schon verändert, nur weiß die andere Person das nicht.

Wie entsteht nun eigentlich ein Konflikt? Die häufigsten Gründe sind meines Erachtens die folgenden:

- Ich habe recht und will, dass du das einsiehst.
- Ich fühle mich verletzt.
- Ich bin unzufrieden mit dir (egal, ob ich meine Bedürfnisse nicht erfüllt bekomme oder ob jemand Verhaltensweisen hat, die mich ärgern).

WER HAT RECHT?

Fast nichts auf der Welt ist zerstörerischer als die Überzeugung, im Recht zu sein und dieses auch durchsetzen zu wollen. Oder darauf zu dringen, dass der andere einsieht, dass man recht hat. Um dieses Rechthabens willen werden Kriege geführt und Menschen umgebracht. Sei es, dass man sicher ist, den »richtigen« Gott anzubeten, und alle anderen, die das nicht tun, deshalb vernichtet werden müssen. Sei es, dass ein Mensch nicht die »richtige« sexuelle Orientierung hat oder einfach, dass wir im Alltag wütend werden, wenn jemand völlig andere Ansichten vertritt als wir selbst. Wir hassen es, wenn andere so agieren, dennoch kennen wir wohl alle ein solches Verhalten. Es ist eine Falle, weil unsere ganze Kultur auf richtig und falsch aufgebaut ist und wir den vermeintlichen Unterschied von klein auf eingebläut bekommen.

In Beziehungen kann diese Rechthaberei bei der »richtigen« Ordnung anfangen und bei dem »richtigen« Maß an Intimität aufhören. Sie führt grundsätzlich zu einer sehr unschönen Dynamik, da eine Person »nachgeben« muss und anerkennen soll, dass er oder sie falsch und der andere richtig liegt. In diesem dualistischen System werden alle Grautöne und alle unterschiedlichen Perspektiven einfach ausgeblendet. Wir wissen das, aber wenden wir es auch an?

Wir Menschen mögen keine Komplexität, sondern neigen zu Vereinfachungen. Und egal, wie viel wir schon an uns »gearbeitet« haben (manchmal gerade dann), tendieren wir dazu zu glauben, dass wir die einzig wahre Einsicht besitzen. Doch sobald wir diese Haltung im Umgang mit einem Konflikt einnehmen, gibt es scheinbar nur noch richtig und falsch, Recht und Unrecht, gewinnen oder verlieren.

Dabei gibt es die *eine* Wahrheit überhaupt nicht, oder?

◇ Was genau ist Wahrheit für dich?
◇ Welchen Standpunkt vertrittst du?

- ◇ Gibt es deiner Meinung nach eine objektive Wahrheit?
- ◇ Gibt es ein Richtig oder Falsch?
- ◇ Und woran machst du das fest, woher weißt du, was richtig und was falsch ist?

Wir urteilen aufgrund von Wissen, das uns gerade zur Verfügung steht, und dieses ist meist sehr begrenzt. In Konflikten urteilen wir aufgrund unserer Gefühle und unserer Wahrnehmung – und diese ist selten wahr.

WHO OWNS THE PROBLEM?

Konflikte entstehen, weil wir uns unwohl fühlen und dann versuchen, dieses Gefühl auszudrücken und in Worte zu fassen. Im Grunde wollen wir unser Wohlbefinden wiederherstellen. Nur sind die Mittel, die wir dafür wählen, oft nicht zielführend.

In Beziehungen geht es sehr häufig darum, der Tatsache auszuweichen zu entscheiden, ob du mit bestimmten Eigenarten deiner Partnerin oder deines Partners gut leben kannst.

Deine Liebste bekommt eine Krise, wenn du dich mit deiner Ex triffst? Jedes Mal, wenn du nach Hause kommst, gibt es – das weißt du schon vorher – lange emotionale Diskussionen. Und jeder Streit, der länger als eine Viertelstunde dauert, beginnt, sich im Kreis zu drehen. Ihr fangt an, euch zu wiederholen. Um was geht es also dabei?

Vielleicht sagt sie, sie fände das ätzend und glaube dir nicht, dass du mit deiner Ex nur gut befreundet bist – schließlich, wer kennt einen schon besser als eine ehemalige Beziehungspartnerin? Wer ist im Recht? Du, der du die für dich gute Freundschaft pflegst, oder deine Partnerin, die Stress hat und diesen in die Beziehung trägt? Leider werden diese Konflikte oft auf der Ebene von Recht und Unrecht ausgetragen, was ein komplett falscher Ansatz ist.

Die eigentliche Aussage der gestressten Partnerin müsste lauten: »Es macht mir Angst, wenn du dich mit deiner Ex triffst, ich kenne so was nicht, und ich traue dir nicht über den Weg. Ich glaube, dass du mit ihr ins Bett gehst – früher oder später. Ich bin unsicher über die Position, die ich habe, und ich will die Einzige sein, mit der du Dinge teilst.«

Deine Antwort sollte ehrlich und verständnisvoll ausfallen, vielleicht in der Art: »Ich merke, dass du total gestresst bist. Ich kann dir nur versichern, dass da nichts läuft. Du bist die Nummer eins in meinem Leben, und ich liebe dich. Mir ist diese Freundschaft allerdings sehr wichtig, und ich werde darauf nicht verzichten. Was kann ich tun, um dir mehr Sicherheit zu geben?«

Unsere Partner sind nicht dafür da, ihr Leben so einzurichten, dass wir keinerlei Ängste mehr haben.

Sehr häufig liegt die Ursache für Konflikte in Liebesbeziehungen nicht im Verhalten des Partners, sondern in Ängsten und alten Erfahrungen, die jedoch nicht ausgedrückt werden. Man möchte die unangenehmen Gefühle loswerden und die Lösung soll sein, dass das Umfeld sich ändert. Gerade Liebesbeziehungen aktivieren alte Erfahrungsmuster und Verletzungen, die sich zu zeigen beginnen. Es ist uns nur meist nicht bewusst, dass wir nicht auf die Person vor uns reagieren, sondern auf eine Erfahrung von vor vielen Jahren. Immer wenn wir besonders heftig auf etwas reagieren, das, mit etwas Abstand betrachtet, nicht wirklich schlimm ist, begegnen wir häufig mit alten Gefühlen einer heutigen Situation.

DAS PRINZIP HOFFNUNG

Wir können unsere Partner nicht ändern. Das funktioniert nicht und ist auch nicht sinnvoll. Wir können die Welt um uns herum nur sehr wenig beeinflussen, und es zerstört eine Beziehung, wenn wir den anderen zu erziehen versuchen.

Unsere Partner sind nicht dafür da, ihr Leben so einzurichten, dass wir keinerlei Ängste mehr haben.

Manchmal möchten wir vielleicht den Stress einer geliebten Person lindern und fangen an, bestimmte Dinge, an denen wir hängen, einzuschränken. Nur führt das mit der Zeit dazu, dass wir unzufrieden in der Beziehung werden und dem anderen irgendwann aufs Brot schmieren, was wir alles für ihn oder sie getan haben. Bitte tu das nicht!

Verantwortungsdiffusion nenne ich es, wenn in einer Beziehung die andere Person für das eigene Leiden verantwortlich gemacht wird. Wir sind dafür zuständig, ob wir bei jemandem bleiben und uns dafür entscheiden, Dinge auszuhalten, die wir nicht aushalten können oder (eigentlich, denn wir tun es ja doch) nicht wollen. Die Angst vor Konsequenzen in Verbindung mit der Hoffnung, wenn es gerade mal ganz schön ist, erweist sich als sehr starkes Bindemittel. Das ist vollkommen verständlich.

Wenn du in einem solchen Dilemma steckst, setz dir am besten ein Datum, bis wann du noch Hoffnung haben willst. Über das Prinzip Hoffnung können nämlich leicht Jahre des Lebens vergehen, die wir nicht zurückbekommen.

Falls deine Partnerin wirklich menschlich unmöglich ist, egozentrisch ihr Ding macht und es ihr egal ist, wie du dich fühlst, wird sie sich ohnehin nicht ändern. An solchen Menschen beißt man sich die Zähne aus und kann nur verlieren.

Die Verantwortung liegt dann bei dir selbst, diese Beziehung zu beenden und nicht darauf zu warten, dass deine Partnerin sich wie von Zauberhand verändert. Ich garantiere dir: Das wird nicht passieren.

DIE ROSAROTE BRILLE

Wenn wir jemanden neu kennenlernen, liegt ein zarter Schimmer über diesem Menschen. Wir sind in einem berauschten Zustand und jenseits klaren Verstandes. (Dennoch wundere ich mich: Irgendwie erwarten wir alle, dass jemand, der sich offensichtlich in der Beziehung vorher unschön verhalten hat, dies bei uns nicht tut. Warum sollte das der Fall sein?) Menschen ändern sich nicht einfach, und wir behalten alte Muster bei. Wir müssen wirklich viel Zeit und Energie investieren, damit sich fundamental etwas bewegt. Mal ein bisschen drüber nachdenken ändert leider nichts.

Wenn dir also der Mensch, in den du dich verliebt hast, verschiedene unschöne Dinge erzählt, und er oder sie keine intensive Auseinandersetzung mit sich geführt hat, solltest du dir über eines klar werden: Die Wahrscheinlichkeit, dass sich Dinge wiederholen, ist sehr hoch. Natürlich wird die Schuld immer der Expartnerin/dem Expartner zugeschoben. Aber ich möchte dich bitten, einen so klaren Kopf zu behalten, dass du dir bewusst machst: Die unschönen Dinge gehen zu 50 Prozent auf das Konto deines neuen Lieblingsmenschen!

Noch einmal (weil es so wichtig ist): Menschen ändern sich nur, wenn sie das wirklich wollen und etwas dafür tun. Sie ändern sich nicht, weil du das möchtest, und sie ändern sich auch nicht, weil sie bei der letzten Auseinandersetzung ein Einsehen hatten und beteuert haben, dass es nicht mehr vorkommt.

BINDUNG LEBEN UND ERLEBEN

Sobald wir eine Beziehung eingegangen sind, können wir sie nur schwer wieder aufgeben. Das ist an sich ein gutes Zeichen und spricht dafür, dass wir fähig sind, uns an jemanden zu binden. Nur ist es für viele Menschen auch ein Schritt in eine Art von »Gefangenschaft«.

Wer gelernt hat, dass Liebe etwas ist, für das wir arbeiten oder uns anpassen oder gar aufgeben müssen, ist kaum noch fähig, seine Bedürfnisse und Wünsche zu äußern. Die Angst, verlassen zu werden, ist so überwältigend, dass dahinter viele Konflikte verleugnet werden. Das geht für manche Menschen so weit, dass es fast selbstzerstörerisch ist, an der Beziehung festzuhalten. Sie passen sich in einem Maße an, dass sie irgendwann das Gefühl haben, überhaupt nicht mehr zu wissen, wer sie sind. Wir alle kennen solche Paare, die nur noch zu zweit auftreten, und man das Gefühl hat, keine Einzelperson mehr vor sich zu haben. Im ersten halben Jahr ist das ja in Ordnung, aber danach ist es kein Zeichen von Harmonie mehr, sondern deutet auf die Auflösung der Individualitäten hin.

In Bindung zu sein bedeutet aber noch nicht, verbunden zu sein. Das ist eine ganz wichtige Unterscheidung, die dir helfen kann, dich zu verstehen. Bindung ist ein Vorgang, der eine biopsychologische Komponente hat und beschreibt, dass wir uns an jemanden binden. Es kann ein Tier sein, an das wir uns binden, und manchmal auch an andere Dinge. Normalerweise ist jedoch kaum eine Bindung stärker als die an einen anderen Menschen.

Sich mit einem Menschen verbunden zu fühlen ist ein Gefühl oder auch Zustand, der sich darüber definiert, wie diese Beziehung beschaffen ist. Es hat damit zu tun, gesehen und gefühlt zu werden und damit gemeinsam im Leben unterwegs zu sein.

Oft spürt man dies bei Paaren, die diese Verbindung wirklich haben. Sie sind in Kontakt miteinander, kommunizieren viel und lassen sich dennoch Raum, auch eigene Erfahrungen zu machen. Sie unterstützen sich gegenseitig in ihrem Leben und ihren Träumen.

Eine Beziehung sollte uns das Gefühl von Heimat geben. Unsere Partnerin oder unser Partner ist jemand, bei dem wir uns geborgen fühlen. Nur wäre kein Mensch glücklich darüber, 24 Stunden am Tag zu Hause zu sitzen. Eine Beziehung sollte auch ein Ort sein, an dem wir wachsen können und wo wir liebevoll und respektvoll behandelt werden, auch bei Konflikten.

GIVE A LITTLE RESPECT TO ME

Was bedeutet respektvoll? Das musst du für dich entscheiden, denn auch da klaffen die Vorstellungen – wie bei allen Bedürfnissen – weit auseinander. Wir denken oft, unser Gegenüber würde genauso denken, bis sich herausstellt, dass das ein Irrtum war. So ist es einfach sehr oft. Deswegen ist es so wichtig, sich zu Beginn einer Beziehung über bestimmte Werte und Vorstellungen auszutauschen. Häufige Konfliktpunkte sind:

- ◇ Wie viel flirten ist okay?
- ◇ Ab wann geht man »fremd«?
- ◇ Wie viel Zeit möchte jeder für sich haben?
- ◇ Wie intensiv werden Freundschaften gelebt?

Und es gibt weitere interessante Fragen. Es geht nicht um falsch und richtig, sondern um: »Ah, so siehst du das!« und »Oh, da könnte ich Stress bekommen.«

So kann man sich kennenlernen und auch sehen, ob man ähnliche Vorstellungen und Werte hat. Am Anfang ist das besonders sinnvoll, weil man dann noch besser klar die eigenen Vorstellungen kommunizieren kann und noch nicht so sehr mit dem Partner verschwimmt.

ANSICHTSSACHE?

Bei einer Fortbildung für Lehrkräfte zum Thema Gewaltprävention habe ich erlebt, wie weit bestimmte Vorstellungen auseinandergehen können, obwohl alle denken, dass sie gleich oder zumindest ähnlich über etwas denken. Ich machte mit den Teilnehmenden eine Übung, bei der am Boden eine Linie gezogen und diese von 0 bis 100 Prozent skaliert wird. Dann wurde eine Aussage vorgelesen, und alle mussten ihr Namensschild auf einen Wert stellen, wie sie die Situation einschätzten. Eine der Aus-

sagen lautete: »Du hast einen Konflikt mit deinem Partner, und dieser nennt dich Arschloch. Für wie gewaltvoll hältst du das?«

Die Bewertungen reichten von 10 bis 90 Prozent, und ich war vollkommen verblüfft. Dabei hatte ich gedacht, alle wären der Meinung, dass das ein No-Go in einer Beziehung sei …

EINE FRAGE DER MOTIVATION

Wer sich wie in einer Partnerschaft verändern sollte oder müsste, ist ein wirklich heißes Thema und kann die Beziehung sehr belasten. Deswegen noch ein paar Worte und Anregungen dazu.

Es gibt zwei Möglichkeiten, sich ändern zu wollen:
◇ Du möchtest weniger Stress in deiner Beziehung.
◇ Du möchtest die bestmögliche Partnerin/der bestmögliche Partner sein und siehst, dass du an der Stelle Probleme hast.

Die Erfahrung sagt, dass der erste Grund selten ein gutes Ergebnis bringt. In diesem Fall haben wir das Gefühl, wir würden gezwungen, uns zu verändern, weil wir sonst ständig Stress haben und den oder die andere womöglich verlieren. In uns selbst spüren wir aber kein Bedürfnis nach Veränderung und verstehen die Kritik an unserer Person eigentlich nicht.

Bei dem zweiten Grund geht es darum, in Liebe mit diesem anderen Menschen zu sein und zu sehen, dass eine deiner Verhaltensweisen für den oder die andere wirklich belastend ist. Vielleicht melden dir auch andere Menschen zurück, dass irgendetwas ein nicht so toller Charakterzug von dir ist. Sich dann verändern zu wollen, weil man der beste Mensch sein möchte, der man sein kann, ist eine wunderbare Motivation! Diese ist auch *intrinsisch*, also aus sich selbst motiviert, und nicht nur *extrinsisch* über Druck von außen.

Wichtig ist es, immer vorher klarzubekommen, ob du eine wirklich nicht so schöne Eigenart ablegen willst oder ob es um etwas geht, woran dein Herz hängt und was wichtig für dein Leben ist. Letzteres musst du nicht aufgeben oder ändern, sondern liebevoll reagieren und die Verantwortung zurückgeben. Die Unterscheidung ist manchmal ein bisschen schwierig, aber mit etwas Unterstützung von Freunden wirst du das sicher herausfinden.

Die Vorstellung, dass es für jeden Konflikt eine Lösung gibt, trifft leider nicht zu.

Ein Konflikt lässt sich nur lösen, wenn beide Parteien Interesse daran haben. Ansonsten wird sich die Partei durchsetzen, die besser weiß, was sie will, oder der die Verbindung oder Beziehung weniger am Herzen liegt. Das ist oft sehr schmerzhaft für die andere Person, die sehr beziehungsorientiert ist und dafür sorgen möchte, dass die Verbindung nicht abreißt.

KONFLIKTE GEMEINSAM LÖSEN

Grundsätzlich ist eine Beziehung schon dann an einem heiklen Punkt angekommen, wenn es in der inneren Wahrnehmung um »Gewinnen oder Verlieren« geht. Da ihr ein Team seid, können immer nur beide gewinnen oder verlieren. Ist es anders, dann ist das Team bereits im Verfall. Es kann hart sein, das vor sich selbst zuzugeben, aber es lohnt sich, wirklich hinzuschauen, weil sich daraus neue Chancen ergeben können.

Eine echte Konfliktlösung bedeutet, dass beide Personen (nicht Parteien) sich gehört und verstanden fühlen und gemeinsam eine Möglichkeit finden, wie sie sich begegnen und neue Wege gehen können.

Eine nette Utopie, aber nicht real. Menschen haben Eigenarten, und es gibt bestimmt einfach ein paar Verhaltensweisen, die unser Gegenüber nicht ablegen wird – egal, wie verrückt es uns macht. Tatsächlich sind die Paare am glücklichsten, die diese Tatsache akzeptieren und gelernt haben, über diese Dinge zu lachen, und sich mit diesen Unterschieden lieben. Wie gesagt, es ist wichtig, genau hinzuschauen, um was es geht. Narzisstische Verhaltensweisen, Gewalt oder Demütigungen sind natürlich nicht hinnehmbar.

Der erste Schritt zu jeder Konfliktlösung ist, hinzuhören und wirklich zuzuhören, um was es der oder dem anderen geht. Keine schnellen Lösungen, keine schnellen Entschuldigungen (und dann soll es gut sein ...), einfach mal den Mund halten und lauschen. Das kann sehr viel Erhellendes zutage fördern. Und dein Gegenüber kann seinerseits erst zuhören, wenn es sich gehört und verstanden fühlt.

Am einfachsten merkst du, dass dies noch nicht der Fall ist, wenn Argumente wieder und wieder vorgebracht werden und ihr euch im Kreis dreht. Wir alle öffnen uns erst, wenn wir uns als gefühlt empfunden haben. Es geht selten um ein schnelles Abhaken, sondern um ein sich wirklich Verstandenfühlen. Manchmal braucht eine Person, die etwas auf dem Herzen hat, Hilfe dabei herauszufinden, was in ihr los ist und was sie jetzt so auf die Palme bringt.

Ist es dir nicht möglich zuzuhören, dann ist es manchmal am sinnvollsten, eine Auszeit zu vereinbaren und sich dann wieder zusammenzusetzen (nicht auseinanderzusetzen). Vielleicht sprecht ihr beide mal mit euren besten Freunden, um Klarheit zu gewinnen und wieder runterzufahren.

MITEINANDER FRIEDEN SCHLIESSEN

Ein wichtiger Faktor bei allen Konflikten ist die »Wiedergutmachung oder Heilung«. Die wenigsten haben dies in ihrer Ursprungsfamilie gelernt, da dort nach einem Konflikt einfach so getan wurde, als wäre nie etwas vorgefallen.

Das lässt mit der Zeit allerdings einen Graben entstehen, eine Schutthalde mit alten Verletzungen, die dann immer weiter mitgeschleppt werden. Manche machen das still und leise, andere holen sie bei jedem Konflikt wieder hervor. Das zermürbt eine Beziehung und lässt irgendwann eine unüberwindliche Kluft entstehen.

UNVERZEIHLICH

Ich erinnere mich an ein älteres Paar, das zu einer Beratung zu mir kam. Der Mann hatte drei Jahre zuvor eine Affäre mit einer anderen Frau gehabt, während einer schwierigen Phase der Beziehung. Das Paar hatte dann beschlossen zusammenzubleiben, und er hatte die Affäre beendet. Er war wirklich interessiert daran, seine Frau glücklich zu machen (soweit ich das beurteilen konnte), doch sie konnte die empfundene Verletzung nicht loslassen. Immer wieder hielt sie ihm seinen Fehltritt vor, wollte keine Intimität mehr mit ihm und kam ständig auf diese Zeit zurück. Er fragte: »Was kann ich tun, damit du diese Zeit hinter dir lassen kannst?« Sie wusste keine Antwort. Auch auf die Frage, was überhaupt passieren müsste, damit sie sich wieder öffnen könnte, blieb sie die Antwort schuldig. – Ich denke, es wäre wichtig gewesen, dem auf den Grund zu gehen, aber das wollte sie nicht.

In solchen Fällen wird eine Beziehung – in dem wirklichen Sinne von aufeinander bezogen sein – wirklich schwierig. Beginnt man einer Partnerin immer wieder die gleichen Dinge vorzuhalten, ist es höchste Zeit zu schauen, was in der Beziehung vielleicht fehlt oder ob man sich wirklich diesem Menschen noch liebend verbunden fühlt.

Die wichtige Frage am Ende eines Konfliktgesprächs lautet: Was brauchst du noch von mir, damit wir uns wieder nah sein können und du keine Reste mitnimmst?

Auch für diesen Schritt braucht es zwei: eine Person, die bereit ist, etwas zu geben, und die andere, die bereit ist, etwas loszulassen. Es gibt Verletzungen, bei denen das leichter ist, und andere, bei denen es uns viel schwerer fällt.

Konflikte sind gut investierte Zeit, da sie uns, wenn wir sie zugewandt und respektvoll führen, näher zusammenbringen.

Wir lernen, dass wir unserem Gegenüber vertrauen können und es auch dableibt, wenn etwas schwierig ist – und manchmal auch, obwohl wir schwierig sind …

VERTRAUEN SCHAFFT VERBUNDENHEIT

»Wir entscheiden innerhalb von wenigen Sekunden, ob wir jemanden vertrauenswürdig finden oder nicht.«

Eines der kostbarsten Dinge in unseren Beziehungen, aber auch in unserer Gesellschaft und natürlich in dir selbst ist Vertrauen. Es ist wie ein unsichtbares Netz zwischen dir und der Welt. Sobald dieses Netz reißt, ändert sich wie von Geisterhand alles: dein Denken, dein Handeln, dein Fühlen und dein Wohlbefinden. Plötzlich wird, was zuvor bunt erschien, zu einem stumpfen Grau. In solchen Phasen unseres Lebens haben wir das Gefühl, etwas zu verlieren, von dem wir vorher gar nicht recht wussten, wie kostbar und bedeutend es ist. Es fühlt sich ein bisschen an, als würden die Welt und wir selbst in Fragmente zerfallen, weil der unsichtbare Klebstoff plötzlich weg ist.

Urvertrauen entsteht durch liebevolle und vorhersehbare Behandlung durch die Eltern.

Vertrauen ist schwierig zu definieren. Letztlich ist es der Glaube, dass jemand ehrlich und aufrichtig in seinen Handlungen und seinen Worten ist. Wir können das Vertrauen in uns selbst verlieren, in eine andere Person, in das Leben, die Gesellschaft und andere Menschen im Allgemeinen.

In der Psychologie gibt es den Begriff des *Urvertrauens*. Dieser deutet an, dass Vertrauen etwas ist, das einfach zunächst existiert. Das ist wahr und zugleich nicht wahr. Ein Baby sucht schlicht nach Bindung und Kontakt. Es macht sich keine Gedanken darüber, ob seine Eltern vertrauenswürdig sind. Bindungsverhalten ist angeboren, wir kommen mit dem Bedürfnis nach Verbindung auf die Welt.

Wir sind eins mit Mama, was Mama fühlt, fühlt das Kind auch. Babys sind wie Schwämme, die jedes Gefühl aufsaugen, das ihre Bezugsperson hat, auch die Empfindungen, die diese vielleicht gar nicht bewusst wahrnimmt. Babys brauchen ihre Eltern, um zu überleben, aber auch, um glückliche Erwachsene zu werden.

In diesen ersten Jahren manifestiert sich das Urvertrauen durch die Erfahrungen, die das Kleinkind mit seiner Umwelt macht. Wird ein Baby nach der Geburt sofort isoliert oder operiert, so ist sein Urvertrauen massiv erschüttert. Einem Baby ist nicht kognitiv klar, das heißt, es begreift nicht, dass diese schrecklichen Dinge seinem Überleben dienen.

Oftmals bekommen liebevolle Eltern dann ein Kind zurück, das ständig schreit und Angst hat. Sie wissen häufig nicht, warum ihr Kind sich so verhält, und nehmen es womöglich persönlich. So kann eine Spirale von Bindungsstress entstehen, die weitreichende Folgen für das spätere Leben des Kindes hat.

Doch auch wenn Kinder keine solchen furchtbaren Erfahrungen machen, kann es sein, dass kein Urvertrauen entsteht, weil das Kind nicht liebevoll genug behandelt wird, weil es viel allein gelassen wird oder auch, wenn Eltern kaum fähig sind, mit dem Kind und seinen Gefühlen und Bedürfnissen in Resonanz zu gehen. Menschen, die das Glück hatten, in Geborgenheit aufzuwachsen, gehen davon aus, dass das Leben, die anderen Menschen und die Welt es gut mit ihnen meinen. Sie haben ein gutes Verhältnis zu sich selbst und sehen sich und das Leben in einem positiven Licht. Diese Menschen nennt man *sicher gebunden*. Sie sind es, denen man später Urvertrauen zuspricht.

VERTRAUEN JENSEITS VON URVERTRAUEN

Viele Menschen besitzen kein Urvertrauen, dennoch vertrauen sie anderen Menschen. Nur wenige von uns vertrauen wirklich niemandem und gehen mit einem ständigen Misstrauen gegen alles und jeden durch die Welt. Vielleicht hast du dir schon einmal die Frage gestellt: »Warum vertraue ich bestimmten Menschen und anderen nicht?«

Wir entscheiden innerhalb von wenigen Sekunden, ob wir jemanden vertrauenswürdig finden oder nicht. Dieser Prozess läuft unglaublich schnell ab, und in dieser Zeit haben wir unser Gegenüber im Grunde noch gar nicht kennengelernt. Wir fällen ein Urteil, das die weitere Beziehung mit dieser Person enorm beeinflusst. Deshalb ist es sehr sinnvoll, dir darüber bewusst zu werden, nach welchen Kriterien du hier vorgehst.

Interessanterweise wächst der Wille zu vertrauen mit höherer Intelligenz. Man weiß nicht, warum das so ist, aber man geht davon aus, dass diese Leute sich mehr Menschenkenntnis zutrauen – ob das nun wahr ist oder nicht. Ein weiterer bedeutender Faktor ist das eigene Selbstvertrauen.

Je mehr Selbstvertrauen und Selbstbewusstsein ein Mensch hat, desto eher vertraut er anderen. Woran das liegt, darauf komme ich im Kapitel über Selbstbewusstsein noch einmal zurück.

VERTRAUEN IST EINE ENTSCHEIDUNG

Vertrauen ist aber nicht nur etwas, das wir auf unserem Lebensweg mitbekommen haben oder auch nicht. Wir können es auch lernen und uns dafür entscheiden.

Im Deutschen gibt es den Ausdruck »Vertrauen schenken«. Dieser beschreibt zum einen, dass wir Vertrauen aktiv vergeben, und zum anderen, dass wir das freiwillig tun und nicht dazu gezwungen werden können. Wir begegnen immer wieder Menschen, die das nicht verstanden haben und Redewendungen benutzen wie: »Du musst mir schon vertrauen« oder Ähnliches. Damit wollen sie uns meist manipulieren oder zu etwas überreden, ohne in echtem Kontakt mit uns zu sein. Andererseits gibt es den Ausdruck »sich das Vertrauen verdienen«. Dieser besagt, dass andere etwas dafür tun können, damit wir ihnen vertrauen.

Vertrauen zu fassen geht sehr rasch vor sich. Doch bevor wir uns öffnen und wirklich an die Zuverlässigkeit und Integrität eines Menschen glauben, vollzieht sich ein längerer Prozess.

Spannenderweise ist der kürzeste Weg, Vertrauen zu erwerben, sich während einer Krise als verlässlich zu erweisen. Wenn wir einen Konflikt mit jemandem haben oder in Not sind, dann zeigt sich, ob die Menschen um uns herum wirklich vertrauenswürdig sind. Diejenigen, die uns unterstützen oder für uns da sind, die ehrlich bemüht sind, auch Konflikte wieder aus der Welt zu schaffen, denen vertrauen wir hinterher mehr. In diesem Sinne kann Streit vertrauensstiftend wirken. »Wir sind zusammen durch dick und dünn gegangen«, sagen wir, wenn wir gemeinsam mit einem Menschen erfolgreich eine schwierige Lebenslage bewältigt haben. In meiner Praxis erfahre ich immer wieder, dass viele Menschen niemanden haben, dem sie voll und ganz vertrauen.

Es gibt Gründe, warum Menschen Schwierigkeiten haben zu vertrauen:

- ◇ Eine traumatische Erfahrung (»Ich habe gelernt, Menschen grundsätzlich nicht zu vertrauen.«)
- ◇ Schlechte Erfahrungen und die daraus resultierende Angst vor Verletzung (»Ich traue dir nicht – du wirst mich wieder verletzen.«)
- ◇ Die Angst, zu viel zu sein (»Ich traue dir nicht zu, dass du mich halten kannst.«)
- ◇ Die Angst, nicht in Ordnung oder nicht genug zu sein (»Ich vertraue nicht darauf, dass du mich magst.«)

TRAUMATISCHE ERFAHRUNGEN UND DIE FOLGEN

Traumata entstehen aus Erfahrungen, die uns überwältigt haben und die wir nicht verarbeiten konnten. Bei einem einmaligen Ereignis sprechen wir von Schocktrauma. Ein Entwicklungstrauma geht dagegen auf eine wenig liebevolle Kindheit zurück, die sehr stressig für das Kind war, das sich oft allein oder verletzt gefühlt hat (mehr dazu in meinem Buch *Auch alte Wunden können heilen*).

Das Schlimme daran ist, dass Menschen mit solch schmerzlichen Erfahrungen irgendwann denken, sie seien nichts wert und es müsse an ihnen liegen, wenn sie nicht geliebt werden oder ihnen gar Gewalt angetan wird. Sie kommen zu dem Schluss, dass sie wertlos und nicht liebenswert sind. Vielleicht haben sie als Kinder auch einen Weg gefunden, wenigstens ein bisschen Liebe, Zuwendung und Nähe von ihren Eltern zu bekommen. Vielleicht haben sie sich besonders zugewandt verhalten und gut um sie gekümmert, vielleicht haben sie gemerkt, dass sie gelobt wurden, wenn sie etwas geleistet hatten, oder die Eltern manchmal liebevoll waren, wenn sie sich besonders pflegeleicht verhielten. Leider wenden sie diese Strategien meist auch später im Leben an. Das bringt viel Frustration und Leid mit sich, weil es nie dazu führt, dass diese Menschen sich einfach um ihrer selbst willen geliebt fühlen. Außerdem halten sie oft weiterhin an der Überzeugung fest, dass sie nichts wert sind. Sie versuchen, diesen Schmerz nicht zu spüren, und tun alles, damit andere das nicht merken. Wir bleiben dieser Geschichte verhaftet, die wir uns damals ausgedacht haben. Natürlich ist unser Vertrauen stark beschädigt, und da ist dann diese tiefe Angst vor weiteren Verletzungen.

Aus jedem Trauma entsteht eine Geschichte, die wir uns wieder und wieder über uns selbst erzählen.

Die Angst, verletzt zu werden

Niemand möchte verletzt werden. Das ist ein großes Dilemma, denn wir können kein erfülltes Leben führen, wenn wir uns nicht zeigen, öffnen und berührbar machen. Wir können nicht lieben, ohne berührbar zu sein.

Die Angst vor Verletzungen rührt selten aus der Zeit, in der Menschen schon erwachsen waren. Schauen wir sie genauer an, so verbirgt sich dahinter oft die tiefe Angst zu sterben. Dies klingt irrational, aber Ängste sind selten rational. Hinter jeder scheinbar irrationalen Angst stecken jedoch eine leidvolle Erfahrung und oft eine rationale Erklärung.

Wenn du dich dafür entscheidest, Menschen zu vertrauen und echte Verbindungen zu leben, wird der Schmerz ein gelegentlicher Besucher in deinem Leben werden.

Wenn wir in unserer frühesten Jugend Ablehnung durch unsere Eltern, Demütigungen, Gewalt und Zurückweisungen ertragen mussten, war das ein ungeheurer Verrat an der Beziehung und unserer Liebe. Außerdem war es so beängstigend, dass wir damals das Gefühl hatten, sterben zu müssen. Als Baby oder kleines Kind konnten wir uns nicht erklären, warum unsere Eltern so waren, wie sie waren. Wir suchten den Grund immer bei uns selbst. Gleichzeitig haben wir das Vertrauen in die Tragfähigkeit von Beziehungen verloren und eine tiefe Angst vor dem Schmerz entwickelt.

Irgendwann haben wir dann Liebe mit Schmerz, Verrat und dem Gefühl, sterben zu müssen, verbunden. Diese Überzeugungen haben wir dann in unser erwachsenes Leben mitgenommen und übertragen sie nun auf unsere aktuellen Beziehungen. Wenn wir unser Erleben und Sein nicht aktualisieren, glauben wir weiterhin unbewusst daran, dass wir sterben, wenn wir verletzt oder gar verlassen werden. Wenn du dir erlaubst, wirklich hinzuschauen, wirst du merken, dass es heute zwar immer noch sehr schmerzhaft für dich ist, verletzt oder verlassen zu werden, aber du wirst nicht daran sterben.

In einer Welt, die den Spaß über die Freude und Beschäftigung über das Sein stellt, soll uns weisgemacht werden, es gäbe Liebe und Verbindung ohne Schmerz oder gelegentliche Verletzungen. Das ist falsch. Der persische Philosoph und Dichter Rumi sagt: »Die Wunde ist der Ort, an dem das Licht in dich eintritt.« Aber was ist die Alternative? Ein Leben ohne Liebe und Verbindung. Ist das nicht weitaus schmerzhafter und grausamer gegen uns selbst?

Die Angst, zu viel zu sein

Wenn ich Menschen frage, warum sie sich niemandem anvertrauen oder sich im Arm halten lassen, lautet die Antwort sehr häufig, dass niemand sie aushalten könne. Niemand wäre stark genug, um ihren Schmerz mit ihnen zu teilen. Leider führt das dazu, dass sie selten die Erfahrung machen, gehalten zu werden – im konkreten wie im übertragenen Sinne.

Die Annahme, dass man »zu viel« ist und es niemanden gibt, der oder die einen wirklich aushält, stammt – wie so vieles – fast immer aus der frühen Kindheit. In der Phase, in der das Kind selbstständiger wird, einen eigenen Willen entwickelt und sich in seiner Kraft ausprobiert, erfährt es, ob es mit dieser Kraft willkommen ist. Außerdem lernt es durch den Umgang der Eltern mit seinem Schmerz, ob diese gut damit umgehen können oder ob sie ihn »nicht aushalten«. Das bedeutet in diesem Fall, dass sie selbst Schuldgefühle bekommen, den Schmerz bagatellisieren und immer wieder versuchen, das Kind davon abzulenken. Durch diesen Umgang gelangt das Kind zu der Überzeugung, dass sein Schmerz für andere Menschen nicht auszuhalten ist. Es verliert das Vertrauen, dass es getröstet und aufgefangen wird und auch willkommen ist, wenn es ihm schlecht geht.

Die Schattenseite dieser Überzeugung im Erwachsenenalter ist eine unbewusste starke Überhöhung der eigenen Person. Innere Sätze wie: »Niemand kennt solche Schmerzen« oder »Niemand ist stark genug« bedeuten im Umkehrschluss, dass man der stärkste Mensch der Welt ist, dass niemand sonst einen solchen Schmerz kennt und alle anderen einem letztlich nicht gewachsen sind. Diese meist nicht bewussten Überzeugungen erschaffen eine Form von Nicht-Vertrauen (es ist kein Misstrauen, sondern einfach ein Nicht-Vertrauen) anderen Menschen gegenüber, die zu einer schmerzlichen inneren Einsamkeit führen.

Es ist wichtig, sich innerlich von der Idee zu verabschieden, mit dem eigenen Leben und Erleben etwas Besonderes zu sein. Es gibt weit über sieben Milliarden Menschen auf der Welt und ebenso viele verschiedene Schicksale. Wir alle haben unsere jeweils eigene Geschichte. Wir sind besonders und gleichzeitig gewöhnlich. Wir sind eben einfach Menschen.

Die Angst, nicht genug zu sein

Die Frage hinter dieser Überzeugung lautet: Was und wie viel muss ich tun, damit ich geliebt werde? In vielen Selbsthilfebüchern steht zu lesen: *Du musst nichts tun, du bist in Ordnung, wie du bist.* Mit Verlaub, das ist Unsinn und der direkte Weg ins Unglück. Auf einer Meta-Metaebene ist es vielleicht wahr, aber im Alltag ist es einfach Quatsch.

Als wir Kleinkinder waren, hätten uns unsere Eltern einfach dafür lieben sollen, dass wir da waren. Es hätte so sein sollen, dass sie sich an uns gefreut hätten, einfach weil wir auf der Welt waren.

Für uns als Erwachsene ist das allerdings Unsinn, wenn ich das mal so ausdrücken darf. Niemand mag jemanden einfach nur, weil er da ist. Dafür sind die meisten anderen Menschen gar nicht wichtig genug, und so funktionieren wir leider nicht. Als erwachsene Menschen mögen wir Menschen, mit denen wir uns austauschen können, wir mögen Menschen, die freundlich sind. Wir mögen bestimmte Personen besonders und kennen eigentlich immer den Grund. Wir lieben Menschen dafür, dass wir uns gesehen und wertgeschätzt fühlen.

Vielleicht denken wir, dass wir uns ohne Grund verlieben, aber die Bindungstheorie belegt recht glaubhaft, dass dem nicht so ist. Wir verlieben uns in Muster, die wir unbewusst wahrnehmen. Wir verlieben uns, weil uns jemand vertraut wird, weil wir uns jemandem öffnen – und aus vielen weiteren Gründen.

Natürlich gibt es Momente, in denen wir jemanden anschauen, das überwältigende Gefühl von Liebe spüren und uns einfach daran freuen, dass der oder die andere da ist. Doch dieses Gefühl ist entstanden, weil wir Anlass haben, unserem Gegenüber zu vertrauen und es zu mögen oder zu lieben.

WIR BRAUCHEN DAS SOZIALE FEEDBACK

Deshalb ist es eben doch wichtig, was die Menschen um uns herum über uns denken. Es ist nicht egal, und es geht nicht darum, vollkommen unabhängig davon zu werden. Niemand ist unabhängig von der Meinung anderer, und wir sind evolutionär einfach nicht für das unabhängige Leben geschaffen. Wir sind geschaffen für Bindung und Verbundenheit, und es war früher tödlich, aus unserem Clan ausgeschlossen zu werden.

Wenn viele Menschen uns ablehnen, dann können wir auf zweierlei Arten und Weisen reagieren: Wir beginnen zu reflektieren und nachzufragen, was genau in unserem Verhalten auf Ablehnung trifft. Oder wir ziehen uns zurück, verstehen die Welt nicht mehr und befinden irgendwann, dass niemand uns versteht oder die Welt gegen uns ist.

Die Meinung anderer gibt uns eine Rückmeldung über uns und unser Sein und Wirken, über unser Verhalten und unsere Umgangsweise.

Dieses Verhalten ist zu verstehen, denn es entsteht aus einer Verletzung heraus. Doch leider lässt es keine Chance, etwas Neues in Gang zu bringen, denn wir können die Welt um uns herum nicht verändern – niemals. Wenn wir das Gefühl haben, uns zu verbiegen, kleinzumachen oder demütigen zu lassen, wenn wir wegen der Rückmeldungen aus unserer Umwelt etwas an uns modifizieren, dann haben wir uns gründlich festgefahren.

Wir haben zum Teil recht hinderliche Überzeugungen im Kopf, die mit dem Thema »Ich selbst sein« zusammenhängen. Einiges stammt aus unserer Kindheit und dem Entschluss, uns nicht verbiegen zu lassen, anzupassen oder abhängig zu machen von der Liebe unserer Eltern.

Doch das soziale Leben ist ein Feedbacksystem. Damit meine ich nicht, dass es ein Feedback ist, wenn Menschen uns schreckliche Dinge antun (das habe ich hoffentlich klar zum Ausdruck gebracht), sondern wenn sie uns im normalen alltäglichen Umgang eine Rückmeldung geben. Es ist entscheidend, dass wir auswählen, wem wir die Macht einräumen, über uns zu urteilen, und wem so wenig wie möglich.

Ich sage nicht: und wem nicht. Meiner Erfahrung nach ist es fast unmöglich, vernichtende Stimmen auszublenden.

Zu Beginn meiner Onlinearbeit haben mich bösartige Posts bei Facebook oder YouTube nächtelang wach gehalten. Ich kannte diese Menschen nicht, und doch hatten sie diese Macht! Deswegen ist Cybermobbing so gefährlich: Es ist fast unmöglich, es an sich abperlen zu lassen. Heute sind meine Erholungszeiten kürzer (zumindest meistens). In diesem Zusammenhang empfinde ich die Rede von Theodore Roosevelt *The man in the Arena*, die durch Brené Brown noch einmal bekannt wurde, als ausgesprochen hilfreich:

»Es ist nicht der Kritiker, der zählt, nicht derjenige, der aufzeigt, wie der Starke gestolpert ist oder wo der, der Taten vollbracht hat, sie hätte besser machen können. Die Anerkennung gebührt dem, der wirklich in der Arena ist; dessen Gesicht verschmiert ist von Staub und Schweiß und Blut; der tapfer strebt; der irrt und wieder und wieder scheitert, denn es gibt keine Anstrengung ohne Irrtum und Fehler; der jedoch wirklich danach strebt, die Taten zu vollbringen; der die große Begeisterung kennt, die große Hingabe, und sich an einer würdigen Sache verausgabt; der, im besten Fall, am Ende den Triumph der großen Leistung erfährt; und der, im schlechtesten Fall, wenn er scheitert, zumindest dabei scheitert, dass er etwas Großes gewagt hat, sodass sein Platz niemals bei den kalten und furchtsamen Seelen sein wird, die weder Sieg noch Niederlage kennen.«

Trau dich, und vertraue dem Leben. Es ist besser, das Gesicht mit Schlamm verschmiert in den Regen zu halten und wieder aufzustehen nach einer Verletzung, als niemals gewagt zu haben, dein Herz zu zeigen.

Wir alle wagen Dinge, auch wenn wir dies nicht als »Arena« bezeichnen würden. Wir wagen es, jemandem zu vertrauen, jemandem etwas anzuvertrauen, eine Meinung zu äußern, für unsere Überzeugungen einzustehen. Wir wagen es, uns zu zeigen, und wir können nur hoffen und darauf vertrauen, dass andere gut mit uns umgehen. Manchmal werden wir verletzt, doch das sollte uns nicht am Leben und Lieben hindern.

Werde dir klar darüber, wer dich kritisieren darf und wessen Meinung über dich dir wichtig ist. Suche dir Menschen, deren Meinung dir etwas bedeutet. Sie helfen dir bei der Orientierung, ob du auf dem richtigen Weg bist und charakterlich auf einem guten Weg bleibst. Sagen dir aus diesem ausgewählten Kreis ein oder zwei Leute das Gleiche, dann ist es sehr sinnvoll, dies wirklich ernst zu nehmen, zu überdenken und dich zu verändern.

Ganz ich selbst zu sein bedeutet nicht: »Ich kann mich verhalten, wie ich will, und du musst mich mögen, sonst liebst du mich nicht wirklich.« – Es gibt ohnehin kein »ganz ich selbst sein«, doch dazu komme ich später. Hier geht es darum, die Waage zu halten zwischen »Ich möchte geliebt werden« und »Ich möchte, dass alle mich lieben«. Zwischen »Ich lasse mir etwas sagen« und »Ich lasse mir von jedem alles um die Ohren hauen«. Du brauchst Menschen, denen du vertraust, dass sie es gut mit dir meinen, auch wenn sie dich kritisieren. Du brauchst Menschen, die dir ein Feedback geben, wenn du wirklich »nicht genug« bist. Das bedeutet für echte Freunde nichts anderes, als dass du auf dem Weg bist, egozentrisch zu werden, und nur noch dich selbst im Kopf hast. Wähle die Menschen, die deine Kritiker sein dürfen, weise aus, denn sie tragen dazu bei, dein Leben zu formen.

DEM INNEREN DIALOG LAUSCHEN

Falls du Stress hast, vertrauensvolle Beziehungen und Kontakte herzustellen, und herausfinden möchtest, woran das liegt, hilft es dir vielleicht, deinen inneren Dialog zu beobachten. Stell dir vor, es geht dir nicht gut, und du weißt, dass du eigentlich in den Arm genommen werden müsstest oder jemanden brauchst, der dir einfach mal eine Weile zuhört.

Was passiert in dir? Würdest du jemanden anrufen? Wen? Wie viele Menschen könntest du anrufen? Oder rufst du niemanden an?

Hör dir genau zu, und lausche deinen eigenen Worten, die dich davon abhalten:

◇ Wahrscheinlich hat sowieso niemand Zeit.
◇ Ich bin eine Zumutung.
◇ Die meisten interessieren sich eh nur für sich selbst.
◇ Ich labere Leute nur zu und mache mich lächerlich.
◇ Wer kann mir schon helfen?
◇ Mich versteht sowieso niemand wirklich.
◇ Was soll es schon ändern?
◇ Das hält niemand aus, wenn ich mich zeige/meinen Schmerz zeige.

Durch diese oder ähnliche innere Dialoge schneiden wir uns von anderen ab. Wir kappen aktiv die Verbindungen und fühlen uns gleichzeitig alleingelassen. Es ist ein Teufelskreis. Je weniger wir uns zumuten, uns zeigen und vertrauen, desto mehr bleiben wir für uns, und desto mehr haben wir das Gefühl von Leere und Unverbundenheit.

Auf einer tiefen Ebene inszenieren wir so unsere Erfahrungen unserer Kindheit neu. Es ist sehr sinnvoll, dies noch einmal ins Licht zu holen und anzuschauen. Doch es ist schmerzlich, vor allem wenn wir wirklich zu fühlen beginnen, wie allein wir als Kinder waren und wie wenig Unterstützung und Aufmerksamkeit wir bekommen haben.

WIEDER IN VERBINDUNG KOMMEN

Noch schmerzlicher ist es zu spüren, wie viele gute Beziehungen diese innere »Voreinstellung« belastet oder gar verhindert hat. Es fühlt sich oft einfacher an, innerlich bei der Überzeugung zu bleiben, dass es an den anderen liegt und niemand fähig ist, uns auszuhalten. Nur erheben wir uns dadurch in den Status einer ganz besonderen Person: Wir sind sozusagen VIP-Leidende, und niemand, wirklich niemand kann uns verstehen, geschweige denn aushalten.

Doch lass dir gesagt sein: Du bist nicht allein damit. Weder mit der Begründung noch mit deinem Verhalten. Diese Form der Schmerzbewältigung kommt recht häufig vor – es spricht nur niemand darüber. Es ist wie ein letzter Strohhalm für das innere Selbstwertgefühl.

Wenn du dich schon als Nichts empfindest, als nicht wertvoll und so viele schlimme Erfahrungen gemacht hast, dann rettest du dich innerlich aus dem Sumpf der vollkommenen Vernichtung, indem du etwas Besonderes wirst. Das ist okay und normal. Ich war dort.

Dieses Gefühl, diese innere Haltung schneidet uns jedoch noch mehr von anderen Menschen ab. Wir fühlen uns anders, nicht zugehörig. Es ist schrecklich und gleichzeitig oft die einzige Heimat und der einzige Wert, den wir haben. Es aufzugeben braucht Mut und Mut und Mut.

Zwei Möglichkeiten gibt es, von diesem einsamen Ort in sich selbst, mit der Welt und anderen Menschen zu agieren: Entweder du bist besonders stark oder besonders empfindsam und sensibel. In beiden Fällen zeigen wir der Welt, dass wir eben besonders sind und niemand um uns herum stark genug ist, um uns aufzufangen oder wirklich zu verstehen. Leider agieren wir dann auch so, dass andere kaum eine Chance haben. Dies bestätigt wiederum unsere Annahme.

Selbstverständlich sollten wir mit diesem Menschen auch die entsprechende Verbindung haben, sonst werden wir tatsächlich des Öfteren in ein verwundertes Gesicht sehen. Das, was wir uns wünschen, muss zu dem Verhältnis mit der jeweiligen Person passen – sonst haben wir ruckzuck wieder die Bestätigung, dass niemand für uns da sein möchte.

SEI STARK!

Sicher kannst du dir denken, was meine Wahl war. Ich war immer die Starke und für andere da. So habe ich meine Bestätigung erhalten und mich genährt. Deshalb kamen viele Freundschaften nicht zustande – ich hielt innerlich immer etwas Abstand oder war eben ein bisschen »stärker« als mein Gegenüber. Das förderte mein Gefühl, etwas Besonderes zu sein (was ich um nichts in der Welt zugegeben hätte).

Während meiner ersten psychotherapeutischen Ausbildung gab es nach drei Jahren eine Feedbackrunde vor den Ausbilderinnen. Alle bekamen eine dezidierte Rückmeldung und viel Lob und Ermunterung. Ich dagegen erhielt ein Feedback für alles, woran ich noch arbeiten musste, und dann erfuhr ich: »Du kannst unbeschränkt anfangen, mit Klienten zu arbeiten.« – Diese beiden Informationen passten für mich überhaupt nicht zusammen. Kein Lob, keine Streicheleinheiten, sondern viele Aufgaben. Und dennoch die Erlaubnis zu praktizieren (unter 24 Teilnehmenden war ich eine von zwei oder drei Leuten, die diese Erlaubnis bekamen). Ich saß da und fing an zu weinen. Ich war tief getroffen und frustriert, dass mein Feedback so anders ausgefallen war als für die anderen Teilnehmenden. Das in dieser Aussage enthaltene Lob konnte ich nicht sehen. In der Pause bat ich eine der Ausbilderinnen um ein Gespräch. Die Tränen liefen mir über die Wangen, als ich ihr verständlich zu machen versuchte, dass ich auch mal Lob und Ermunterung hören wollte. Sie schaute mich nur an. »Du bist halt anders, und wir haben gedacht, du brauchst das nicht.« – Es dauerte eine ganze Weile, bis ich verstand: Ich weinte äußerst selten und machte immer mutig alle Übungen mit. Dadurch war es den anderen praktisch unmöglich, das Gefühl zu entwickeln, mich zu kennen oder unterstützen zu dürfen. Es gab einen Abstand zu mir und die vermeintliche Einsicht, dass ich nur sehr selten jemanden an mich heranließ oder gar brauchte. Ich hatte ein bestimmtes Image aufgebaut, das mich jedoch innerlich verhungern ließ. Und es ließ nicht nur mich verhungern, sondern auch die Menschen um mich herum, die so gut wie nicht für mich da sein durften. – Es kostete mich einige Zeit, bis ich verstand, dass es auch ein Geschenk für die andere Person ist, dass sie für mich da sein darf.

Für uns selbst ist es manchmal schwer zu verstehen, dass es ein Geschenk ist, jemandem sein Vertrauen zu schenken, obwohl wir es alle kennen – auf der Gegenseite. Hattest du schon einmal in einem Geschäft kein Geld bei dir, und der Besitzer sagte: »Das macht nichts, bringen Sie es mir einfach später vorbei.« Um nichts in der Welt würde ich dieses in mich gesetzte Vertrauen enttäuschen wollen, egal, was es mich kostet, noch einmal in dem Laden zu erscheinen. Ich möchte mich dieses Vertrauensvorschusses würdig erweisen.

Es ist ein Geschenk zu spüren, dass jemand uns vertraut und uns auch einmal braucht.

VERTRAUEN BRAUCHT ORIENTIERUNG

Es gibt einen biopsychischen Mechanismus, der sich *Orientierung* nennt. Für die meisten Menschen bedeutet Orientierung, sich in einer fremden Umgebung zurechtfinden zu können. Dieser Mechanismus (bei dem es sich auch um einen Reflex handelt) ist jedoch viel grundlegender.

Jedes Mal, wenn ein starker Reiz von außen in unser Bewusstsein dringt, schauen wir uns danach um und wollen wissen, was es ist und ob es gefährlich ist oder nicht. Ist der Reiz sehr stark, dann erschrecken wir und zucken zusammen, hören kurz auf zu atmen, und drehen uns dann danach um. Traumatisierte Menschen erstarren häufig sofort und wenden – wenn überhaupt – nur die Augen und nicht den ganzen Oberkörper der Quelle des Reizes zu.

Orientierung brauchen wir allerdings für unglaublich viel mehr Abläufe im Leben. Bei den meisten ist es uns gar nicht bewusst, dass es sich dabei um eine Form von Orientierung handelt.

Wir müssen zum Beispiel immer wissen, wie wir im Raum unterwegs sind und in welcher Zeit. Es ist wichtig, dass wir im Hier und Jetzt verortet sind und nicht nur in der Vergangenheit oder der Zukunft.

Das fällt vielen Menschen sehr schwer. Dabei geht es nicht um ein spirituelles »Leben im Hier und Jetzt«, sondern darum wahrzunehmen, dass ich genau in diesem Moment an dieser Stelle unterwegs bin und meine Aufmerksamkeit auf das richten kann, was wichtig ist.

Dazu gehört auch, dass ich weiß, wie alt ich bin, welche Kompetenzen ich habe und wer mich liebt etc. Ich kann präsent sein für die Aufgaben, die ich vor mir habe.

HIER UND JETZT

Während ich dies schreibe, sitze ich in einem Café auf Oahu, Hawaii. Ständig laufen Leute an mir vorbei, unterhalten sich, und es ist recht trubelig. Ich liebe das. Ich schreibe gern in Cafés, weil es mir das Gefühl gibt, nicht vollkommen abgeschottet allein irgendwo in einer Wohnung zu sitzen. Würde mein Gefahrensystem (und damit mein Orientierungsreflex) aber bei jedem lauteren Wort oder jeder Person, die an mir vorübergeht, anspringen, dann könnte ich keine Zeile schreiben. Würde ich mich in Demütigungen aus dem Deutschunterricht verlieren, würde ich kein Wort niederschreiben, weil die Vergangenheit in mein Heute schwappen und mich blockieren würde. Das alles sind Orientierungsleistungen, die mein Körper und mein Gehirn im Hintergrund ablaufen lassen und die mich gut arbeiten lassen oder eben auch nicht.

Was hat Orientierung dann mit Vertrauen zu tun?

GETESTET UND FÜR GUT BEFUNDEN

Lernen wir einen Menschen neu kennen, dann durchläuft er eine Art Testphase. Die erste Entscheidung fällt nach zehn Sekunden, die zweite Phase dauert länger, und mit der Zeit stellt sich heraus, ob dieser Mensch jemand ist, mit dem wir nur mal gesprochen haben oder ob er ein Bekannter wird oder eine Freundin oder eine Liebe. In jeder Phase orientieren wir uns neu und schauen die Person an.

Bei sehr misstrauischen oder bei traumatisierten Menschen hört diese Test- und Prüfphase nie auf. Immer und immer wieder wird das Gegenüber mit seinem Verhalten infrage gestellt. Und selbstverständlich wird er oder sie irgendwann etwas tun, was uns nicht gefällt. Im schlimmsten Fall bedeutet das, dass die Erwartung erfüllt wird und man sich dann verabschiedet. Das nennt man eine *Selffulfilling Prophecy,* eine sich selbsterfüllende

Prophezeiung. Kein Mensch wird sich immer so verhalten, dass es uns gefällt. Vertrauen verbindet auf vielen Wegen.

Normalerweise endet diese Orientierungsphase nach einer Weile. Die Person hat ein Prüfsiegel von uns erhalten, in etwa wie »geprüft und als vertrauenswürdig befunden«. Das bedeutet, dass wir zunächst einmal die Annahme haben, dass dieser Mensch uns nicht schaden will und grundsätzlich »zu den Guten« gehört. Daraus folgt, dass ein Konflikt oder eine enttäuschte Erwartung nicht sofort dazu führen, die ganze Beziehung in Zweifel zu ziehen. Diese bleibt dennoch stabil und kann wieder repariert werden. Das ist ein unglaublich wichtiger Faktor für funktionierende Verbindungen!

Jede Art von Kommunikation braucht ein Grundvertrauen und den guten Willen, die andere Person verstehen zu wollen. In dem Moment, in dem wir Vertrauen entziehen, gehen Begegnung und Kommunikation meist schief.

> *Vertrauen ist nicht zu verwechseln mit Naivität oder Dummheit!*

Ich spreche nicht davon, dass du immer nur vertrauensselig durch die Welt laufen und nicht genau hinschauen sollst, wie Menschen um dich herum sich verhalten.

Wofür ich allerdings plädiere und was unseren Umgang miteinander viel einfacher und freundlicher machen würde, ist das, was die Amerikaner *the benefit of doubt* nennen, was nichts anderes heißt als »im Zweifel für den Angeklagten«. Es bedeutet, dass du nicht immer sofort innerhalb von einer Sekunde reagierst und annimmst, dass Menschen etwas für dich gerade Unangenehmes *mit Absicht* tun.

Wenn du das Vertrauen in deine Mitmenschen hast, dass sie dir nicht bewusst die Vorfahrt nehmen und euer Leben in Gefahr bringen, dann reagierst du anders, wenn das mal passiert. Du gehst dann davon aus, dass es ein Versehen war, dass jemand dich einfach nicht gesehen hat. Das macht allen Unterschied in der Welt aus und lässt das fragile soziale Gefüge, in dem wir uns alle bewegen, nicht ständig zersplittern.

Am sinnvollsten angewandt wird Vertrauen mit der Strategie der Delfine: *Tit for Tat* (in etwa: wie du mir, so ich dir, Zug um Zug). Danach bin ich grundsätzlich erst einmal vertrauensvoll. Wenn jemand dann gegen dieses Vertrauen verstößt und mich bewusst schädigt, setze ich klare Grenzen und mache das auch deutlich. Danach bin ich wieder freundlich, und die Person hat eine zweite Chance.

Wenn du so vorgehst, wirst du sehen, dass Menschen dich respektvoll behandeln und du gleichzeitig viele wunderbare Begegnungen erlebst – Vertrauen und Freundlichkeit öffnen viele Türen!

DAS KARUSSELL DER GEDANKEN

*»Unser Gehirn kommentiert alles.
Leider auch ungefragt.«*

Studien besagen, dass uns am Tag zwischen 60 000 und 70 000 Gedanken durch den Kopf schwirren. Wie auch immer, ich glaube, die meisten von uns stimmen dem zu, dass wir viel denken. Oftmals vielleicht sogar zu viel – andererseits manchmal zu wenig. Die meisten Gedanken sind uns nicht bewusst. Sie wirken aber trotzdem auf uns ein.

Ein alter buddhistischer Begriff dafür ist *Monkey Mind.* Ich finde das sehr zutreffend. Unser Geist springt von Gedanke zu Gedanke wie ein Affe von Baum zu Baum.

Bestimmt hattest du auch schon mal den Wunsch, deinen Kopf einfach abschrauben zu können. Einfach nur, um endlich Ruhe zu haben. Buddhistische Mönchsnovizen investieren unglaublich viel Zeit und Disziplin, um ihren Monkey Mind zu erziehen.

Unseren Verstand zu erziehen ist ein wichtiger Schritt auf dem Weg zu einem erfüllten Leben. Meist erleben wir unsere Gedanken als etwas Selbstständiges, auf das wir keinen Einfluss haben. Leider lernen wir in der Schule nicht, unser Denken zu zähmen, obwohl dies für sehr viel Frieden auf der Erde sorgen würde.

In seinem Buch *Das glücklichste Volk* erzählt der US-amerikanische Sprachforscher Daniel Everett von seinem Leben bei einem indigenen Volk am Amazonas. Besonders bemerkenswert fand ich seine Aussage, dass sich die Menschen dort nicht über

Dinge aus der Vergangenheit unterhalten oder über Dinge, die sie nicht selbst erlebt haben.

Mal ehrlich, was bliebe von unseren Gesprächsthemen übrig, wenn wir nur noch über das sprechen würden, was gerade geschieht und über unsere eigenen Erlebnisse? Am faszinierendsten dabei finde ich, dass offensichtlich jeder Mensch diese Fähigkeit hat. Wären du oder ich dort geboren worden, würde es für uns genauso sein. Wir haben zwar die gleichen Gehirne, nutzen sie aber offensichtlich vollkommen anders.

Der Verstand hat die Aufgabe, zu denken und vor allem zu bewerten. Das ist sein Job, und das wirst du nicht abstellen können. Es macht das Leben jedoch leichter, wenn wir aufhören, jeder Bewertung zu glauben oder ihr gar zu folgen. Unser Gehirn möchte, dass wir überleben. Dafür muss es sehr schnelle Einschätzungen der Umwelt vornehmen.

DAS ERBE DER STEINZEIT

Unser Gehirn lebt noch in einer uralten Welt, die bei Weitem nicht so komplex war wie unsere heutige. Ein Tiger war leicht einzuschätzen, und auch ein fremder Mensch aus einem anderen Stamm war potenziell gefährlich. Schlechtes Wetter, Sturm, Feuer, Schlangen – das sind die Dinge, für die unser Gehirn gemacht ist. Rasche Einschätzungen haben unser Überleben gesichert.

Heute ist unser Gehirn mit der Komplexität der Welt hoffnungslos überfordert. Es ist uns kaum möglich, bestimmte Dinge wirklich sinnvoll zu bewerten. Das führt leider dazu, dass wir mit unserer Umwelt nicht sehr zukunftsorientiert umgehen und auch auf persönlicher Ebene immer wieder Fehlentscheidungen treffen.

Vertrautheit beispielsweise verleitet uns dazu, bestimmte Dinge nicht als gefährlich einzustufen. Das ist nur leider in vielen Fällen ein Irrtum. Wir haben alle Angst vor Gewalt draußen und in fremder Umgebung. Ein Blick auf die Statistiken zeigt jedoch, dass die meisten Morde in Deutschland von Bekannten verübt werden, nicht selten im familiären Umfeld. Ein weiteres Beispiel ist das Auto. Es gibt kaum etwas in unserem Alltag, das mehr Tote und Verletzte fordert als der Verkehr. Dennoch glauben viele Menschen, Fliegen sei gefährlicher. Diese Fehleinschätzungen entstehen durch die sogenannte *Verfügbarkeitsheuristik*. Diese besagt, dass wir aufgrund eigener Erfahrungen oder Informationen vom Hörensagen urteilen.

Auch hier kann man sehen, woher wir evolutionär gesehen kommen. In einem Clan wurden Informationen mündlich weitergegeben, und es waren die einzigen, die zur Verfügung standen. Selbst heute noch stufen wir Nachrichten schneller als wahr ein, die uns mündlich oder über soziale Medien »überliefert« werden, als dass wir uns durch gezielte Recherche wirklich informieren.

DAS GESCHWÄTZIGE GEHIRN

Natürlich bewertet unser Gehirn auch andere Menschen. Wenn du dir mal genau beim Denken zuschaust, dann wirst du merken, dass wir uns in einer beständigen Daumen-hoch-Daumen-runter-Schleife bewegen. Ununterbrochen gibt unser Gehirn seinen Kommentar ab. Die Frau, die uns entgegenkommt: Daumen runter. Das neue T-Shirt des Kollegen: Daumen hoch. Der eigene Anblick im Spiegel?

Es ist eine ständige innere Berieselung mit Bewertungen. Unser Gehirn kommentiert alles. Leider auch ungefragt.

Dazu kommt, dass Menschen die besondere Fähigkeit haben, sich an die Vergangenheit zu erinnern und sich die Zukunft vorzustellen. Hier kann unser Gehirn nun zur Hochform auflaufen. Wir bewerten eine Zukunft, die wir noch gar nicht erlebt haben und empfinden dann aufgrund unserer Bewertung Angst.

EXPERIMENT: DER EXISTENZANGST BEGEGNEN

Dies ist eine Übung des US-amerikanischen Autors und Unternehmers Tim Ferriss, die mir sehr geholfen hat:

Schreib auf, was dir Schlimmes passieren wird. Schildere dein absolutes Katastrophenszenario: Was sind die schrecklichsten Konsequenzen, die du erleiden wirst, wenn du etwas Bestimmtes tust oder etwas Bestimmtes passiert? Bitte beschreib deine Vorstellungen in allen Details, das ist wichtig.

Mein persönliches Bild war, dass ich unter der Brücke leben würde, wenn etwas schiefginge. Es hat mich lange geplagt und zeitweise wirklich gestresst. Eine falsche Entscheidung – und das wäre das Ergebnis, so mein inneres Bild.

Schildere deine Katastrophenfantasie wirklich in bunten Farben, und dann lass das Ganze ein wenig liegen. Schau es dir am nächsten Tag oder frühestens nach einer Stunde noch einmal an. Lass es auf dich wirken, vielleicht verändert sich hier schon etwas für dich.

Dann beginnst du Lösungen oder Möglichkeiten aufzuschreiben, wie du mit diesen schrecklichen Konsequenzen umgehen oder ihnen vielleicht sogar vorbeugen könntest.

Am Ende liest du alles noch mal auf seinen Wirklichkeitsgehalt. Glaubst du noch immer, dass diese Konsequenzen dich ereilen würden, falls schiefgeht geht? Und schau dir an, was du tun könntest.

Klingt das machbar?

Da unser Gehirn es liebt, Dinge nur halb zu durchdenken, also eine sehr oberflächliche Einschätzung vorzunehmen und dann Panik auszurufen, ist es sinnvoll, sich die Zeit zu nehmen und genauer hinzuschauen. Diese Zeit ist gut investiert, wenn dir etwas beständig Angst oder Stress macht oder du das Gefühl hast, bestimmte Dinge nicht tun zu können, weil die Konsequenzen unerträglich wären.

Unser Gehirn reagiert manchmal komplett über und fräst sich in bedrohliche Bilder und Fantasien, die nichts mehr mit der Realität zu tun haben. Menschen bringen sich aufgrund ihrer Bewertungen und Vorstellungen um, weil es ihnen nicht mehr möglich ist, eine andere Perspektive einzunehmen.

Eine weitere Möglichkeit, sich durch Gedanken das eigene Leben schlechter zu machen, als es ist, besteht darin, Dinge, die man erlebt hat, rückwirkend neu zu bewerten. Das kann sehr traurige Konsequenzen haben und den eigenen Lebenslauf entscheidend prägen. Besonders schmerzvoll kann es sein, wenn man während oder nach einer Trennung die ganze Beziehung umbewertet und den Menschen, den man einmal geliebt hat, ebenfalls.

VERLASSEN WERDEN TUT WEH

Wenn uns ein geliebter Mensch verlässt, dann sind damit große Schmerzen verbunden. Wir Menschen sind sehr verletzlich, wenn wir uns an jemanden binden. Immer wenn sich eine solche Bindung auflöst – so sinnvoll dies auch sein mag –, tut das richtig weh. Der Verlust einer Bindung ist eines der schlimmsten Dinge, die uns passieren können. In manchen Ratgebern findet man Vorschläge, dass man sich schnell auf etwas anderes konzentrieren oder ablenken soll. Im *DSM-5*, der neuen Auflage des Diagnosemanuals für psychische Störungen der amerikanischen psychiatrischen Vereinigung, gibt es zwei Trauerwochen, danach wird Trauer als pathologisch eingestuft. Dabei geht es hier nicht einmal um »nur« eine Trennung, sondern um die Trauer nach dem Tod eines geliebten Menschen.

Diese Einstufungen und Ratschläge sind absurd. Wir brauchen Zeit, um zu trauern, um mit dem Verlust einer Person fertigzuwerden, und diese Zeit sollte sich auch jeder nehmen. Alles andere macht uns krank.

Wenn wir verlassen werden, dann kämpfen die meisten von uns nicht nur mit dem Verlust, sondern oft auch mit ihrem Selbstwertgefühl und dem Gefühl von Verletzung. Sehr häufig möchten wir diesem Schmerz ausweichen, und für viele Menschen ist Wut einfacher zu ertragen als Schmerz, Verlust und Traurigkeit.

In diesem Moment neigen wir dazu, aus einem anderen Blickwinkel auf die Beziehung zurückzuschauen, und es tauchen Gedanken auf wie: *Ich hätte schon am Anfang merken können, was für ein furchtbarer Mensch er oder sie ist.* Plötzlich sieht man viele Kleinigkeiten in einem neuen Licht, und alle Erinnerungen ordnen sich neu. War da nicht diese Situation oder jene, hat sich da nicht schon gezeigt, dass der oder sie unzuverlässig ist? Diesen Vorgang nennt man *Hindsight-Bias,* Rückschaufehler. Man denkt praktisch mit dem Wissen von heute zurück und glaubt, dass man es ja gewusst hat oder wissen hätte können.

Jede Liebe ist wie eine Blume auf deinem Lebensweg. Wirf sie nicht weg. Zügele deinen Verstand, auch wenn es dann noch mehr wehtut.

Falls du einen Hang dazu hast – bitte tu dir das nicht an! Du hast diese Person einmal geliebt. Du warst verliebt und glücklich, und dieser Mensch war wahrscheinlich der wichtigste in deinem Leben. Halte dies in Ehren.

Menschen gehen manchmal unterschiedliche Wege. Bisweilen tun sie Dinge, die uns verletzen. Die wichtige Frage ist: Macht diese Person das extra, nur um uns wehzutun?

Falls du nicht mit einem Narzissten zusammen bist, lautet die Antwort meist Nein. Menschen haben nun manchmal Bedürfnisse, die nicht kompatibel sind mit unseren eigenen, und das ist schmerzlich für uns. Auch wir haben alle schon anderen Menschen wehgetan, obwohl wir das nicht wollten.

Es ist wichtig, dass du dir deine Gedanken bewusst machst, und anfängst, etwas Abstand zwischen sie und dich zu bringen.

EXPERIMENT: DAS KARUSSELL DER GEDANKEN

Versuche einmal, dir vorzustellen, dass deine Gedanken tatsächlich auf einem Karussell sitzen, vor dem du stehst. Die altmodische Musik lullt dich ein, und die an dir vorbeigleitenden Dinge lassen dich ein wenig schwindeln. Deine Gedanken winken dir zu, sie suchen Beachtung. Vielleicht schaust du einfach zu und winkst gelegentlich zurück.

Das Drama beginnt in dem Augenblick, in dem du auf das Karussell aufspringst. Jetzt bist du mit einem Gedanken identifiziert, geradezu infiziert. Dieser Gedanke – vielleicht ist es der hübsche Schimmel, der auf und nieder gleitet –, wird ein Teil von dir, und du wirst dieser Gedanke. Es ist kein Raum mehr zwischen dir und dem Gedanken, und so glaubst du ihm. Du hältst ihn für wahr und wichtig. Nun wird es schwer, wieder Abstand zu gewinnen. Vor allem weil jeder Gedanke sich aufplustert und ständig sagt: »Ich bin wichtig, beachte mich, ich bin wahr, du musst dich um mich kümmern, wenn du dich nicht kümmerst, wird etwas Schlimmes passieren! Wenn du mich vergisst, wird das Konsequenzen haben …«

Das sind die Tage, in denen wir in unserem Kopf verloren gehen. Das sind die Nächte, in denen wir uns hin und her wälzen, verfolgt von immer gleichen Grübeleien zum immer gleichen Thema.

Unsere Gedanken werden aktiver, je weniger wir in unserem Körper wohnen. Bestimmt hast du schon einmal festgestellt, wie sich dein Denken verändert, wenn du Sport machst oder in eine Aktivität eintauchst. Du kennst bestimmt das angenehme Gefühl bei einem langen Spaziergang, wenn du mit einem Mal einen anderen Blickwinkel einnimmst und dir der Natur um dich herum gewahr wirst. Plötzlich stellst du fest, dass es in deinem Kopf stiller wird. Du fühlst dich ruhiger und gelassener, und die Perspektive für das, was wichtig ist und was nicht, verschiebt sich.

KOPFÜBER IN DEN KÖRPER

»Unser Körper ist der Zugang zu unserer Lebendigkeit.«

Unser Körper eröffnet uns den Zugang zu der Welt des Kreatürlichen, zur Welt der Sinnlichkeit. In meiner Vorstellung ist er das Tier in uns. Er reagiert unmittelbar, lebendig und steht in fühlender Verbindung mit der Welt. Je weniger wir uns in diesen Raum der sinnlichen Erfahrung begeben, desto mehr leben wir in unserem Kopf.

Wann hast du das letzte Mal echte Kälte verspürt oder einen Baum länger berührt und wirklich seine Rinde gefühlt? Erlaube dir einmal ganz bewusst, dich in deinem Körper zu fühlen. Wieder mehr sinnliche Erfahrungen zu machen, den Wind und Regen zu spüren. Dein Lachen und Weinen in dir zu fühlen.

Unser Körper ist der Zugang zu unserer Lebendigkeit. Wir verlieren diesen durch frühe Verletzungen, Traumata und die Erfahrung, dass unser Körper gefährlich oder wenig liebenswert ist. Er speichert alle schmerzlichen Erfahrungen, schon seit wir im dritten Schwangerschaftsmonat noch winzige Föten waren. Auch wenn wir uns nicht bewusst daran erinnern können, so sind sie doch in uns zusammengetragen.

Viele von uns haben gelernt, dass es gefährlich und sehr unangenehm oder schrecklich sein kann, einen weiblichen Körper zu haben, weil sie Übergriffe jeder Art erlebt haben. Es gibt viele Gründe, den eigenen Körper nicht mehr fühlen zu wollen. Alle führen dazu, dass wir uns verlieren und damit auch den Zugang zu unserem eigenen lebendigen Leben.

Es scheint fast so zu sein, als würden sich der Kopf und der Geist verselbstständigen und in einer gesonderten Welt leben, in der der Körper nicht zählt. Wir werden zu Kopffüßlern und leben in unserer eigenen virtuellen Wirklichkeit. Wir spinnen uns ein in der Welt der Gedanken, und jeder lebt in seiner eigenen Blase. Dies scheint immer mehr zur Realität zu werden. Die Verwendung von Smartphones und Computern fördert die Existenz in der virtuellen Welt leider beträchtlich.

HEIMAT IN DIR FINDEN

Willst du dich in dir selbst zu Hause fühlen, musst du den Schritt wagen, dich wieder mit deinem Körper anzufreunden. Und nicht nur mit ihm, sondern auch mit dir selbst. Doch wir beginnen hier mit dir als körperlichem Wesen.

Ich habe es schon gesagt: Dein Körper ist deine Heimat, und zwar die Einzige, die du wirklich hast. Dieser Körper ist, wie er ist, und wie sehr du auch dagegen aufbegehrst – du wirst ihn nicht ändern können.

Stell dir vor, du wirst morgen überfahren und verlierst deine Beine. Würdest du dann noch denken: »Ach, ich mochte die eh nie, da war so viel Orangenhaut.« Nein, du würdest alles geben, um deine Beine wiederzubekommen!

Verbiete dir, schlecht über dich und deinen Körper zu sprechen. Versuche, auch diese Gedanken zu zähmen.

Heimat finden heißt, sich zu Hause zu fühlen. Niemand kann sich in einem Haus beheimatet fühlen, das man hasst. Stell dir vor, du würdest von einer neuen Freundin eingeladen werden. Und schon bevor du durch die Tür trittst, fängst du an zu erzählen, was du alles nicht magst an ihrem Haus, der Eingangstür und so weiter. Du machst so weiter und sprichst nur darüber, was dir alles nicht gefällt und was du anders gestalten würdest. Wie oft, glaubst du, würdest du noch eingeladen?

Nie wieder. Niemand freut sich über den Besuch von Menschen, die einem das eigene Zuhause madig machen.

Dennoch haben wir kein Problem damit, genau das mit unseren Körpern zu veranstalten. Welche Auswirkungen hat es wohl innerlich auf dich, wenn du deinen Körper nicht magst und beständig an ihm herummäkelst?

Unser Zuhause sollten wir pflegen und in Ehren halten, nicht narzisstisch überhöhen, sondern liebevoll und sorgsam behandeln und darüber reden.

Immer mehr Menschen sind bereit, sich aufschneiden, etwas abschneiden oder künstliche Objekte in ihren Körpern unterzubringen zu lassen, um »gut« auszusehen. Schönheit liege im Auge des Betrachters, heißt es, und das sollten wir uns wieder bewusst machen. Wenn wir bereit sind, unserem Körper Gewalt anzutun, weil wir glauben, dann mehr geliebt zu werden, liegen wir absolut falsch. Er wird nie gut genug sein, weil das kritische Auge immer etwas findet, das verbesserungswürdig ist.

Das liebende Auge sieht einen ausdrucksvollen Menschen, das kritische entdeckt Falten. Nur wenn wir Heimat in uns finden und unseren Körper als lebendigen Ausdruck unseres Lebens sehen und fühlen, wie wertvoll dieses Leben in diesem Körper ist, nur dann werden wir Frieden in uns finden.

Unser Körper ist ein Ausdruck unseres Wesens. Wir prägen ihn mit unserem Charakter, und er prägt uns mit seinem Sosein. Wir erkennen vertraute Menschen schon von Weitem, bevor wir ihr Gesicht sehen, weil ihr Gang und ihr Körper so typisch sind wie ein Fingerabdruck.

Feiere deine Lebendigkeit, deine Körperlichkeit, denn eines baldigen Tages wirst du vielleicht zu alt sein, Schmerzen haben oder eine Krankheit. Ich glaube nicht, dass du dann zurückdenken und sagen wirst: »Gut, dass ich mich nie leiden konnte und vermieden habe, mich zu fühlen.«

Eine Heimat in dir zu finden bedeutet, immer einen Freund zu haben, ein Zuhause, das dir niemand nehmen kann. Du kannst dich in dir fühlen, den Raum in dir und von dort in die große Welt schauen. Spürst du dein Herz schlagen? Es schlägt nur für dich, du kannst jemanden lieben, doch dein Herz schlägt dennoch nur für dich. Es ist bis heute ein Mysterium, warum dieses Herz in deiner Brust auf einmal zu schlagen anfing, als du kaum mehr als ein paar Zentimeter groß warst. Plötzlich begann es zu schlagen – und eines Tages wird es wieder aufhören. Was macht es für einen Sinn, dich in dieser Zeit, die du auf der Erde hast, ständig damit zu befassen, wie du aussiehst und dass du gern anders aussehen möchtest? Es ist ein sinnloser Wunsch, da er nie in Erfüllung gehen wird. Beende den Krieg mit dir, du tust dir weh, und es macht etwas mit deiner Lebensqualität, wenn du diesen Kampf weiterführst. Gibt es nicht wichtigere und sinnvollere Dinge, in die du deine Energie stecken kannst?

Wenn du deinen Körper als dein Zuhause siehst, wie damit umgehen? Wie würdest du es pflegen, ernähren?

EXPERIMENT: HEIMAT IM SPIEGEL

- ◇ Bitte setz dich einmal vor einen Spiegel. Betrachte dich und schreib auf, was sich verändern würde, wenn du deinen Körper als Heimat sehen würdest.
- ◇ Was müsstest du verändern, damit du pfleglich mit deinem Zuhause umgehst?

DIE WEITE IN DIR FÜHLEN

Lebendigkeit ist eine sinnliche Erfahrung. Und es ist eine anstrengende Erfahrung. Jede Art von starken positiven Gefühlen lässt uns innerlich expandieren. Wir atmen mehr, wir haben mehr Energie im Körper, wir fühlen mehr. All dies muss durch unseren Körper und unser Nervensystem unterstützt werden.

Alle unangenehmen Gefühle und Erfahrungen führen dazu, dass wir uns zusammenziehen und eng machen. Wir spannen die Beugemuskulatur an, als würden wir uns krümmen, um uns zu schützen. Ein gebeugter Mensch wirkt belastet, schwer am Leben tragend. Eine solche Körperhaltung drückt Mühsal und Trauer aus.

Wenn wir dagegen Freude und Glück empfinden, richten wir uns auf, strecken die Arme aus und machen uns groß. Unser Körper dehnt sich aus.

In unseren ersten Lebensjahren lernen wir nicht nur, uns selbst zu beruhigen, sondern auch, wie viel Glück wir in uns halten können.

Sicher hast du schon mal ein Baby dabei beobachtet, wenn es sich freut. Da freut sich nicht nur das Gesicht, sondern der ganze Körper drückt Freude aus. Das Kind lacht, gluckst und zappelt. Als Erwachsene dagegen sehen wir meist aus, als würden wir nur noch eine sehr kastrierte Form der Freude erleben.

Das Kind drückt die freudige Energie mit dem ganzen Körper aus, und wenn es dann noch mehr stimuliert wird – sei es durch Kitzeln, Mitlachen etc. –, dann kommt irgendwann der Punkt, an dem es nicht mehr kann. Als Baby hat es nicht viele Möglichkeiten, das auszudrücken. Hören die Bezugspersonen in diesen Momenten nicht auf, das Kind zu stimulieren, so wird es überreizt und fängt irgendwann an zu schreien.

Wenn das immer und immer wieder geschieht, entstehen ein Muster und die Überzeugung: Zu viel Glück ist sehr unangenehm, und man sollte es vermeiden!

Als erwachsener Mensch wird diese Person dafür sorgen, dass Glücksmomente nicht zu lange andauern. Eine beliebte Methode, Momente mit hohem Glückspotenzial direkt zu beenden, ist ein »dummer« Spruch. Zack, ist die Stimmung dahin, und die Energie kehrt auf Normalniveau – oder darunter – zurück.

Das gleiche Problem mit einer unterschiedlichen Entstehungsgeschichte haben Menschen, deren Eltern sie immer nur beruhigt, aber selten mit ihnen gespielt oder sie stimuliert haben. Deshalb konnten sie kaum Kapazitäten für diese energetische Ausdehnung entwickeln, die man für Glück und Freude braucht. Das Dilemma ist nun, dass später im Leben Gefühle, die eine Expansion im Körper erzeugen, mit einer Angst besetzt sind.

DEIN KÖRPER IST, WIE DU BIST

Es gibt eine direkte Wechselwirkung zwischen deinem Lebensgefühl und deiner Körperhaltung und wie du deinen Körper fühlst und dich ausdrückst. In Studien hat man Tests mit Versuchspersonen durchgeführt, die vor einem Bewerbungsgespräch im Warteraum einfach nur dasitzen oder aber bestimmte *Powerpositionen* einnehmen sollten. Dazu gehört es, die Beine breit aufzustellen, die Arme hinter dem Kopf zu verschränken, sich zurückzulehnen etc.

Diese Positionen sieht man im Alltag fast nur bei Männern. Das Ergebnis: Die Versuchspersonen, die während des Wartens die Powerpositionen eingenommen hatten, wirkten durchweg selbstsicherer und überzeugender während ihres Vorstellungsgesprächs und schnitten besser ab.

Mehr, als wir uns dessen bewusst sind, beeinflusst unsere Haltung und Körperlichkeit unser Lebensgefühl. Unsere Haltung ist zu großen Teilen durch unsere Kindheit entstanden und beeinflusst, wie wir die Welt sehen und erleben. Wir können unsere Haltung vielleicht nicht komplett verändern, aber wir können Einfluss darauf nehmen, indem wir unsere Atemmuster verändern oder unsere gewohnten Gesten abändern.

Wir können »so tun, als ob« (*Fake it until you make it*). Am Anfang mag das aufgesetzt wirken. Doch jede Veränderung einer Gewohnheit erscheint zuerst unecht. Deshalb ist es einen Versuch wert.

LUST AN DER BEWEGUNG

Grundsätzlich ist Bewegung ein gutes Mittel der Expansion und Stimmungsaufhellung. Inzwischen weiß man, dass Bewegung genauso gegen eine Depression wirkt wie Antidepressiva. Durch Bewegung kommen wir mehr ins Leben und in Kontakt zu uns selbst und vor allem: Wir kommen raus aus dem Kopf.

Vielleicht magst du einmal beobachten, wie du dich bewegst. Mir geht es nicht darum, wie viele Schritte du am Tag machst oder wie viel Sport du treibst, sondern um das Wie.

Spielst du mit dir selbst? Spielst du Bewegung, oder machst du SPORT? Wie bewegst du dich durch den Tag? Hüpfst du auch mal sinnfrei durch die Gegend?

Unsere Bewegungen im Alltag sind häufig sehr eingeschränkt und eingefahren. Wir denken kaum darüber nach, doch unsere Bewegungsmuster und Gesten sind typisch für uns und damit eine Gewohnheit. Man kann uns daran erkennen. Wir merken das selten, aber wir bewegen uns auf eingefahrene Weise und sind damit sehr eng in unserem Repertoire. Je älter wir werden, desto weniger bewegen wir uns meist – nicht unbedingt, was die Häufigkeit, aber was die Verspieltheit von Bewegungen angeht.

Wir schätzen das Alter einer Person unter anderem danach, wie und wie viel sie sich bewegt. Kinder bewegen sich viel mehr als Erwachsene und vor allem viel »ungerichteter«. Sie besitzen noch eine unbefangene Ausgelassenheit, die wir nicht mehr haben. Und diese Begrenzung hat einen Einfluss auf unsere Stimmungslage. Wir können durch Bewegung und Gestik und Mimik fundamental Einfluss auf unsere eigene Stimmung nehmen. Am Anfang mag das schwierig sein, doch irgendwann fällt es leichter und macht Freude.

EXPERIMENT: TANZ MAL EIN BISSCHEN

Falls du gerade zu Hause bist, mach dir Musik an und tanze. Versuche zu spüren, wie du tanzt.

- Hast du das Gefühl, dass du einstudierte Bewegungen machst oder tanzt, als würde dir jemand zuschauen?
- Wie viele Bewegungen machst du beim Tanzen, und welche Körperteile bewegst du vielleicht gar nicht?
- Benutzt du deine Arme, und wie raumgreifend bewegst du sie?

Nun tanzt du auf ein weiteres Lied und versuchst, viel größere Armbewegungen zu machen und andere Bewegungen, mehr Raum einzunehmen.

Beobachte einfach, wie es dir dabei geht.

Vielleicht spürst du Scham, obwohl niemand anderes mit dir im Raum ist. Vielleicht fühlst du dich auch befreit und lustvoll. Was immer es ist, beobachte es einfach, und spüre, wie es dir danach geht.

Scham ist häufig ein großes Hindernis auf dem Weg zu einem ausgelasseneren Bewegungsleben. Wir fühlen uns beobachtet und bewertet und denken, jeder sähe uns an, dass wir uns komisch bewegen. Ich kann dir versichern, das ist nicht so. Die meisten Leute kümmern sich nur um sich selbst. Ich habe schon allerlei verrückte Sachen auf der Straße gemacht, und kaum jemand hat je geguckt.

Im Grunde weißt du das alles schon, weil ich mir sicher bin, dass du nach einem ausgelassenen Abend oder einem Spiel mit

Freunden einfach glücklich warst und dich an dir und über dein Leben gefreut hast. Es ist eine andere Art von Freude als von einer Runde angestrengtem Laufen nach Hause zu kommen – auch wenn das sicher auch befriedigend sein kann.

EXPERIMENT: MIT SICH SELBST SPASS HABEN

Wie wäre es, wenn du einmal ausprobierst, ausgelassen zu sein mit dir selbst, und einfach schaust, was dann passiert? Du kannst das selbst tun und genießen, du brauchst dafür keinen Anlass. Wir kommen uns oft dumm vor, wenn wir einfach mal lachen – dabei tut es so gut!

Spring durch deine Wohnung und lache über das Leben oder dich oder den Tag. Wie fühlt es sich an, wenn du deine eigene Bespaßungsperson bist?

Probier es einfach mal aus. Wir warten so oft darauf, dass irgendetwas in unserem Leben passiert, das uns glücklich macht – Glück ist aber wie gesagt Ansichtssache und ein Gefühl. Und Gefühle kann man mit etwas Übung selbst in sich erzeugen. Sie sind dann trotzdem genauso echt.

Die dritte Quelle: Selbstliebe, Basis von Selbstbewusstsein und Selbstwirksamkeit

Du bist nun schon ein ganzes Stück Weges gegangen und hast weitere spannende Herausforderungen vor dir. Dazu gehört es, Selbstliebe zu entwickeln. Viele Menschen versuchen, sich selbst lieben zu lernen. Doch meist wissen sie nicht, dass sie zuerst lernen müssen, mit anderen gut in Kontakt zu sein. Sobald dies gelingt, wächst zuverlässig auch die Liebe zu uns selbst.

GUT FREUND MIT SICH SEIN

»Selbstliebe bedeutet, in sich selbst zu wohnen und mit sich (weitgehend) im Reinen zu sein.«

Das Gleiche gilt, wenn wir den Schritt der Selbstregulation überspringen wollen (oder einfach noch nie etwas davon gehört hatten). Wenn wir uns selbst nicht gut regulieren können, befinden wir uns meist in einem Zustand erhöhter Erregung und sind latent beständig im Flucht-oder-Kampf-Modus. Selbstliebe ist dann so gut wie ausgeschlossen, denn wir nehmen die Welt als feindlich, anstrengend und gefährlich wahr. Im Grunde sind wir mit unserer Aufmerksamkeit immer im Außen, damit wir alle eventuellen Gefahren sofort erkennen. In dieser Verfassung sind wir nicht fähig, mit uns selbst in einen guten und entspannten Kontakt zu treten. Es ist biologisch einfach nicht möglich.

Auf der anderen Seite kann sich der dysregulierte Zustand in einer ungesunden Übererregung des parasympathischen Nervensystems äußern. Dann sind wir innerlich erstarrt. Bei manchen Menschen zeigt sich das als Depression oder tiefes Gefühl der Sinnlosigkeit. Auch dann kann man kaum eine liebevolle Verbundenheit mit sich selbst verspüren.

Andererseits entsteht Selbstliebe fast als Nebenprodukt, wenn Menschen lernen, sich besser zu regulieren, sich intensiver zu spüren und in einen anderen Kontakt mit sich und der Welt um sie herum eintreten zu können.

Das hört sich unlogisch an, aber ich hoffe, es ist durch meine Erklärungen klarer geworden. Sobald wir zu sehr im Stress sind – sei er alt oder aktuell – und diesen nicht mehr steuern können, schalten wir um auf Funktionieren. Wir erledigen alles, was getan werden muss, und versuchen, unseren Tag und die Anforderungen zu bewältigen. Nur fühlen, fühlen tun wir uns selbst und unseren Körper nicht mehr.

So geraten wir häufig in eine Tretmühle, wir tun und machen und funktionieren – und entfernen uns dabei immer mehr von uns selbst. Die Lösung wäre, still zu sitzen. »Einfach« mal nichts zu tun. Das löst jedoch so viel Unruhe und so viele unangenehme Gefühle aus, dass wir weiterlaufen, bis dann womöglich irgendwann der Körper oder die Psyche streikt.

Selbstliebe ist für mich, mit sich selbst gut Freund zu sein und innerlich so mit sich zu kommunizieren, wie wir es mit einer Freundin tun würden (meistens). Sie hat für mich nichts damit zu tun, mich immer toll zu finden, denn das bin ich einfach nicht. Niemand von uns ist das.

Selbstliebe heißt für mich, meine Menschlichkeit zu akzeptieren, dazu gehören meine Fehlerhaftigkeit, meine Unvollkommenheit und meine Endlichkeit. Selbstliebe bedeutet, dass ich meinen inneren Kritiker so erzogen habe, dass ich nicht den ganzen Tag sein Gemecker in meinem Kopf höre. Selbstliebe schließt für mich die Erkenntnis ein, dass ich ohne dich, ohne die Menschen um mich herum und ohne die Erde, auf der ich lebe, nicht existieren kann.

Selbstliebe, die nicht auf Regulation und Bindungsfähigkeit beruht, kann sehr schnell egozentrisch und aufgesetzt sein. Sie ist undramatisch und im Grunde unser »Standardprogramm«. Dagegen ist es das Wunderbare an echter Selbstliebe, dass sie sehr viel Raum eröffnet, uns *nicht* mit uns selbst zu beschäftigen. Ja, richtig. Es macht uns nicht glücklich, ständig nur um uns zu kreisen. Es ist zwar wichtig, den eigenen Keller aufzuräumen, aber nicht, damit wir dann alles über uns wissen, sondern damit wir eben gut reguliert sind und bindungsfähig werden.

Selbstliebe braucht Entspannung.

Wir wollen Ordnung im Haus unseres Lebens schaffen, damit wir – im übertragenen Sinne – wirklich Gäste empfangen können. Sind wir mit uns selbst im Reinen, dann können wir endlich in die Welt schauen und sehen, wo wir unseren Beitrag leisten und andere unterstützen können.

Innere Schmerzen, psychisch oder physisch, ziehen unsere Aufmerksamkeit immer wieder zu uns selbst. Wir sind sehr selbstbezogen, wenn wir leiden. Das ist normal und in Ordnung, doch es sollte in unseren Köpfen der Ausgangspunkt sein und nicht das Ziel.

DER GRÖSSTE GEGENSPIELER: DIE SCHAM

Scham ist an sich eine sehr gesunde Emotion. Sie ist eine der wichtigsten sozialen Emotionen, da sie unser Zusammenleben auf einer tiefen Ebene möglich macht. Viele unserer Handlungen sind im Hintergrund schamgesteuert. Das ist uns selten bewusst, aber dennoch sehr wirksam. Wir benehmen uns nicht den Regeln entsprechend, weil wir uns schämen würden, dagegen zu verstoßen.

Das ist das Ergebnis eines Vorgangs, den man im Allgemeinen Erziehung nennt, und er ist sehr wirksam. Im Laufe unserer Kindheit lernen wir von unseren Eltern und später von unserer Peergroup, unserer Clique, wie wir uns zu verhalten haben, um dazuzugehören und beliebt zu sein.

Ein Ausschluss ist mit tiefer Angst besetzt. Deshalb ist zum Beispiel Mobbing so ungeheuer schwer für die Betroffenen zu verkraften. Man kann sich Scham vorstellen wie ein im Hintergrund wirkender Zaun, den wir unbewusst nicht übertreten, weil sonst ein unangenehmes Gefühl in uns ausgelöst wird. Meist läuft das unterhalb der Bewusstseinsschwelle ab, und wir denken selten darüber nach. Das kann dazu führen, dass uns unser Leben ganz und gar nicht gefällt, aber wir stellen es nicht infrage, weil es eben so ist.

Scham hemmt Chaos

Dennoch ist diese Erziehung ungeheuer wichtig für das Funktionieren großer Gruppen und Gesellschaften. Wenn sich jeder so verhalten würde, wie er will, entstünde Chaos, und das allgemeine Zusammenleben würde sich unangenehmer und beschwerlicher gestalten.

Freundlichkeit ist das Schmiermittel der Gesellschaft. Als ich diesen Satz das erste Mal gehört habe, fand ich ihn banal und ein bisschen spießig. Inzwischen bin ich älter geworden und habe dazugelernt.

Er trifft tatsächlich zu. Es macht einen Unterschied für mich, ob die Menschen um mich herum, mit denen ich kurze Kontakte habe, mich freundlich behandeln oder nicht. Ob sie die Tür vor mir zufallen lassen oder ob sie mir mit einem Lächeln aufgehalten wird, ob Menschen mich auf der Straße anschauen und manchmal anlächeln, all diese Kleinigkeiten prägen meinen Tag. Viele dieser gesellschaftlichen (Verhaltens-)Normen sind in den letzten Jahren aufgeweicht worden und das macht das Zusammenleben zum Teil leichter und zum Teil aber auch schwerer.

Alles, was dir peinlich wäre, ist ein Verstoß gegen deine Schamerziehung.

Ein Beispiel: Früher war es eine Norm, dass man Menschen aus dem Zug oder der Straßenbahn aussteigen ließ, bevor man selbst einstieg. Immer mehr Leute halten sich nicht daran, es ist ihnen egal, wie das für andere ist. Früher wäre es peinlich gewesen, einfach loszugehen. Heute machen es so viele, dass man nicht mehr auffällt. Das mag ein sehr banales Beispiel sein, doch die Summe davon beeinflusst unser Zusammenleben.

Ein Beispiel für eine positive Veränderung (die Bewertung ist natürlich subjektiv): Noch vor vierzig Jahren war es unglaublich beschämend, ein uneheliches Kind zu bekommen, während es heute kaum noch der Erwähnung wert ist.

Wenn Scham giftig wird

Diese Beispiele mögen harmlos wirken, doch der Verlust von Scham bringt es auch mit sich, dass Sanitäter angegriffen oder Müllleute verprügelt werden und vieles andere mehr.

Leider gibt es eben nicht nur eine positive Form von Scham, die das Zusammenleben regelt, sondern auch die toxische Scham, die unser Leben behindert. Toxische Scham ist die Stimme in unserem Kopf, die uns vorbetet:

- ◇ Du bist es nicht wert!
- ◇ Du bist falsch!
- ◇ Wenn die anderen wüssten, wie du wirklich bist!

Toxische Scham entsteht durch Demütigungen und Zurückweisungen unserer Eltern. Wir erfahren, dass wir nicht liebenswert sind. Wir kommen so zu dem Schluss, dass wir eigentlich gar kein Recht haben, auf der Welt zu sein.

Das ist ein grauenhaftes Gefühl und sehr zerstörerisch. Außerdem fallen wir aus dem Netz der Verbindungen heraus, wir fühlen uns nicht mehr zugehörig. Leider kann man sagen, dass Menschen, die sich einer Gesellschaft nicht mehr zugehörig fühlen, sehr unberechenbar in ihrem Verhalten werden. Innerlich entsteht das Gefühl: »Ich bin allein, und ihr habt es sowieso besser, aber niemand interessiert sich für mich.«

Je schwerwiegender die toxische Scham ist, desto mehr wird sie oft abgespalten und nicht mehr gefühlt. Manche Menschen werden praktisch schamlos, ignorieren ihr eigenes Minderwertigkeitsgefühl und erhöhen sich künstlich.

So wird die tiefe Scham ersetzt durch ein oberflächliches Selbstbewusstsein und ein Ausagieren von Verhaltensweisen, um sich selbst zu beweisen, wie cool man ist.

Mach das Experiment von Seite 213, und such dir danach Symbol für deine Scham und gibst diesem einen Platz in deiner

EXPERIMENT: DIE SPRACHE DER ELTERN

Nimm dir einmal etwas Zeit dafür, dich zu erinnern, wie deine Eltern mit dir gesprochen haben. Wie liebevoll war ihr Ton, wie sehr haben sie dich dabei unterstützt, du selbst zu sein? Bitte schreib das auf, denn dir wird dann immer mehr dazu einfallen, und du wirst den Wurzeln deines Gefühls: »Ich bin nicht okay« immer näher kommen. Dann fragst du dich:

◇ Wovor wollte und will mich meine Scham beschützen?

◇ Was soll nicht passieren?

◇ Wovor habe ich Angst?

Ich bin mir ziemlich sicher, dass du feststellen wirst, dass deine Scham die besten Absichten hatte.

Wohnung. Stell es, für dich gut sichtbar, an einen guten Ort, und bedanke dich für das, was deine Scham beabsichtigt hat.

Toxische Scham kann nach außen agiert werden oder sich – wie es für die meisten meiner Leserinnen und Leser der Fall sein wird – nach innen richten. Dort führt sie dazu, dass man beständig Krieg gegen sich selbst führt, mit dem eigenen Aussehen, mit dem, was man sagt, und mit dem Gefühl ständigen Versagens.

Echte Freundschaft mit uns selbst kann kaum gedeihen, wenn wir diese tiefe Scham in uns fühlen. Es ist ungeheuer wichtig, dass du dich traust, der Scham zu begegnen und sie dir wirklich anzuschauen. Alles andere führt dazu, dass du dich darüber hinwegsetzen möchtest und dann anfängst, im Außen Dinge verändern zu wollen, damit du die Scham nicht spüren musst.

Stell dir einmal vor, dass die Sätze, die du im Kopf hörst, nicht von dir kommen, sondern von deinem inneren Kritiker. Gib der Stimme einen Namen. Es geht darum, eine Distanz zwischen dir und der inneren Stimme zu schaffen.

- ◇ Was wäre, wenn du diese Stimme nicht hören würdest?
- ◇ Wenn sie auf einmal freundlich klingen würde?

Du würdest dich erst mal verloren fühlen, das garantiere ich dir. Du wärst orientierungslos, und deshalb ist es wichtig, der Scham einen guten Platz einzuräumen und vor allem anzuerkennen, dass sie dir im Grunde Gutes will. Sie will dich vor Strafe und Liebesentzug retten, so ist sie entstanden.

Toxische Scham ist durch Lieblosigkeit entstanden. Du konntest da nichts dafür. Du warst einfach ein Kind und hättest Liebe, Respekt und Zuwendung verdient gehabt.

Nun liegt es an dir, dir dies zu geben und zu lernen, gut mit dir umzugehen. Ich möchte dir einige Übungen an die Hand geben, um der Scham zu begegnen. Toxische Scham ist so bedeutend in unserem Leben und hat so viele negative Nebeneffekte, dass sie wirklich Aufmerksamkeit braucht.

Vieles können wir nicht loslassen, bevor es nicht Anerkennung von uns bekommen hat. Vielleicht steigt dann auch Trauer auf, und das ist gut so. Erlaube dir, darüber zu trauern, wie viel Angst du in dir hast und wie sehr du geliebt werden möchtest.

Sehr häufig identifizieren wir uns mit Gefühlen, vor allem mit so tief reichender wie der Scham. Dadurch kann das Gefühl nicht mehr »gehen«, sondern wird Teil unserer Identität. Das ist uns meist nicht bewusst, und es ist auch nicht unsere Absicht, aber dennoch ist es wahr.

Mit toxischer Scham zu leben bedeutet, zutiefst verinnerlicht zu haben, dass man wertlos ist. Viele Menschen verzweifeln an diesem Gefühl und versuchen, ihr Leben dennoch so gut wie möglich zu leben.

EXPERIMENT: DIE SCHAM SPÜREN

Such dir einen Stein oder einen Gegenstand, der gut in deine Hand passt. Dieser Gegenstand ist deine Scham.

- ◇ Setz dich in Ruhe irgendwo hin und atme ein paar Mal tief durch.
- ◇ Dann nimmst du den Gegenstand in die Hand und schließt die Hand darum, so fest du kannst. Wirklich fest! Fühl die Scham, spür das Gefühl, und nimm wahr, was es in deinem Leben und mit dir macht.
- ◇ Nun versuchst du, die Hand ein bisschen zu lockern, und stellst dir dabei vor, du würdest die Scham ein wenig gehen lassen. Bitte nur ein ganz klein wenig.

Wenn du gut mit dir in Kontakt bist, wirst du wahrscheinlich spüren, dass du die Hand kaum öffnen kannst. Das ist okay und normal. Der Kopf versteht es zwar nicht, aber es ist gut so.

- ◇ Bitte bleib wirklich mit dir in Verbindung und spür, was in deinem Körper passiert, wenn du ein kleines bisschen locker lässt. Nimm auch deine Gedanken wahr, die auftauchen, und natürlich deine Gefühle.
- ◇ Werden die Gefühle zu stark, stell dir vor, sie wären ein Strudel in deinem Körper, und du würdest einfach am Rand stehen und das Geschehen beobachten.

In neuerer Zeit taucht immer wieder der Begriff des *Imposter-Syndroms* (engl. *imposter*, Blender) auf. Er beschreibt nichts anderes, als dass Menschen das Gefühl haben, andere als Hochstapler oder Betrüger zu täuschen und immer nur so zu tun, als ob sie etwas könnten. Tief innen warten sie nur auf die Enthüllung der eigenen Unfähigkeit.

Welche Wege kann man noch gehen, um aus dieser Überzeugung auszusteigen? Eine Möglichkeit besteht darin, sich wirklich darüber klar zu werden, dass es eine Geschichte ist, die du dir selbst immer wieder erzählst. Deine Eltern mögen längst tot sein oder kaum noch im Leben existent, und du wiederholst diese Geschichte deiner eigenen Wertlosigkeit, wie eine Selbsthypnose.

Es ist notwendig, dort wirklich hinzuschauen und es langsam, Schritt für Schritt, zu realisieren. Gleichzeitig ist es wichtig, dich gegenüber der Meinung anderer zu öffnen und zuzuhören, wenn du etwas Freundliches gesagt bekommst.

HELDENGESCHICHTEN

Welches Mantra wiederholst du in deinem Kopf wieder und wieder über dich selbst? Ich bin nicht intelligent genug? Nicht schön genug? Nicht … (setze dein Wort ein) genug? Mit diesem Lebensgefühl kommen wir nicht auf die Welt. Es wurde uns anerzogen. Doch wir können es uns auch wieder aberziehen.

Hör in dich hinein, was in dir passiert, wenn jemand etwas Schönes zu dir sagt. Beobachte. Lerne. Bring die Stimme in dir, die widerspricht, freundlich zum Schweigen.

Jeder gute Film basiert auf dieser Grundstruktur: Die Heldin ist am Boden, es tauchen Herausforderungen auf, sie überwindet und überlebt sie und lernt daraus. Jede Lebensgeschichte kann als Leidens- oder Heldengeschichte erzählt werden. Wir kommen nur nicht darauf, dass wir unser Leben auch anders betrachten und interpretieren könnten. Glaube mir, es lohnt sich und ist auch eine gute Übung für den Alltag. Es ist eine Frage der Perspektive, und es ist keine Lüge! Es ist die gleiche Geschichte, nur aus einem anderen Blickwinkel.

EXPERIMENT: DEIN PERSÖNLICHES HELDENEPOS

Ich schlage vor, dass du dich einmal hinsetzt – entweder mit deinem Tagebuch oder mit einer guten Freundin (ihr könnt euch auch gern abwechseln, von dem sogenannten Reframing profitiert jeder Mensch).

Nun erzählst du deine eigene Lebensgeschichte als eine Heldengeschichte. Mach dir bewusst, dass du noch da bist, dass du noch existierst und alles überlebt hast in deinem Leben. Gestalte einen Film aus deiner Geschichte, eine Abenteuerstory, und du bist der Held. Versuche, jedes schwere Ereignis als eine Heldentat von dir darzustellen, einfach weil du überlebt hast!

Vielleicht hast du schon einmal *The Dark Knight* oder einen anderen Heldenfilm gesehen. Bitte stell dir diese Geschichte einmal als Tragödie vor oder als die eines Menschen, dessen Leben den Bach runtergeht. Du wirst sehen, es sind die gleichen Inhalte, nur in einer anderen Sichtweise.

Je mehr unterschiedliche Perspektiven wir einnehmen können – auf uns selbst, das Leben und andere Menschen –, desto mehr Möglichkeiten eröffnen sich uns. Perspektivwechsel müssen geübt werden, denn wir tendieren dazu, Dinge nur aus einem einzigen Blickwinkel zu betrachten und diesen für wahr zu halten. Du kannst daraus eine spannende Übung für dich selbst machen, indem du dich fragst:

- ◇ Wie könnte ich das noch sehen?
- ◇ Gibt es andere Interpretationsmöglichkeiten?

ECHTES SELBSTBEWUSSTSEIN

Selbstbewusstsein bedeutet ursprünglich, sich seiner selbst bewusst zu sein, also den eigenen Gedanken, Gefühlen und Handlungen mit Bewusstsein zu begegnen. Im Alltag bedeutet es, dass es eine Metaebene gibt, von der aus wir uns selbst beobachten und das eigene Verhalten reflektieren können. In der Psychologie wird diese Ebene das Beobachter-Ich genannt. Wir kennen es ja bereits. Dieses Bewusstsein über uns selbst ist sehr wichtig, damit wir in der Lage sind, uns und unser Verhalten zu reflektieren und gegebenenfalls zu ändern oder anzupassen.

Ohne Beobachter-Ich können wir keinen inneren Abstand zu uns selbst bekommen und kein Bewusstsein über unser Verhalten erlangen. Das ist jedoch eine wichtige Fähigkeit im Umgang mit uns selbst und anderen, denn was nicht bewusst ist, kann auch nicht verändert werden.

Je mehr wir diese Fähigkeit entwickeln, desto häufiger werden wir in der Lage sein, eine Pause zwischen Reiz und Reaktion einzulegen und so unsere Verhaltensmuster zu lockern – bis zu dem Punkt, an dem wir auf ein anderes sinnvolleres Verhalten zugreifen können.

Umgangssprachlich wird das Wort Selbstbewusstsein meist benutzt, um auszudrücken, dass ein Mensch selbstsicher ist. Diese Art von Selbstbewusstsein haben Menschen, die sich ihrer selbst in ihrem Körper bewusst sind, mit ihren Stärken, ihren Schwächen, ihrer Verletzlichkeit und ihren Eigenarten. Wirklich selbstbewusste Menschen sind mit sich im Reinen und wohnen in ihrem Körper. Sie strahlen eine gewisse Gelassenheit und Präsenz aus. Interessanterweise sind sie nicht laut oder nehmen viel Raum ein.

Das eine hat mit dem anderen nichts zu tun. Menschen, die laut und raumgreifend auftreten, nur von sich erzählen oder mit dem Ellbogen ihren Weg bahnen, sind vielleicht von sich überzeugt, gehören aber eher zum narzisstischen Spektrum.

In Untersuchungen hat man herausgefunden, dass selbstbewusste Menschen am wenigsten Raum beanspruchen und die Nähe von anderen Menschen gut zulassen können. Früher fand ich das merkwürdig, doch inzwischen ist mir klar, dass Selbstbewusstsein auch die Sicherheit mit sich bringt, Grenzen setzen und falsche Entscheidungen in vielen Fällen wieder ausbügeln zu können. Selbstbewusstsein geht mit Selbstsicherheit einher. Das bedeutet, nicht mehr das Gefühl zu haben, sich für das eigene Sein entschuldigen zu müssen. Durch diese Sicherheit können wir Menschen näher an uns heranlassen und sie freundlich kennenlernen. Wir wissen dann, wie wir die Bekanntschaft zur Not auch wieder freundlich beenden können.

Hast du es geschafft, mit dir in Frieden zu sein und immer mehr liebevoll mit dir umzugehen, dann wird als Nebeneffekt dein Selbstbewusstsein wachsen. Auch die anderen erstrebenswerten Selbst-Wörter werden immer greifbarer werden:

- ◇ **Selbstwert**: Du erkennst, dass du ein wertvoller Mensch bist, so wie jeder andere Mensch auf dieser Erde.
- ◇ **Selbstrespekt**: Du machst dich nicht mehr runter und forderst auch von anderen einen respektvollen Umgang mit dir selbst.
- ◇ **Selbstachtung**: Selbstachtung hat viel damit zu tun, wie integer du bist und wie verlässlich.

Es gibt allerdings ein paar Fallstricke auf dem Weg zu mehr Selbstbewusstsein, die nur selten benannt werden. Zum einen bedeutet Selbstbewusstsein nicht, alles allein bewältigen zu können. Ich wiederhole es noch einmal: Niemand kann ein gutes Leben führen ohne die Hilfe anderer.

Echtes Selbstbewusstsein zeichnet sich durch ein gesundes Maß an Autonomie und Verbindung aus. Autonomie und Verbindung sind zwei Seiten einer Medaille, und beide Seiten brauchen ihren Raum und haben ihre Zeit.

DIE ARROGANZFALLE

Eine Falle, in die wir alle auf unserem Weg tappen, ist die Arroganz, schon »so weit« zu sein. Es ist eine tiefe Grube, und es ist nicht schlimm, dort zu landen, aber es ist schlimm, dort zu bleiben. Die Arroganz schleicht sich in unser Leben, wenn wir glauben, uns schon entwickelt zu haben, wenn wir überzeugt sind, dass wir den richtigen Weg gehen und schon viel gelernt haben.

Diese Arroganz kann relativ mild ausgeprägt sein oder unglaublich destruktiv. Viele Menschen nehmen das nicht als Arroganz oder gar zerstörerisch wahr, weil sie ja nur anderen Hilfestellung geben möchten. Sie äußern Sätze wie: »Du bist noch nicht so weit« oder »Du musst nur wollen« oder »Du bist bestimmt krank geworden, weil du immer so negative Gedanken hast«.

Arroganz dieser Art ist weitverbreitet und verkleidet sich als spirituelles Erwachtsein, höheres Bewusstsein oder Lebensweisheit. Sie verkleidet sich als Ratschlag oder »ehrliches Bedauern«, wir finden sie überall, wenn wir erst mal genau hinschauen. Sie kann gnadenlos sein und ist fast immer herzlos, auch wenn sie sich den Deckmantel der Unterstützung umlegt.

Sobald wir anfangen, den Weg selbst zu gehen, laufen wir Gefahr, diese Arroganz in uns zu entwickeln und auf die »normalen«, »noch nicht so weit entwickelten« Menschen herabzuschauen. Sie tun uns ein wenig leid, weil sie doch so unbewusst sind und sich so gar nicht mit sich selbst auseinandersetzen. Diese Art von Arroganz bedeutet, das eigene Selbstbild aufzublasen, sich als etwas Besonderes zu sehen und von oben herab und ohne Mitgefühl auf andere Menschen zu schauen.

Wie gesagt, es ist menschlich, an diese Stelle zu gelangen. Aber lass dich nicht unmenschlich werden und dort verharren. Wir sind weit über sieben Milliarden Menschen auf der Erde, und es gibt viele, viele, die alle versuchen, ihr Leben so gut zu leben, wie sie können. Sei einfach einer davon, nicht mehr und nicht weniger.

ICH BIN, WIE ICH BIN … ODER DOCH NICHT?

Ob du denkst, du bist okay, oder ob du denkst, du bist nicht okay, hängt in hohem Maße von deinem Selbstbild ab. Dieses ist eng mit deiner Identität verknüpft und deshalb oft sehr starr und schwer zu verändern. Die Psychologin Carol Dweck hat das Selbstbild von Menschen eingehend untersucht und herausgefunden, dass wir uns entweder als statisch und damit fix wahrnehmen oder als dynamisch und veränderbar. Das mag auf den ersten Blick nur ein kleiner Unterschied sein, doch tatsächlich hat er große Auswirkungen.

Letztere suchen sich Partner, mit denen sie wachsen können, sie suchen die Auseinandersetzung und möchten gemeinsam neue Ufer erreichen. Sie streben nach einer wachstumsorientierten Beziehung, in der sie auch kritisiert werden und an ihren Fehlern arbeiten können.

Menschen mit einem statischen Selbstbild dagegen suchen, kurz gesagt, einen sicheren Verehrer. Sie möchten wissen, dass alles so bleibt, wie es ist, dass es keine Veränderung gibt. Sie verlangen viel Bestätigung von ihren Partnern und möchten, dass diese sie verehren, auf Händen tragen und möglichst nie kritisieren. Auch der Partner oder die Partnerin soll sich möglichst wenig verändern.

Zum Glück können wir unser Selbstbild verändern. Allerdings braucht es Zeit, weil wir dabei auf viele schmerzhafte Gefühle treffen, die wir durch die Enge/Sicherheit im Leben vermieden haben.

Carol Dweck stellte ihren Probanden die folgenden Aussagen vor und fragte, welche sie als wahr ansehen:

◇ Ich habe bestimmte menschliche Eigenschaften, und es gibt nicht viel, was ich daran ändern kann.
◇ Egal, welche Eigenschaften ich jetzt habe, ich kann mich grundlegend verändern.

- ◇ Ich kann einige Dinge anders machen, aber meine grundlegenden Eigenschaften bleiben konstant.
- ◇ Ich kann selbst grundlegende Eigenschaften meiner Persönlichkeit verändern.

Die Aussagen 1 und 3 sprechen für ein statisches Selbstbild. Das bedeutet, dass jemand seinen Charakter, seinen IQ und andere Eigenschaften als gegeben und unabänderbar sieht. In Studien hat sich herausgestellt, dass Menschen mit einem statischen Selbstbild wesentlich seltener neue Dinge in ihrem Leben wagen oder Neues lernen wollen. Sie bleiben bei dem, was sie kennen, um nicht der Frustration des Scheiterns ausgesetzt zu sein.

In einer anderen Untersuchung sollten vierjährige Kinder ein leichtes Puzzle lösen. Nachdem sie das erfolgreich getan hatten, wurde ihnen angeboten, sich entweder an ein weiteres, schwereres Puzzle zu wagen oder das gleiche, leichtere Puzzle noch einmal zu machen. Erstaunlich viele Kinder entschieden sich für Letzteres, oftmals mit Bemerkungen wie: »Schlaue Kinder machen keine Fehler.« Offenbar haben Kinder also schon mit vier Jahren verinnerlicht, dass sie keine Fehler machen dürfen. Das ist katastrophal, wenn man bedenkt, dass wir bei allem, was wir neu lernen, viele Fehler machen müssen. Doch das ist anscheinend so sehr mit Scham besetzt, dass Kinder sich schon früh dafür entscheiden, das Leben auf Bekanntes zu begrenzen.

Diese innere Einstellung oder Überzeugung hat auch Auswirkungen auf die Art der Beziehung, die wir eingehen. Das Beziehungsbild von Menschen mit statischem Selbstbild unterscheidet sich fundamental von dem von Personen mit dynamischem Selbstbild.

- ◇ Wo traue ich mich nicht, etwas Neues zu lernen, weil ich Angst habe, Fehler zu machen?
- ◇ Wo bin ich in meinem Selbstbild fest?

SO BIN ICH EBEN

Wieso ist dieser Satz wie eine Ohrfeige? Er ist das Signal an das Gegenüber: Friss oder stirb! »So bin ich halt, ich kann mich nicht ändern, damit musst du klarkommen, dazu gibt's nichts mehr zu sagen.« Damit wird die Aussage zu einem absoluten Kontaktabbrecher. Wenn du einen Apfel mit den Worten: »Das ist die Schwerkraft!« fallen lässt, dann gibt es nichts zu diskutieren. Der Apfel fällt, und du kannst ihn nicht in der Luft halten. Egal, wie sehr du dich bemühst, der Apfel wird fallen, denn Schwerkraft ist nicht diskutabel. Genau das sagen wir mit den Worten »So bin ich halt!« – das ist nicht diskutabel und nicht zu verändern.

Mit diesem Satz übernehmen wir weder Verantwortung für das, was wir sagen oder tun, noch spenden wir Mitgefühl oder stellen gar in den Raum, dass wir an diesem Verhalten vielleicht arbeiten könnten.

Bist du häufiger mit Menschen zusammen, die das gern sagen, musst du dir bewusst sein, dass du nur die Wahl hast, sie so zu nehmen, wie sie sind, oder zu gehen. Es besteht keine Chance, dass sich dein Gegenüber ändert. Vielmehr sendet er oder sie dir die Botschaft: »Nimm mich, wie ich bin, das ist das, was du bekommst.« Solche Sätze verhindern Entwicklung.

EXPERIMENT: SO BIN ICH EBEN

Falls du das von dir sagst, ist es wichtig, dich zu fragen:

- ◇ Wie möchte ich meine Beziehungen und Freundschaften gestalten?
- ◇ Was in mir muss ich so verteidigen? Ist es verletzter Stolz oder die Angst, klein beigeben zu müssen?

Versuche, deiner Motivation auf die Spur zu kommen und andere und freundlichere Wege zu finden. Denn wenn auch du diesen Satz häufiger sagst, nimmst du dir jede gedankliche Option, dich ändern zu können, dass es eine Entwicklung im Leben geben kann und dass wir wachsen und lernen können. Mit jedem Mal, wo wir diesen Satz benutzen, schreiben wir uns fester und sagen auch uns selbst immer wieder, dass wir uns nicht verändern werden.

Nur wenn wir bereit sind zu fühlen, was wir in uns selbst selbst und unserem Gegenüber anrichten, wenn wir sehen, wie wir bei jemand anderem Schmerz verursacht haben, können wir lernen. Hier sind nicht die alltäglichen Situationen gemeint, dass zum Beispiel jemand enttäuscht ist, wenn wir nicht mit ins Kino gehen wollen oder gerade ein anderes Bedürfnis haben – so etwas ist normal und gehört zum Alltag dazu. Es geht um mehr.

Wenn wir mit anderen Menschen in Verbindung sein möchten, müssen wir hinschauen und verhandeln, denn wenn wir immer nur unseren Stiefel machen, dann werden wir wahrscheinlich keine Freundschaften und auch keine Beziehung haben.

In dem Moment, in dem wir ein Statement über uns selbst abgeben, wird es wahrer und manifestiert sich immer mehr in uns. Wir funktionieren ganz viel über Sprache – und Sprache macht etwas, auch mit den Menschen um uns herum.

Sobald ich ein »So ist es« sage, kappe ich quasi die Verbindung zu meinem Gegenüber und mir selbst, weil ich mein Verhalten nicht infrage stellen möchte. Dadurch vermeide ich häufig Empathie – ich möchte mir nicht die Mühe machen zu fühlen, wie das für dich ist, was ich getan habe, oder wie es ist, mit mir zu leben.

Stell dir einmal folgende Fragen und schreib die Antworten auf. Das ist spannend und kann sehr erhellend sein.

- ◇ Wie ist es, mit mir eine Beziehung zu haben?
- ◇ Wie ist es, mit mir befreundet zu sein?
- ◇ Wie bin ich als Kollege oder Kollegin?

Und wenn du dich wirklich mal neben dich stellst, dich von außen betrachtest:

◇ Würde ich gern eine Beziehung mit mir haben?
◇ Wäre ich gern mit mir befreundet?

EHRENMENSCHEN – BIST DU, WAS DU VORGIBST?

Integrität leitet sich von dem lateinischen Wort *integritas* ab, das so viel bedeutet wie Unversehrtheit, Reinheit, Redlichkeit, Unbescholtenheit. Es gibt aber auch noch eine philosophische Bedeutung, die besagt, dass ein Mensch die Werte, an die er glaubt, auch lebt. Amerikaner würden fragen: *Do you walk your talk?* (Machst du, was du sagst?)

Integrität ist für ein erfülltes Leben wesentlich wichtiger, als man zunächst glauben mag. Es gibt sie nämlich nach außen, also im Umgang mit anderen Menschen, und nach innen, im Umgang mit uns selbst.

Stell dir vor, es gäbe eine Instanz in dir, die jede deiner Handlungen und Aussagen genau beobachtet und immer mit dem abgleicht, was du an Meinungen vertrittst. Doch diese Instanz achtet nicht nur auf deine Meinung, sondern auch auf deine inneren Aussagen oder Versprechen an dich selbst. Dieser innere Zeuge nimmt einfach zur Kenntnis, wie oft du dich selbst verrätst. Er führt dir vor Augen, wie glaubwürdig du bist – für andere und für dich selbst. Wir können Menschen (und uns selbst) danach beurteilen, was sie sagen, oder nach dem, was sie tun und wie sie sich verhalten. Wir sagen und postulieren viel, wenn der Tag lang ist – doch was tun wir und wie verhalten wir uns anderen gegenüber?

Nehmen wir einmal an, es gäbe diese innere Instanz, die unser Handeln und Sprechen beobachtet und abgleicht, die unsere Werte und Überzeugungen immer auf dem Schirm hat und schaut, ob wir auch danach handeln. Eine Instanz, die genau überprüft, ob wir unsere Versprechen – an uns und andere – erfüllen. Wie wäre das Ergebnis bei dir? Bist du nicht ganz so wahrhaftig, wie du sagst? Nun kannst du zwar argumentieren, das sei alles nicht so wild und störe dich auch nicht groß, also gäbe es kein Problem. Ich fürchte aber, dass dem nicht so ist.

Wir alle haben ein Bild von uns selbst und von unserem Leben. Wenn das innere Bild zu sehr von der Realität abweicht, entsteht eine Spannung. Wir fangen an, uns unwohl zu fühlen. Manchmal verstehen wir gar nicht, was mit uns los ist, es ist einfach eine Art Unzufriedenheit, die sich im Hintergrund bemerkbar macht. Je weiter die Realität und unsere innere Vorstellung auseinanderdriften, desto unglücklicher werden wir.

Stell dir vor, du hast das Bild von dir entwickelt, ein offener und abenteuerlustiger Mensch zu sein, der sich für die Welt interessiert. Dein Alltag sieht aber inzwischen so aus, dass du jeden Tag von 8 bis 17 Uhr zu einer Arbeit fährst, bei der du mit Dingen beschäftigt bist, an die du nicht glaubst. Und weil deine Partnerin keine Fernreisen mag, machst du ihr zuliebe Urlaub auf dem Balkon oder im Bayrischen Wald. Es ist überhaupt nichts dagegen zu sagen, die Ferien so zu verbringen, aber bei Menschen, die eigentlich die Welt bereisen möchten, erzeugt es eine innere Spannung, die sich in Unzufriedenheit äußern wird.

Vielleicht hast du dir auch versprochen, mehr auf dich zu achten, dich gesünder zu ernähren und dir mehr Zeit für dich zu nehmen. Immer wenn du dieses Versprechen brichst, machst du dich ein wenig unglaubwürdig dir selbst gegenüber. Und irgendwann gibt es diese Stimme, die deinen neuerlichen (den wievielten?) Versuch nur müde belächelt. Du hast deine Glaubwürdigkeit dir selbst gegenüber verloren.

- ◇ An welchen Stellen bist du nicht integer?
- ◇ Was in deinem Leben weicht von deinen inneren Vorstellungen von dir ab und von dem, was du lebst und tust?

Wir sollten also versuchen, diese inneren Diskrepanzen so klein wie möglich zu halten und uns immer wieder zu überprüfen, ob wir integer leben. Es nützt auch, Freunde zu fragen, ob sie das Gefühl haben, dass man ein integerer Mensch ist. Niemand ist perfekt, doch es lohnt sich, immer und immer wieder auf den Weg zurückzukommen. Früher hätte man gesagt, dass du ein Ehrenmann sein möchtest (leider gibt es dieses Wort wieder mal nicht für Frauen). Vielleicht sollten wir dieses Wort reaktivieren, denn es drückt aus, dass wir vertrauenswürdige, integre Menschen sind, die zu ihrem Wort stehen und das Beste für ihre Mitmenschen wollen.

MITGEFÜHL FÜR SICH SELBST

Erwischen wir uns dabei, uninteger zu sein, gehen wir oft streng mit uns selbst ins Gericht. Der innere Kritiker, den du ja nun schon gut kennst, neigt dazu, frei von jedem Mitgefühl auf uns einzuschlagen. Aus diesem Grund ist es wichtig, Mitgefühl mit dir selbst zu entwickeln. Schauen wir uns zunächst an, was es nicht ist: Es heißt nicht, dich selbst zu bemitleiden. Es hat auch nichts damit zu tun, dich für »okay« zu erklären oder die Flucht zum »So bin ich eben« anzutreten.

Selbstempathie bedeutet nichts anderes, als etwas Schmerzliches freundlich zu bezeugen, ohne Bewertung, Ratschlag oder Forderung. Es bedeutet, mit offenem Herzen etwas zu sehen und den Schmerz zuzulassen, anstatt ihn abzuwehren, ob durch Rationalisierung, Schuldzuweisung oder gute Tipps. Mitgefühl für sich selbst heilt und ist eines der Tore zu innerem Frieden.

Häufig ist uns nicht klar, dass Schuldgefühle oder Schuldzuweisungen auch die Funktion haben, Schmerz zu verhindern. Es ist ein Mechanismus, den wir früh gelernt haben. Machen wir uns selbst schlecht, dann müssen wir nicht anschauen und fühlen, was wirklich schmerzt. So beschäftigen wir uns meist mehr damit, was wir falsch gemacht haben, als damit, was wehtut. Außerdem kann sich der Verstand an etwas festhaken, das wir nicht mehr ändern können. Auch das lenkt uns davon ab zu fühlen, was gerade ist.

Mitgefühl für dich bedeutet, den Schmerz zuzulassen, der gerade da ist, und mit dir selbst (oder der anderen Person) liebevoll umzugehen. Es braucht keine großen Worte, sondern erfordert nur, präsent zu sein für sich selbst oder die anderen.

Wenn wir es schaffen, Mitgefühl mit uns zu entwickeln, können wir anfangen, auf uns selbst zu schauen wie auf unsere beste Freundin. Wir betrachten liebevoll unsere Fehler und Macken und können die Verletzungen sehen, die uns geprägt und zu dem Menschen gemacht haben, der wir heute sind.

Mitgefühl bedeutet, dich selbst zu akzeptieren und den Weg, den du gegangen bist. Vielleicht kannst du dich einen Moment lang als Reisende sehen, die oben auf einem Berg im Schatten eines alten Baums sitzt und ins Tal schaut. Du blickst hinunter und betrachtest deinen Lebensweg. All die Windungen und Berge, Hügel und Täler, die du seit deiner Geburt überquert und durchschritten hast.

Umarme dieses Leben, umarme dich selbst. Atme und realisiere, das bist du.

Du kannst alle Menschen sehen, denen du begegnet bist, die dich begleitet haben. Diejenigen, die Wunden hinterlassen haben, und diejenigen, die dich beschützt und im Arm gehalten haben. All die Hindernisse und wunderschönen Augenblicke, die du durchlebt hast. Dein Leben! Du wirst sehen, dass es nicht so viel ist, an das du dich wirklich erinnerst. Es ist das, was dich berührt und erschüttert hat, was bleibt. Das Schreckliche und das Wunderschöne. Vielleicht kannst du erkennen, dass du immer das Beste getan hast, was du konntest.

Kannst du sehen, wo du gestolpert und wo du geschwebt bist?

Wir können nur tun, was wir tun können. Wir können lernen und weitergehen und unser Leben immer mehr so gestalten, wie wir es uns wünschen.

HANDELST DU SCHON ODER TRÄUMST DU NOCH?

»Fehler sind nur Fehler, wenn wir eine bestimmte Erwartung an das Ergebnis der Handlung hatten.«

Selbstwirksamkeit bedeutet, wie wir unseren Einfluss wahrnehmen, den wir auf unsere Umwelt ausüben können. Es bedeutet, uns selbst als handlungsfähig zu erleben und die Erwartung zu haben, auftauchende Probleme lösen zu können. Es bedeutet auch, dass Ereignisse als zu bewältigend interpretiert werden und somit nicht sofort als Stress wahrgenommen werden.

FOLLOW YOUR DREAM

Im Jahr 2007 ging ich für ein Jahr auf Weltreise. In der Zeit vor und danach habe ich mit vielen Menschen darüber gesprochen. Es gab sehr wenige, die nicht auch gern eine solche Auszeit genommen hätten. Die meisten begründeten ihr Zuhausebleiben damit, dass es zu teuer sei. Als ich ihnen darlegte, dass ihr Auto teurer sei als die Reise, entstand meist Schweigen.

Nachdem der finanzielle Grund für viele – nicht alle – wegfiel, kam heraus, dass es mehr um Ängste ging, beispielsweise den Arbeitsplatz aufzugeben und womöglich nach der Heimkehr arbeitslos zu sein.

Ich gebe zu, auch ich hatte Angst. Ich war jedoch an einem Punkt in meinem Leben angelangt, an dem ich hatte feststellen müssen, dass fast alle meine Entscheidungen von Angst gesteuert waren. Nicht von Lust, nicht von Freude, nicht von Neugier, sondern einfach nur von Angst. Das gab mir zu denken, und ich beschloss, dies zu ändern. Es kann doch nicht sein, dachte ich, dass ich deshalb auf meine Träume verzichte. Ich stellte mir vor, dass irgendwann auf meinem Grabstein stehen würde: »Sie hat zwar nicht gelebt, aber immer für ihre Sicherheit gesorgt.«

Ein Mensch mit einer niedrigen Selbstwirksamkeitserwartung ist viel früher gestresst von Alltagsherausforderungen als jemand, der von sich selbst glaubt, die meisten Probleme positiv für sich lösen zu können. Insofern beeinflusst dieses Persönlichkeitsattribut unser Leben ständig und entscheidend.

Menschen mit niedriger Selbstwirksamkeitserwartung geben bei Schwierigkeiten oder Lernaufgaben früher auf und trauen sich oft nicht an neue Dinge heran. Sie erwarten, schneller zu scheitern, und beschränken damit ihren Handlungsradius und dadurch auch die Erfüllung ihrer Träume. Im Alltag nehmen wir unsere Angst oft überhaupt nicht wahr. Sie maskiert sich als Vernunft, Rationalisierungen, Sachzwängen und so weiter.

Hab den Mut, dich einmal bei einem einsamen Spaziergang zu fragen: »Was beeinflusst meine Entscheidungen mehr, meine Lust auf Neues oder meine Angst?« Sei ehrlich dir selbst gegenüber! Das Leben ist ein immerwährender Lernprozess, und jeder Erfolg macht uns mutiger. Doch häufig nehmen wir unsere Erfolge gar nicht richtig zur Kenntnis, sondern lediglich unsere Misserfolge.

◇ Mach dir bewusst, wie häufig du in deinem Leben schon Herausforderungen gemeistert hast.
◇ Schreib mindestens 25 davon auf!

Im Neurolinguistischen Programmieren (NLP) spricht man vom *Circle of Excelence*, also dem Kreislauf der Exzellenz. Mit jedem Erfolg trauen wir uns mehr zu und lernen, dass wir Aufgaben positiv und lebensbereichernd lösen können. Daraufhin wächst unser Selbstbewusstsein, wir gehen entspannter an Probleme heran und machen weitere positive Erfahrungen. Selbst wenn wir manchmal etwas nicht schaffen, bleibt das positive Selbstbild erhalten, denn wir haben es zumindest versucht. Selbstwirksamkeit fördert auch die Kreativität. Sie führt dazu, Dinge erwartungslos auszuprobieren, zu experimentieren und neugierig zu sein.

Es gibt ein sehr bekanntes Experiment mit Ratten über die Auswirkung von erlernter Selbstwirksamkeit auf das Durchhaltevermögen: Bei dem Versuch setzte man eine Ratte in ein Wasserbecken und ließ sie schwimmen. In dem Augenblick, in dem die Ratte zu ertrinken drohte, ließ man eine Insel erscheinen, auf die sich das Tier retten konnte. Etwas später – als es wieder bei Kräften war – ließ man es wieder in dem Becken schwimmen. Es stellte sich heraus, dass die Ratte viel länger durchhielt als beim ersten Versuch. Offensichtlich hatte sie gelernt, dass sie überleben konnte, wenn sie nur lange genug durchhielt – unabhängig davon, ob eine Insel erschien oder nicht.

Menschen mit einem hohen Gefühl der Selbstwirksamkeit halten tatsächlich bei Problemlösungen wesentlich länger durch und unternehmen mehrere Anläufe, um das Problem doch noch zu lösen. Sie sehen Schwierigkeiten viel häufiger als eine Knobelaufgabe, die einfach irgendwie gelöst werden muss – und vor allem gelöst werden *kann*!

Es entsteht ein optimistischeres und hoffnungsvolleres Selbstbild, das immer mehr Fehlertoleranz und Frustration zulässt und dadurch immer häufiger zum Erfolg führt.

Je öfter du dir erlaubst, Dinge auch einfach mal auszuprobieren und mit dir zu experimentieren, desto besser kannst du dir Neues aneignen.

ERLERNTE HILFLOSIGKEIT

Henry Ford sagte einmal: »Ob du denkst, du kannst es, oder denkst, du kannst es nicht – in beiden Fällen hast du recht.«

Das Gegenteil von Selbstwirksamkeit ist die *erlernte Hilflosigkeit.* Geprägt hat diesen Begriff Martin Seligman, heute einer der führenden Positiven Psychologen. Er hat in einem Experiment mit Hunden gezeigt, welche Wirkung das Erleben von Hilflosigkeit auf ein Lebewesen hat. In zwei Versuchsanordnungen wurden Hunde in einen Käfig gesperrt, deren Gitterboden ab und zu unter leichten Strom gesetzt wurde. Die einen Hunde hatten die Möglichkeit, über ein kleines Hindernis in einen anderen Teil des Käfigs zu springen, in dem der Boden stromfrei war.

Die Hunde der zweiten Versuchsanordnung hatten diese Möglichkeit nicht. Sie mussten passiv den Stromstoß erleiden. Nach einer Weile veränderte man die Situation so, dass alle Hunde die Möglichkeit hatten zu flüchten. Das Ergebnis war, dass die Hunde, die vorher nicht fliehen konnten, sich einfach auf den Boden drückten, quasi erstarrten und keinen Versuch unternahmen, dem Strom auszuweichen.

Die meisten von uns lernen in ihrer Kindheit, dass sie Situationen nicht aus dem Weg gehen und nicht lösen können. Dies erklärt den hohen Anteil an Unterordnung und Anpassung an subjektiv empfundene Sachzwänge: »Ich kann ja eh nichts ändern!« Das ist sehr schade, denn der Preis dafür, eine unangenehme Situation auszuhalten, ist auf Dauer hoch.

Mach dir bewusst, welchen Preis du zahlst und wie sehr du unter einer Situation, die dir nicht guttut, leidest.

◇ Was würdest du gern in deinem Leben ändern, tust es aber nicht?
◇ Stell dir nun vor, es sind fünf Jahre vergangen: Wie hat das Ausharren in der Situation dein Leben beeinflusst?

Menschen mit erlernter Hilflosigkeit und einer niedrigen Selbstwirksamkeitserwartung denken, dass die Situation wahrscheinlich nur schlimmer würde, wenn sie versuchten, etwas zu ändern. Sie stellen sich Situationen vor, die noch unerträglicher sind als das, was sie schon kennen. Sie halten es gar nicht für möglich, dass etwas Positives geschehen könnte.

Menschen mit einer hohen Selbstwirksamkeitserwartung haben dagegen wenig Zweifel, dass sie durch ihr Handeln die Situation verbessern und dass sich der Aufwand für die Hindernisse, die es zu überwinden gilt, lohnt. »Alles wird sich zum Besseren wenden.«

Selbstwirksamkeit entsteht in der Kindheit durch die kontinuierliche Erfahrung, Neues zu lernen und bewältigen zu können. Ein weiterer wichtiger Faktor ist die Erfahrung, Hilfe zu bekommen, wenn man sie braucht. Kinder, die erleben, dass ihnen geholfen wird, und zwar auf eine Art und Weise, die sie ermächtigt, Probleme zu bewältigen, haben viel mehr Zutrauen in ihr Leben, da sie wissen, dass in der Not Hilfe kommt. Weiterhin ist es wichtig, dass sie durch die Unterstützung lernen, wie etwas funktioniert, und sie eine Anleitung bekommen, die sie künftig ermächtigt, Probleme selbst zu lösen.

Ich las einmal über einen Nobelpreisträger, der gefragt wurde, warum er glaube, dass er so erfolgreich sei. Er antwortete, dass es seine Liebe für das Experimentieren sei und die Erfahrung, dabei keine Angst haben zu müssen, Fehler zu machen. Das habe er von seiner Mutter gelernt.

Er erinnerte sich an ein sehr frühes Ereignis, als er versuchte, eine Milchflasche aus dem Kühlschrank zu holen, und sie fallen ließ. Statt zu schimpfen, erklärte seine Mutter, nun sei es ja schon passiert und deswegen könne er nun auch eine Zeit mit der vergossenen Milch spielen. Nach einer Weile wischten sie gemeinsam alles auf, und danach zeigte sie ihm, wie er eine Milchflasche aus dem Kühlschrank holen konnte, ohne dass sie herunterfallen würde.

Ich muss zugeben, dass ich völlig fassungslos war, als ich die Geschichte las. Sie klang für mich wie aus einem anderen Land: einem Märchenland.

Selbstwirksamkeit ist einer der Faktoren zu einem erfüllten Leben, sie fördert das Selbstbewusstsein, das Gefühl, das eigene Leben zu bestimmen und dass Fehler nicht irreparabel sind. Sie beeinflusst die Gefühlslage und motiviert uns, das Leben aktiv zu gestalten.

EXPERIMENT: STRESSTEST

Such dir eine Situation, die dir Stress bereitet, und erlaub dir, alles falsch zu machen, was falsch zu machen ist.

Eine echte Herausforderung, ich weiß.

Danach schaust du zum Himmel und stellst fest, dass er nicht auf dich herabfällt.

Das klingt irgendwie albern, aber es ist ein sehr wirksamer und auch humorvoller Weg, die Angst vor dem eigenen Versagen zu mildern. Ja, du wirst Dinge falsch machen – aber wen stört das? Von Menschen, die ihr Leben selbst als erfolgreich bezeichnen, hört man immer wieder: Das Mittel zum Erfolg (wie immer du diesen definierst) ist einfach: machen, machen, machen. Und: Erfolgreiche Menschen haben mehr Fehler gemacht als alle anderen Menschen.

In den letzten Jahren habe ich unglaublich viele Dinge das erste Mal getan. Auf meinem Weg in die Onlinewelt habe ich ständig nur Dinge falsch gemacht und mache immer noch enorm viele Fehler. Ich hatte mir zu Beginn versprochen, drei Jahre nicht aufzugeben, sondern dranzubleiben, egal, ob etwas funktionierte oder nicht. Egal, wie oft ich hinfallen würde. Dieses Versprechen habe ich tatsächlich vor mir selbst gehalten, und es hat mich an einen Ort gebracht, von dem ich niemals dachte, dass ich ihn kennenlernen könnte.

DU BIST DAS WICHTIGSTE PROJEKT DEINES LEBENS

Wir alle haben Fähigkeiten, Talente – und wir haben Träume. Zu einem erfüllten Leben gehört es sicherlich, das Gefühl zu haben, nicht immer mit angezogener Handbremse herumzulaufen. Es schmerzt, wenn wir zurückschauen und das Gefühl bekommen, weder unsere Träume verwirklicht zu haben noch wirklich etwas zu tun, das uns erfüllt.

Bitte versteh mich nicht falsch. Mir geht es nicht darum, dass du deinen Beruf liebst oder beruflich etwas tust, bei dem du mit deiner ganzen Leidenschaft dabei bist. Das ist meiner Meinung nach wieder ein Mythos der Selbsthilfeindustrie, der unglaublich hilfreich für Arbeitgeber ist und viele Menschen an sich zweifeln lässt. Fast jeder hat inzwischen im Kopf, dass er eine Arbeit finden muss, die erfüllend und sinngebend ist und darüber hinaus auch Freude macht.

Aber wie soll das funktionieren? Ich glaube, dass man in vielen Jobs gut sein und auch einen gewissen Sinn darin sehen kann, aber warum muss das sein? Gibt es im Leben nicht noch viele andere Gebiete, in denen man seinen Sinn, Freude und Erfüllung finden kann? Sind Leute, die einfach nur zur Arbeit gehen, um ihr Geld zu verdienen, Menschen zweiter Klasse? Haben sie es nicht richtig kapiert?

Ich glaube nicht, dass alle Menschen ihre Berufung finden und jeden Tag voller Freude an ihr Tagwerk gehen können. Ich glaube auch nicht, dass ein Beruf immer auch Berufung sein muss. (Wer mehr darüber wissen möchte, wie es zu dieser herrschenden Einstellung gekommen ist, dem empfehle ich das Buch *Vielleicht will der Kapitalismus gar nicht, dass wir glücklich sind* von Max. A. Höfer.)

Für Arbeitgeber hat das riesige Vorteile, denn wenn Menschen etwas tun, einfach nur um Geld zu verdienen, oder ob sie Erfüllung finden wollen, verändert sich ihre Bereitschaft, Energie in diese Sache zu stecken. Menschen, die Sinn in ihrer Arbeit finden wollen, sind bereit, mehr und härter zu arbeiten, Überstunden zu machen und sich persönlich einzubringen. Das kann sehr schön und tatsächlich bereichernd sein, es kann aber auch zu Selbstausbeutung und Fremdausbeutung führen. Es kommt einfach auch darauf an, wie der Arbeitgeber mit dem Einsatz seiner Angestellten umgeht.

Wir müssen uns davon lösen, dass Arbeit unbedingt das Zentrum des Lebens sein muss. Manchmal ist sie einfach nur das: Arbeit und die Möglichkeit, die Miete zu bezahlen.

Ich glaube durchaus, dass man fast jeden Arbeitsplatz angenehm gestalten könnte, wenn der Firma und den Vorgesetzten daran liegen würde und sie sich menschlich weiterbilden würden. Leider ist dies oft nicht der Fall. Gleichzeitig verbrennen viele der Arbeitsplätze, die als begehrt und sinnstiftend gelten, ihre Arbeitnehmer, weil sie viel zu viel von viel zu wenigen Leuten erwarten und Menschen, die den Sinn bei der Arbeit suchen, bereit sind, viel zu viel von sich zu geben.

Menschen möchten etwas beitragen können und das Gefühl haben, dass es eine Bedeutung hat, dass es sie gibt. Es ist ein grundlegendes Bedürfnis von uns allen. Ebenso ist es ein Bedürfnis, in etwas gut zu sein oder etwas im Leben mit Freude oder Leidenschaft zu tun. Es macht uns unglücklich, wenn wir immer das Gefühl haben, dass mehr in uns steckt, wir dieses »mehr« aber nirgendwo ausleben und zeigen können. Ich bin mir sicher, dass sich dies ändert, wenn du die Fähigkeiten, die dieses Buch beschreibt, Schritt für Schritt mehr und mehr entwickelst.

WOVON WIR TRÄUMEN

Vielleicht hattest du schon immer einen Traum, etwas zu tun, aber dich nie getraut? Je mehr du Selbstwirksamkeit in kleinen Schritten übst, desto mehr wirst du merken, dass du auch größere Ideen nicht mehr so beängstigend findest.

HINTER DEM HORIZONT GEHT'S WEITER

Als junge Frau saß ich praktisch auf der Straße, weil meine Mutter mich mitten in der Schulzeit nicht mehr unterstützte und ihr eigenes Ding machen wollte. Ich war kaum fähig, mir einen Job zu suchen und kontinuierlich zu arbeiten.

Einmal hatte ich einen Job bei Libri in Hamburg und musste Bücher packen. Ich stand in einer großen Halle, und die Bücher liefen in kleinen Plastikkörben über Bänder. Dann wurden sie den einzelnen Packerinnen zugeteilt und gelangten auf ein Band, an dessen Ende ein Packer stand. Mein Dilemma war, dass ich auch damals schon Bücher liebte, und nicht fähig war, diese einfach zusammenzupacken. Jedes interessante Buch musste angeschaut und der Klappentext gelesen werden. Das führte dazu, dass auf meinem Band ein Rückstau entstand, der schließlich alle Bänder zum Stillstand brachte … Sobald ich wieder ein bisschen Geld hatte, kündigte ich. Ich konnte mich kaum regulieren und war ziemlich neben der Spur. Mein Zukunftshorizont reichte – wie bei vielen traumatisierten Menschen – bis zum nächsten Tag.

Heute ist mein Horizont so weit, dass ich weiß, dass es ihn gibt und das Leben endlich ist. Meine größte Angst ist, nicht gelebt zu haben und deshalb Dinge nicht getan zu haben. Ich sehe mich dann auf dem Sterbebett liegen und auf mein Leben schauen. Wie würde ich mich fühlen, wenn ich aus Angst dieses Buch nicht geschrieben hätte oder andere Dinge nicht gemacht hätte? Das ist meine Tür, durch die ich meine Ängste mitnehmen kann – und es trotzdem mache.

Gerade bei Träumen und Zielen solltest du gut schauen, warum du etwas tun willst. Die Warum-Frage führt dich zum Kern deiner Motivation bei Zielen, die du erreichen möchtest. Wir nehmen die Unannehmlichkeiten nur in Kauf, wenn wir ein starkes Warum haben. Dies muss nicht sein, die Welt retten zu wollen, es darf etwas »Banales« sein.

- ◇ Was möchtest du ins Leben bringen?
- ◇ Welchen Traum willst du noch verwirklichen?
- ◇ Welche Leidenschaft hast du und traust dich nicht?

Wenn du deinen Traum kennst, ist es einfacher, den Weg zu finden. Allerdings sollte dir klar sein, dass du wirklich arbeiten musst. Vergiss den ganzen Unsinn, dass man sich etwas ins Leben wünschen kann. Du kannst eine Intention haben, das ist wichtig, aber der Rest ist Arbeit. Es ist möglich, aber es kostet Schweiß und viele Stunden. Du musst einfach schauen, ob du bereit bist, diesen Preis zu zahlen.

Alles im Leben hat einen Preis. Auch wenn du nichts tust und alle Träume verstreichen lässt, hat das einen Preis. Keine Entscheidung ist auch eine Entscheidung. Viele Menschen leben ihr Leben und lassen andere entscheiden. Irgendwann wundern sie sich, warum sie sich so leer fühlen. Das ist schade.

Letztlich kann niemand für dich entscheiden, was gut für dich ist. Du musst in den Spiegel schauen können und sagen, ob du zufrieden bist mit deinem Leben und deinem Alltag.

BRING DEINE PS AUF DIE STRASSE

Es ist ein bedrückendes Gefühl, immer zu denken, dass mehr in einem steckt, als man zeigen kann, oder dass man zu mehr fähig ist, aber irgendwie die eigenen Fähigkeiten nicht in die Welt bringen kann. Glaub mir, ich kenne das Gefühl.

Der Anfang von allem, was du möchtest: Du musst gnadenlos ehrlich mit dir sein und anschauen, wo du stehst. Wo du *wirklich* stehst. Was ist gerade real in deinem Leben und in dir? Was kannst du, und was möchtest du nur können?

Dieser scheinbar so banale Schritt ist ein echter Wendepunkt, und manchmal brauchen wir Jahre, bis wir ihn tun. Bestimmte Dinge wollen wir uns einfach nicht bewusst machen, wir wollen verzweifelt glauben, dass es anders ist, nicht an uns liegt. Letztlich wollen wir glauben, dass wir Opfer der Umstände sind und eigentlich viel erfolgreicher, glücklicher, gesünder oder … (setz dein Wort ein) sein müssten, als wir sind. Wir alle wollen an einigen Stellen mehr sein, anders sein, als wir sind.

Das Fantastische ist, dass das Leben uns dafür belohnt, diesen schweren Schritt zu gehen. Sobald wir in der Wirklichkeit ankommen, bemerken wir, dass sich etwas verändert. Wir bekommen auf einmal mehr Luft, und die Route wird klarer.

Wir können nun anfangen, den Weg, der vor uns liegt, genauer zu skizzieren. Wir können schauen, welche Fähigkeiten uns für ein bestimmtes Ziel noch fehlen. Wir können einen Plan machen und uns – so, wie wir sind – mitnehmen. Schritt für Schritt.

Vielleicht hast du nur 30 PS und die werden dich so und so weit tragen, vielleicht merkst du aber auch unterwegs, dass du doch mehr unter der Haube hast, als du dachtest. Vielleicht hast du auch 200 PS, und die werfen dich erst mal vom Fahrersitz, weil du gar nicht weißt, wie du sie einsetzen willst. Lass dir Zeit, das langsam zu lernen. Je kleiner du die ersten Ziele steckst, desto schneller wirst du die ersten Erfolgserlebnisse haben.

Wo immer du hinmöchtest, fang so klein an, dass du Erfolge erzielst. Leg die Hürde so niedrig, dass es dich kaum Kraft kostet, dich aufzuraffen und etwas für dein Ziel zu tun. Menschen neigen dazu, sich chronisch zu überfordern und in kurzer Zeit zu viel zu wollen. Erwarte von dir nur wenig, das jedoch immer wieder über eine längere Zeit. Du wirst dich wundern, wie viel du dann erreichen kannst.

SINNSUCHER UNTERWEGS

*»Menschen möchten eine Spur hinterlassen,
sei sie auch noch so fein.«*

Wir suchen nach Zusammenhängen, wir stellen Verbindungen her, und wir möchten Erklärungen für das Unerklärbare. Alle menschlichen Kulturen haben Glaubenssysteme oder Religionen. Das gilt für indigene Völker am Amazonas oder die Inuit in Grönland ebenso wie in Deutschland oder Indonesien. Das muss einen Grund haben. Ich denke, dass uns früher viel bewusster war, wie klein und verletzlich wir im Grunde sind. Wir wurden immer wieder daran erinnert, dass wir nicht an der Spitze der Nahrungskette standen und wie schnell der Tod oder Katastrophen uns einholen konnten. Auch heute noch fühlen die meisten Menschen Demut, wenn sie am Meer stehen oder in den Bergen die Erhabenheit und Größe der Natur spüren. Plötzlich rücken Dinge wieder ins rechte Licht. Wir spüren, dass wir einen Platz in diesem Gefüge der Natur haben, der sehr bescheiden ist. Einerseits.

Als Menschen fühlen wir uns oft bedeutend und unbedeutend zugleich. Beides ist richtig, und es ist gut, immer wieder beides zu empfinden. Einfach, damit wir nicht die Perspektive verlieren für das was in unserem Leben wichtig ist.

DIE WARUM-FRAGE

Gedanken über die Suche nach dem Sinn füllt ganze Büchereien. Es scheint uns Menschen innezuwohnen, einen Sinn für unser Leben zu suchen. Wir wollen wissen, warum wir hier sind und was das alles soll. Geschehen uns schreckliche Dinge, so fragen wir: »Wieso passiert das?« Oder: »Warum ich?«

Dabei gibt es kaum Fragen, die uns in diesem Zusammenhang schneller unglücklich machen, weil sie sehr selten zu beantworten sind. Auch wenn wir in der *Sesamstraße* gelernt haben, viel zu fragen, ist die Wieso-Weshalb-Warum-Frage hier nicht zielführend, weil wir einfach keine Antwort finden können.

Wenn es keine Antwort gibt, neigen wir dazu, uns dennoch eine zu geben. Wir erfinden eine Antwort, die wir irgendwann zur Wahrheit erklären.

Stell dir vor, eine Frau bekommt vom Arzt eine Krebsdiagnose. Das zu erfahren ist ein Schock. Menschen durchlaufen dann verschiedene Phasen und Gefühle, um mit dieser neuen Realität umgehen zu können. Die Frage nach dem Warum kann den Verarbeitungsprozess und auch die eigene Handlungsfähigkeit vollkommen zum Stillstand bringen. Unsere krebskranke Frau fragt sich also irgendwann: Warum ich? Das ist eine sehr menschliche Frage, verstehe mich nicht falsch, die sicher so alt ist wie die Menschheit selbst. Letztlich ist es eine Frage an das Universum, an einen Gott, an das Leben selbst von einem Menschen, der sich ohnmächtig fühlt, der die eigene Sterblichkeit spürt und verzweifelt ist. Sie ist die ursprünglichste Frage nach dem Sinn dessen, was uns geschieht. Nur sollten wir nicht an dieser Stelle hängen bleiben. Niemals!

Lass uns anschauen, was geschieht, wenn unsere Kranke diese Frage immer wieder stellt. Vielleicht wird sie verbittert, denn die meisten Menschen um sie herum sind gesund. Vielleicht wird sie wütend und beginnt, aggressiv zu ihren Lieben zu sein, weil niemand sie versteht und es niemandem so schlecht geht wie ihr. Vielleicht fühlt sie sich aber auch als Versagerin, denn sie fragt sich, was sie falsch gemacht hat, dass sie so bestraft wird. Möglicherweise kommt sie zu dem Schluss, dass sie selbst schuld ist, weil sie sich immer »falsch« ernährt hat, vielleicht schämt sie sich, weil der Krebs ein Zeichen ihrer menschlichen Unzulänglichkeit ist, oder sie kommt zu dem Schluss, dass ihre immer unterdrückte Wut zum Krebs geführt hat.

Sie beginnt, sich eine Geschichte zu erzählen, die sie im schlimmsten Fall für wahr hält, und fängt an, sich und ihr Leben unter diesem Licht zu sehen und neu zu interpretieren. Ihr Leben wird sich aufgrund dieser neuen Geschichte und Interpretation verändern, wahrscheinlich nicht zum Besseren.

Wahr ist: Wir werden niemals wirklich wissen, warum etwas passiert.

Außer sie beantwortet die Warum-Frage mit einer positiven Geschichte. Vielleicht sagt sie sich, dass sie Krebs bekommen hat, damit sie noch mal wirklich lebt vor dem Tod, vielleicht macht sie die Weltreise, die sie immer machen wollte. Vielleicht sagt sie sich, dass sie noch unbedingt einen Beitrag leisten will vor dem Tod, und gründet eine Stiftung für krebskranke Frauen.

Wenn wir uns also eine Antwort auf die nicht zu beantwortende Frage nach dem Warum geben, dann ist der beste Weg, eine Antwort zu finden, die uns ermutigt, etwas zu tun, zu verändern oder uns lebendiger macht.

Es passiert, und die Kunst ist, damit leben zu lernen, ohne hoffnungslos zu werden oder alles als ein Zeichen des Universums wegen Fehlverhaltens zu sehen. Selbst wenn du an etwas glaubst, das größer ist als du – niemand weiß, ob unsere kleinen menschlichen Erklärungen in irgendeiner Weise zutreffen. Der Versuch, Sinn zu finden, kann uns durch diese Frage in sehr dunkle Bereiche führen.

Menschen, die eine schlimme Kindheit hatten, leiden oft darunter, wie sie sich die Frage nach dem Warum beantwortet haben. Selbst wenn ihnen das nicht bewusst ist. Ein Kind erklärt sich das Geschehen immer damit, dass die Eltern nur so mit ihm umgehen, weil etwas mit ihm falsch ist. Das ist die einzig mögliche Erklärung dafür, was ihm angetan wird.

Behalten wir diese Perspektive später als Erwachsene bei, hat das unglaublich viel Leid zur Folge. Wir neigen dann dazu, diese Perspektive auf alles, was uns im Leben geschieht und auf uns selbst weiterhin anzuwenden. Wir beantworten also die Frage: »Warum passiert das in meinem Leben?« immer mit der gleichen Antwort: »Weil etwas mit mir nicht stimmt, ich nicht liebenswert bin, falsch, dumm, es nicht verdient habe« und so weiter.

Die Wahrheit ist: Unsere Eltern und die meisten Menschen behandeln uns so, wie sie sind, und wie es in ihren Möglichkeiten liegt. Die Reaktion auf uns ist meist nicht anders als auf den Menschen neben uns. Hätten deine Eltern ein anderes Kind gehabt, so hätten sie es genauso behandelt.

Behalte die Warum-Frage für ein paar dunkle Klagestunden, das ist okay. Aber mach die Antworten niemals zum Kern deines Denkens und Handelns.

Die Warum-Frage führt uns schnell in die Hoffnungslosigkeit oder in die Verzweiflung. Eine viel interessantere Frage ist: Was kann ich lernen, und wie kann ich damit umgehen?

Daraus entwickeln sich neue und oft bessere Perspektiven und Handlungsmöglichkeiten.

SINN INS LEBEN BRINGEN

Sinn ist ein Gefühl und eine Aktion. Er kommt nicht einfach über uns, wenn wir ihn suchen, sondern wir müssen anfangen, unserem Leben eine Bedeutung zu geben und es mit Verbundenheit zu füllen. Wir verleihen Dingen, Menschen, Tätigkeiten Sinn – er ist nicht einfach da. Sinn kommt nicht zu uns, weil wir ihn so verzweifelt suchen. Sinn müssen wir geben.

Liebe und Bedeutung sind niemals schon vorhanden, sondern wir übertragen sie auf etwas oder jemanden. Wenn wir dann Dinge für einen Menschen tun oder uns für etwas einsetzen, dann schenkt uns das Sinn.

Zu dieser Sinnhaftigkeit braucht es auch das Gefühl, etwas beitragen zu können. Eine Aufgabe für einen anderen Menschen oder die Gemeinschaft zu erfüllen. Wenn Menschen sich nutzlos und überflüssig vorkommen, haben sie meist schnell das Gefühl, sinnlos zu sein. Sie sehen keinen Sinn mehr in ihrem Dasein.

Es ist die Aufgabe einer Gesellschaft, dafür zu sorgen, dass Menschen einen Beitrag leisten können. Es ist die Aufgabe jedes Einzelnen, etwas in die Welt zu bringen. Vielleicht haben sehr viele Menschen das Gefühl von Leere und Sinnlosigkeit, weil sie denken, dass es uns Sinn gibt, uns immer mehr um unsere eigenen Bedürfnisse zu kümmern.

Das ist jedoch nicht der Fall. Sinnhaftigkeit entsteht durch Verbundenheit. Wenn wir uns nur um unsere eigenen narzisstischen Bedürfnisse kümmern, dann werden wir immer leerer, obwohl wir immer mehr haben.

- ◇ Was bedeutet Sinn für mich?
- ◇ Bei welchen Tätigkeiten vergesse ich mich selbst und gehe ganz darin auf?
- ◇ Was gebe ich in die Welt?
- ◇ Was erfüllt mich mit Liebe?
- ◇ Was hat für mich wirklich Bedeutung?
- ◇ Verrate ich mich, und wenn ja, wo?
- ◇ Welche mich erfüllenden Dinge, Menschen, Tätigkeiten habe ich womöglich aus den Augen verloren?
- ◇ Wo bin ich vom Weg abgekommen?
- ◇ Was wäre eine Sache, die ich (schon morgen) wieder tun könnte und die mich erfüllt?

Richtig ist, dass wir nur Sinn finden, wenn wir etwas tun, was uns erfüllend erscheint, und es nicht nur für uns selbst machen. Letzteres kann eine Weile sehr schön sein, aber auf Dauer wird es meistens fad und leer. Menschen möchten eine Spur hinterlassen, sei sie auch noch so fein.

Wir möchten erinnert werden, von Menschen, die wohlwollend an uns denken, weil wir ihr Leben auf eine Art und Weise bereichert haben, die ihr Herz berührt hat.

Die Vorstellung, dass eine Lebensaufgabe existieren *muss*, kann unglaublich frustrierend sein. Ein Ziel dagegen kann eine Ausrichtung geben. Wir erweitern unseren Horizont von heute und blicken in die Zukunft – in unsere eigene Zukunft.

EHRFURCHT HEISST, STAUNEN ZU KÖNNEN

Wir Menschen scheinen Ehrfurcht verloren zu haben, und ich plädiere für eine Wiedereinführung. Das Gefühl, Hochachtung und Respekt für etwas zu empfinden, das wir nicht erfassen können, verbindet uns mit der Größe des Lebens.

Ehrfurcht lässt uns wahrnehmen, wie fragil die Welt und unser Leben sind und wie wunderschön dieses Leben und diese Erde. Verlieren wir unsere Ehrfurcht, dann verlieren wir oft auch den Respekt vor etwas.

Das Gegenteil von Ehrfurcht ist es, etwas zu banalisieren und zu materialisieren. Wir benutzen etwas, ohne uns dessen Wert vor Augen zu führen. Ohne zu sehen, dass es einen Wert an sich hat – auch ohne unsere Existenz. Wir Menschen sehen fast alles nur in Bezug auf uns selbst. Hat es einen Wert für mich? Kann ich es benutzen? Finde ich es schön? Nicht umsonst werben die meisten Naturschutzorganisationen nicht mit aussterbenden Spinnenarten, sondern mit beeindruckenden Tigern oder süßen kleinen Pandabären.

Ehrfurcht öffnet uns das Tor zu unserem Herzen und zeigt uns, dass wir nur ein Teil von etwas Größerem sind.

Ehrfurcht hilft uns, das große Ganze wieder zu sehen und dessen »Wert«, ohne dass es für uns nützlich ist. Ich bin mir sicher, dass du schon einmal Ehrfurcht gespürt hast, wenn du in der Natur warst oder einen Menschen wirklich geliebt hast.

DEMUT

Noch so ein Wort, das nicht mehr en vogue ist. Es ist mir aber wichtig, dass es hier seinen Platz bekommt.

Demut ist das Gegenteil von Hochmut, Arroganz und Narzissmus. Demut bedeutet zu wissen, dass ich nicht alles weiß und schon gar nicht alles kann. Demut bedeutet, dass ich meine Grenzen kenne und mir bewusst ist, dass das Leben viel größer ist als ich. Demut bedeutet für mich anzuerkennen, dass ich nicht die Kontrolle über das Leben habe und meine Einflussnahme sehr begrenzt ist.

In vielen Sprachen ist das Wort Demut sprachlich eng mit dem Wort Demütigung verknüpft (z. B. engl. *humility/humilitation*, niederl. *Nederigkeit/Vernedering*, griech. *Tapeinótita/Tapeínosi*). Da viele von uns es kennen, gedemütigt zu werden, haben wir gelernt, uns innerlich dagegenzustemmen, und einen gewissen Stolz als Abwehr entwickelt. Wir tragen entweder eine tiefe Scham mit uns herum, die uns klein macht und die man von außen wahrnehmen kann, weil wir uns immer zurücknehmen oder nie aufbegehren.

Oder wir haben die Demütigung in einen Kampf gegen die Welt verwandelt. Wir tragen den Kopf hoch und wollen niemandem zeigen, wie tief die Verletzung in uns ist. Menschen in dieser Verfassung streben nach der unbedingten Kontrolle – über ihr Leben, ihre Beziehungen und am Arbeitsplatz. Es fällt ihnen schwer, loszulassen oder sich hinzugeben.

Doch das Leben ist stärker als wir, und deswegen machen Menschen mit dem Bedürfnis nach Kontrolle immer wieder die beängstigende Erfahrung, dass sie ihnen entrissen wird. Das Leben ist nicht kontrollierbar. Wir sind einfach Teil dieses Lebens, und Dinge passieren.

Wir neigen zu einem sogenannten *Attributionsfehler*. Geschieht etwas Gutes, dann schreiben wir das uns selbst zu. Ist es etwas Schlimmes, dann ist das Leben einfach gegen uns. Wahr ist: Dinge passieren, gute und schlechte. Wie schon gesagt, wissen wir oft gar nicht, was für uns gut ist und was schlecht. Uns fehlt die Perspektive dafür. Deshalb ist es eine gute Übung, ab und an den Kopf zu neigen vor dem Leben. Anzuerkennen, dass wir nicht die Größten sind, wenn vielleicht auch zu Beginn mit knirschenden Zähnen.

Mit der Zeit wirst du merken, dass es das Leben leichter macht, wenn du nicht immer den Kopf oben haben musst oder glaubst, etwas kontrollieren zu müssen. Du kannst mehr im Fluss des Lebens schwimmen und lernen, was du beeinflussen kannst und was nicht.

STOLZ UND WÜRDE

Es ist möglich, ohne Stolz durchs Leben zu gehen und stattdessen immer mehr Würde zu erlangen. Es ist schön, immer mal wieder auf etwas stolz zu sein, was man geschafft oder erreicht hat. Doch Stolz ist ein zweischneidiges Schwert, da er schnell zu Arroganz werden kann. Ein stolzer Mensch wirkt oft unnahbar und strahlt eine Distanz aus, die Menschen davon abhält, auf ihn oder sie zuzugehen.

Würde hingegen ist ungeheuer anziehend und nahbar. Sie hat mehr damit zu tun, Demut zu leben und sich seines Wertes und gleichzeitig seiner Unwichtigkeit bewusst zu sein. Würde trägt auch Integrität und Aufrichtigkeit in sich und zeigt, dass man respektvoll mit sich selbst und anderen Menschen umgeht.

Ein Zitat des US-amerikanischen Geistlichen Rick Warren beschreibt sehr gut, was Demut sein kann: *Humility is not thinking less of yourself, it's thinking of yourself less.* – Demut heißt nicht, dich selbst als wertlos anzusehen, es bedeutet, weniger an dich selbst zu denken (dich selbst in den Mittelpunkt zu stellen). Demut kann scheinbar unüberwindliche Hindernisse überbrücken, denn wir können sehen, dass der andere Mensch genauso wertvoll ist wie wir und das gleiche Recht auf eine Meinung hat. Stolz kann dazu führen, Fehler nicht zuzugeben und sich hart und unversöhnlich zu zeigen. Das kann so weit gehen, dass wir Menschen aus unserem Leben verbannen, die uns gar nicht geschadet haben, sondern einfach nur etwas anders gemacht haben, als wir es gut gefunden hätten.

Für mich und meinen Dickkopf ist es hilfreich, mir immer wieder Menschen anzuschauen, die mit Würde und Demut auftreten, und zu spüren, welche integrierende Wirkung sie haben. Wie viel Frieden sie in ihre Umwelt tragen und wie angenehm ihre Gegenwart ist.

EIN SINNLICHES VERGNÜGEN

»Trau dich, neugierig zu werden.«

Der Soziologe Hartmut Rosa schrieb in einem ZEIT ONLINE-Artikel: »Lebendigkeit ist ein erotisches Weltverhältnis.« Das trifft es sehr gut für mich. Wir wollen uns zwar alle lebendiger fühlen, wir wissen aber oft gar nicht, was Lebendigkeit eigentlich ausmacht. Sich lebendig fühlen zu können hat viel damit zu tun, ob wir ein sinnliches Verhältnis zur Welt haben. Ob wir uns in unserem Körper spüren und fühlen und im Kontakt mit der Welt um uns herum sind.

Lebendigkeit ist nur möglich, wenn wir nicht ausschließlich funktionieren. Und wir können sie nur spüren, wenn wir nicht im Stress sind. Lebendigkeit ist ein sinnliches Vergnügen, und Sinnlichkeit muss nichts mit Sexualität zu tun haben. In unserer Gesellschaft sind viele Begriffe inzwischen verwischt oder mit einer Bedeutung belegt, die dort nicht hingehört. Sinnlichkeit bedeutet, aktiv über die Sinne in Kontakt mit der Welt zu treten, was uns berührt und erfüllt, ohne dass es einen Sinn oder einen Zweck haben muss. Sinnlichkeit kann nur durch Verkörperung stattfinden, und leider beschreiten wir ja alle wie beschrieben zunehmend den Weg der Entkörperung. Wir beschränken unsere Sinne mehr und mehr auf die Augen und das Leben in virtuellen Welten. Selbst der Kontakt mit anderen Menschen wird weniger sinnlich (oft auch unsinniger), weil wir nicht in Kontakt sind. Im schlimmsten Falle sitzen wir vor einem Computer und entwerfen eine Welt für andere, die wir nicht real erleben.

Ich beobachte immer öfter, dass Menschen an den schönsten Stellen nur kurz verweilen, dabei die ganze Zeit über ihr Handy wischen, filmen und dann wieder gehen. So kann man nichts spüren und auf sich wirken lassen.

Das kann ein Baum sein, ein Tier oder eine Landschaft. Es kann die Begegnung mit einem Kunstwerk oder einem Gebäude sein. Sobald ich es zulassen kann, mich sinnlich in dieser Begegnung zu spüren, wird alles einen tieferen Eindruck auf mich machen. Ich werde erfüllt von dem, was ich erlebe.

Da ich auch ein sehr virtueller und durchaus auch verkopfter Mensch bin, stellt mich das immer wieder vor eine Herausforderung. Ich muss mich überwinden, diese sinnliche Begegnung mit der Welt zuzulassen. Immer wieder muss ich diese Schwelle überwinden, und immer wieder lerne ich, wie beglückend es ist, ein erotisches Verhältnis mit der Welt zu haben.

Wir glauben oft, wenn wir etwas gesehen haben, dann kennen wir es auch, aber wir *glauben* nur, dass wir es kennen. Doch wenn wir es erfahren und erleben, wenn wir als fühlende Wesen dort sind, dann erleben wir den Unterschied.

◇ Was ist Lebendigkeit für dich?
◇ Wo fühlst du dich am lebendigsten?
◇ Was verstehst du unter Sinnlichkeit und Erotik?
◇ Wo ist für dich die Abgrenzung zu Sexualität?

Es ist ein großes Dilemma, dass gerade dieses erotische Verhältnis zur Welt negativ belegt und sexualisiert worden ist. Viele Frauen haben Angst davor, diese Sinnlichkeit und Erotik zu leben, weil sie die Erfahrung gemacht haben, dass manche Männer dann denken, diese Sinnlichkeit gelte ihnen, und übergriffig werden. Das ist sehr bedauerlich, weil es unsere Lebendigkeit eingrenzt. Sinnliche Männer hingegen müssen damit rechnen, dass sie als »schwul« beschimpft werden, da Sinnlichkeit nicht in ein starres Männerbild passt.

Wir nehmen uns etwas weg, wenn wir unsere Erotik und Sinnlichkeit meiden und verstecken, weil wir Angst haben. Lebendigkeit hat viel mit Neugier, ausprobieren und experimentieren zu tun. Lebendigkeit sehen wir in Menschen, wenn sie spielen und scheinbar sinnfreie Bewegungen einfach nur aus Spaß an der Freude machen.

einer sinnlichen Begegnung
men wir etwas in uns auf
d lassen etwas von uns in
se Begegnung einfließen.

Zur Lebendigkeit gehört auch die Schattenseite. Ein lebendiges Leben enthält auch Schmerz, Trauer und Verletzungen. Aber stell dir vor, ein Kind würde noch vor seinem ersten Geburtstag anfangen, Schmerz zu vermeiden. Es würde nichts lernen, es würde nichts erfahren, und sein Gehirn würde auf dem Stand eines Babys bleiben. Wir müssen uns davon verabschieden, immer nur die Sonnenseiten als Lebendigkeit zu betrachten oder auch nur als das einzig Erstrebenswerte. Das Leben ist bunt, und damit sind eben nicht nur die wunderschönen Momente gemeint. Lass auch diese auf dich wirken und in den Linien deines schönen Gesichts ihre Spuren hinterlassen. Lass dich leben mit allem, was das Leben ist.

Lass dich lebendig sein mit allem, was das Leben dir vor die Füße wirft. Weine, wenn dir zum Weinen ist, und lache, wenn dir nach Lachen ist.

Es gibt einen großen Unterschied zwischen Schmerz und Leiden. Leiden ist etwas, das andauert, unser Leben immer mehr einnimmt und langsam die anderen Aspekte verblassen lässt. Schmerz dagegen ist ein helles Gefühl, das wir kaum ausblenden können, weil es wehtut. Leiden entsteht, wenn wir den Schmerz nicht zulassen, ihn verleugnen und verdrängen.

Lebendigkeit entsteht durch Tun. Es ist das kontinuierliche Praktizieren des Wissens, das du hast. Dieses Buch wird nichts ändern, bis du dich auf den Weg machst zu üben und wieder zu üben.

NEUGIER AUF DAS LEBEN

Du kannst deine Fähigkeit zu mehr Hier und Jetzt und mehr Lebendigkeit schulen, indem du bewusst neugierig bist. Indem du eine experimentelle Haltung annimmst und neue Dinge ausprobierst, vielleicht sogar ein neues Verhalten. Wenn du es ein Experiment nennst, entgehst du dem Druck, etwas richtig machen zu müssen, denn darauf kommt es ja dann nicht an. Je mehr du an dein Leben mit der Idee herantrittst, dass du schon alles kennst, desto langweiliger wird es. Und desto langweiliger wirst du, wenn ich das mal so sagen darf. Das Leben ist so groß, dass wir es wohl nie ganz begreifen werden. Neugierde kann man zu einer Lebenshaltung machen, und du wirst sehen, dass viele Dinge auf einmal anders wirken.

Trau dich, neugierig zu werden. Du wirst sehen, es wird dein Leben bereichern! Wenn du mit ehrlicher Neugier auf Menschen zugehst, so werden diese sich freuen und dir offener begegnen. Sie fühlen dein echtes Interesse, und das macht dich interessant und unwiderstehlich. Du kannst zwei Arten von Neugier pflegen. Die eine betrifft Dinge und Menschen, die du bereits zu kennen glaubst, auch »Fakten«, derer du dir sicher bist. Du kannst diese Dinge mit neuen Augen betrachten und dich fragen:

- ◇ Wie könnte ich das noch sehen?
- ◇ Was könnte ich noch lernen?
- ◇ Habe ich etwas ausgeblendet?

Wir können nur mit Neugier an etwas herangehen, wenn wir nicht davon ausgehen, alles zu wissen. Unser Gehirn hat die Eigenschaft, alles, was es zu kennen glaubt, mit einem Etikett zu versehen: »bekannt«. Und dann geht es schlafen. Selbst wenn sich etwas ändert, nimmt unser Gehirn das nicht mehr unbedingt zur Kenntnis. Es spielt also einen Film ab, der gar nicht mehr läuft. Genauso wie Einbrecher, die eine Endlosschleife in die Überwachungskamera einspielen, um unbemerkt in ein Haus einsteigen zu können.

Leider merken wir nicht, dass die Endlosschleife läuft. Wir glauben, dass wir immer aufmerksam sind und alles mitbekommen, dabei schlafen wir mit offenen Augen.

Besonders gut kannst du das daran merken, wenn du in deiner Wohnung etwas an einen anderen Ort gestellt hast, das vorher woanders stand. Wie lange läufst du immer zur falschen Stelle, bevor sich die neue Gewohnheit eingegraben hat? Du denkst, du bist bei vollem Bewusstsein, aber du suchst dennoch immer wieder am ursprünglichen Platz. Das ist der alte Film, der in Endlosschleife läuft.

Neugier zu pflegen verhilft dir zu mehr Offenheit und Freiheit deinen eigenen Meinungen und Mustern gegenüber.

Neugier hilft uns, immer wieder aufzuwachen und auch Bekanntes neu zu betrachten, einen neuen Blickwinkel einzunehmen, andere Fragen zu stellen, etwas dazulernen zu wollen. Unser Gehirn wird nur wach, wenn etwas neu ist, ansonsten versinkt es im Halbschlaf und ersetzt die Realität mit alten Filmen und spart Energie, wo immer es kann.

Die zweite Art von Neugier bedeutet, dich neuen Dingen und Eindrücken auszusetzen oder Dinge einfach anders zu tun, als du es gewohnt bist.

Indem du aktiv Gewohnheiten durchbrichst, bleibst du wacher. Wenn du selbst immer wieder entscheidest, dich neuen Eindrücken auszusetzen, etwas Neues auszuprobieren, bleibst du flexibler und interessierter. Dir wird immer wieder bewusst, wie wenig du weißt und kannst – und das ist gut so.

Das Leben ist so groß und unser Leben so endlich, dass es keinen Sinn hat, sich immer in der gleichen Schleife zu bewegen – außer natürlich, das macht dir Freude.

IM FLUSS SEIN

Mitte der 1970er-Jahre beschrieb Mihály Csíkszentmihályi den Begriff des *Flow* als Gefühl von Zeitlosigkeit und das Aufgehen im eigenen Inneren in einer Tätigkeit, in der man sich vollkommen verliert, einem ekstatischen Gefühl des Einsseins mit sich und der Welt.

Dieser Zustand wird als sehr schön und berührend erlebt und wird mit *Spitzenerlebnissen* verglichen. Letzteres ist das Gegenteil von Trauma, hat aber viele ähnliche Parameter: Das Raum-Zeit-Gefühl verschiebt sich, man fühlt sich vollkommen eins und doch fast von sich losgelöst. Spitzenerlebnis hört sich sehr groß an, aber die meisten von uns haben so etwas schon erlebt, zum Beispiel in der Natur, wenn ein Ausblick plötzlich so wunderschön ist, dass wir komplett davon erfüllt sind und nichts anderes mehr existiert. Manche haben solche Erlebnisse schon beim Sex gehabt oder auch bei herausfordernden Tätigkeiten, die unsere ganze Konzentration absorbieren und in denen wir uns verlieren.

In dem Moment, in dem wir uns vollkommen einer Sache hingeben und unsere Aufmerksamkeit ganz von dieser gefesselt ist, haben wir die Chance auf Flow oder ein Spitzenerlebnis.

Damit wir in den Flow-Zustand kommen, muss die Sache, der wir uns widmen, herausfordernd sein, uns jedoch nicht überfordern. Es ist ein schmaler Grat, aber wir können lernen, solche Tätigkeiten öfter in unserem Leben zu praktizieren. Sobald uns etwas langweilt oder vollkommen stresst, gibt es keinen Flow. Wenn der Sympathikus zu aktiv ist und auch Angst im Spiel ist, wird Flow unmöglich.

Der Zustand des Flow vereint einige Gegensätze in sich, die eine Herausforderung an unser Alltags-Ich stellen. Flow-Zustände können wir in unserem bequemen Alltag kaum erreichen, auch dann nicht, wenn wir verbissen ein Ziel erreichen wollen.

Um in den Flow zu kommen, müssen wir an unsere Grenzen gehen und gleichzeitig eine Form der Entspanntheit in uns finden, die das Ziel loslassen kann, ohne es zu vergessen. Eine Selbstvergessenheit, die spielerisch konzentriert ist und ihr Ziel verfolgt, ohne hart zu werden. Dieser wunderbare Zustand ist Geschenk und Herausforderung zugleich, da wir uns einer Sache hingeben müssen, um uns selbst zu vergessen und dafür umso mehr zu spüren.

Falls du mit alldem nicht viel anfangen kannst, so ist das nicht schlimm. Viele haben dieses Gefühl zwar hin und wieder erlebt, es aber selten so benannt. Außerdem wissen die meisten Menschen nicht einmal, dass es so etwas gibt, und leider wird uns auch in der Schule nicht beigebracht, wie wir diesen beglückenden Zustand erreichen können. Angst vor Strafe oder Fehlern verhindert jeden Flow – obwohl wir als Kinder viel Zeit im selbstvergessenen Spiel verbracht haben.

Je länger unsere Reise dauert, desto vertrauter werden unterschiedliche Befindlichkeiten. Das Wichtigste ist dabei, dass wir unterwegs lernen, unsere inneren Zustände als vorübergehend zu begreifen und als wandelbar. Je mehr uns das bewusst wird, desto freier werden wir innerlich.

ERFOLGE IMMER FEIERN

Die meisten von uns legen ihren Fokus mehr darauf wahrzunehmen, was nicht gelingt, als mit allem, was gut klappt oder sich gut anfühlt. Wir haben nicht gelernt, unsere guten Erlebnisse wertzuschätzen oder gar zu feiern. Es macht nicht viel Freude, sich auf etwas Neues zu konzentrieren, wenn man nie eine Belohnung für das Erreichte fühlt!

Wir hetzen von Erfolg zu Erfolg oder Erledigung zu Erledigung und belohnen uns nur selten wirklich von Herzen. Mit Belohnung ist nicht gemeint, »sich zu beweihräuchern«, Sekt zu trinken oder wie in meinem Fall Kuchen oder Schokolade zu essen, sondern wirklich zu genießen, was man geschafft hat. Es vielleicht mit Freunden zu teilen und dem wirklich Aufmerksamkeit zu schenken.

DANKBARKEIT TUT GUT

Dankbarkeit zu üben ist ein Weg, aus negativen Gedanken und Gefühlsschleifen auszusteigen. Es ist praktisch unmöglich, sich dankbar zu fühlen und gleichzeitig unzufrieden zu sein. Die innere Aufmerksamkeit auf Dinge zu lenken, für die du dankbar bist, ist eine Methode und Lebenshaltung, die dein Leben enorm bereichern wird.

Menschen, die mit ihrem Leben zufrieden sind, verfügen über die Fähigkeit, Dankbarkeit zu empfinden für das, was ist. Sie wissen es immer wieder zu schätzen, wie sie leben, sie sind dankbar für ihre Freundschaften, für das Dach über ihrem Kopf und das, was ihnen am Tag Gutes begegnet ist. Wer dankbar ist, beschäftigt sich auch nicht ständig mit dem, was fehlt.

Selbstverständlichkeiten lassen uns einschlafen, und wir fangen an, uns zu langweilen. Dies sehen wir am einfachsten in längeren Beziehungen. Die Frau, der Mann an unserer Seite wird selbstverständlich, und die Blumensträuße werden auch seltener. Die Kleidung verändert sich in einen Hausanzug, den wir am Anfang niemals getragen hätten, und die Verführungskünste schwinden drastisch. Die Dankbarkeit, diesen Menschen als Geliebten oder Geliebte zu haben, wandelt sich in Gewohnheit, und manchmal sieht man dann eher mehr die Dinge, die man nicht mag, als all die Dinge, in die man sich verliebt hat.

Dankbarkeit ist sozusagen die Kunst, wach zu bleiben den Dingen und vor allem den Menschen gegenüber, die unserem Leben seine Schönheit geben. Auch oder vielleicht gerade weil sie jeden Tag da sind.

Dankbarkeit für unsere Gesundheit haben wir meist auch nur, wenn wir krank sind. Dann wird uns bewusst, wie kostbar es ist, einfach nur durch die Stadt laufen zu können.

Viele Menschen führen inzwischen Dankbarkeitstagebücher – das kann hilfreich sein. Das Wichtigste aber ist, dass du die Dankbarkeit *viszeral* (in den Eingeweiden), also in deinem Körper, spürst und zulässt, dass sie dein Herz berührt und deinen Körper erfüllt. Sonst ist es eine leere Hülle, die dich nicht bewegt.

Wir alle haben etwas, für das wir dankbar sein können. Sei es das Bett, in dem wir schlafen, oder die nette Kassiererin an der Supermarktkasse. Unser Leben ist so voller Selbstverständlichkeiten, die wir nicht mehr wahrnehmen und die uns das Gefühl geben, dass uns Dinge gehören oder zustehen.

Tatsache ist jedoch, dass uns nichts davon zusteht und dass wir morgen krank oder tot sein können. Wir verlieren immer wieder die Perspektive und besonders in stressigen oder schweren Zeiten hadern wir mit uns und dem Leben. Das ist normal und okay. Es ist nur wichtig, irgendwann wieder den Kopf zu heben und die Schönheit, Zuwendung und Sympathie um uns herum wahrzunehmen. Auf nichts davon haben wir ein Recht, alles kann gehen. Ist es dann nicht sinnvoll, dankbar zu sein und wirklich zu fühlen, was schön ist und was es alles an Gutem in unserem Leben gibt?

EIN ERFÜLLTES LEBEN LEBEN

»Der Körper ist der Übersetzer der Seele ins Sichtbare.«
CHRISTIAN MORGENSTERN

Ein erfülltes Leben ist ein Leben in Verbundenheit, denn ein Leben ohne Du und Wir kann nur leer sein. Diese Leere sehe ich bei immer mehr Menschen, und das tut mir weh. Es ist ein bisschen wie in Michael Endes *Unendlicher Geschichte*, in der das Nichts die Welt zu übernehmen droht. Dieses Nichts wohnt in allen Menschen, es ist nur mehr oder weniger sichtbar oder fühlbar.

Als Jugendliche und große Verehrerin von Hermann Hesse suchte ich Erleuchtung. Warum sollte man sich auch kleine Ziele setzen? Natürlich war mir damals nicht wirklich klar, um was es geht (nicht, dass ich das heute wüsste…), aber dieses All-eins sein hörte sich wunderschön an und war sozusagen das Gegenteil meines Lebensgefühls. Mit den Jahren und vielen Bewegungen, Höhen und Tiefen habe ich dieses Projekt liebevoll beerdigt. Das wird sicher dieses Leben nichts mehr.

Mit der Zeit aber habe ich ein neues Ziel gefunden: so menschlich wie möglich zu werden. Menschlich zu sein bedeutet für mich in kurzen Worten, neugierig, verletzlich und berührbar, freundlich und verbunden mit mir und der Welt um mich herum zu sein. Dieses Ziel erscheint mir sowohl erstrebenswert als auch (hoffentlich) erreichbarer.

Erfüllung hat das Wort Fülle in sich, und das bedeutet, dass wir immer wieder fühlen können, was uns das Leben und andere Menschen geben. Fülle bedeutet auch zu geben, denn wenn wir nicht geben, werden wir leerer, als wenn wir geben. Es gilt, immer wieder die Mitte zu finden zwischen Geben, Festhalten und Nehmen.

Das Wort *Interdependenz* (gegenseitige Abhängigkeit) ist inzwischen ein wenig überstrapaziert, und dennoch trifft es unser Leben genau. Wir brauchen die Welt und andere Menschen, um selbst leben zu können. Wollen wir mehr als überleben und vielleicht sogar noch mehr, als einfach nur zu leben, dann gilt dies umso mehr.

Erfüllung ist das Endergebnis der Fähigkeiten, die ich in diesem Buch beschreibe. Es ist die Fähigkeit, ein erfülltes Leben zu leben, und kein Zufall. Es hat (oft und nicht immer) nicht einmal etwas mit unserer Geschichte und den Spielkarten zu tun, die wir mitbekommen haben. Es geht darum, welchen Weg wir einschlagen und worauf wir uns konzentrieren.

Die Vergangenheit ist nicht zu ändern, sie muss höchstens integriert und verarbeitet werden. Viele Menschen gehen in Therapie mit dem verständlichen Wunsch, dass sie anders sein und ihre Vergangenheit ändern wollen.

Aber das funktioniert nicht. Wir werden nichts wiederbekommen, was vorbei ist. Das müssen wir immer wieder aufs Neue verstehen, wenn wir anfangen, uns an etwas festzubeißen, das wir als ungerecht empfunden oder an dem wir Mangel gelitten haben. Wir können es rückwirkend nicht verändern. Wir können nur die Wunden heilen und alte, nicht hilfreiche Muster langsam verändern. Am wichtigsten ist es jedoch, neue Fähigkeiten zu erwerben und sich auf neue Wege zu wagen. Schau dich in deinem Leben um:

- ◇ Was gibt es da Gutes?
- ◇ Welche Fähigkeiten brauchst du noch?
- ◇ Wofür willst du deine Zeit investieren und worauf deine Aufmerksamkeit richten?

Erfüllung ist nicht etwas, das einfach passiert, wir müssen sie uns ins Leben holen. Das ist so wie mit einem Beruf oder Handwerk. Wir können wünschen, tolle Gitarristen zu werden – wenn wir uns nicht hinsetzen und üben, wird daraus nichts. Und wenn wir dann Jahre später frustriert zurückschauen, weil wir einfach immer noch nicht Gitarre spielen können, dann liegt es nicht daran, dass das Leben gemein war, sondern dass wir unsere Aufmerksamkeit auf andere Dinge gelenkt haben.

Es ist kein Zustand, den wir über Theorie erlangen, sondern das Ergebnis eines gelebten Lebens. Es bedeutet, den Schmerz zuzulassen und die Freude willkommen zu heißen. Es bedeutet auch, Abschiede, Krankheit und Tod zu akzeptieren, bei uns und unseren Lieben.

Erfüllung zu finden bedeutet, mit diesem Nichtwissen über sich selbst und das Leben Frieden zu finden und dennoch nicht aufzuhören zu lernen.

Je weniger wir uns gegen das Leben stemmen und gegen Dinge kämpfen, gegen die wir nichts ausrichten können, desto erfüllter wird unser Leben. Ob das Finanzamt nervt oder wir Hitzewallungen bekommen, ob es Zeiten gibt, in denen wir zweifeln und unglücklich sind, oder Momente, in denen es uns so richtig gut geht – der Fluss des Lebens nimmt uns ohnehin mit, mich genauso wie dich.

FREUNDLICHKEIT MACHT ALLES LEICHTER

Bevor ich zum Ende komme, möchte ich dieses Thema, das mir am Herzen liegt, noch einmal gesondert ansprechen. Ist dir schon einmal aufgefallen, dass weise Menschen sehr freundlich sind und das auch immer wieder lehren? Das Wort klingt recht banal, und es ist natürlich viel sexyer, nach Weisheit und Erleuchtung zu streben. Doch Freundlichkeit ist für mich die Essenz, mit der Menschen zeigen, wer sie wirklich sind.

Wir haben die Fähigkeit und Gelegenheit, alles Mögliche zu sagen und zu postulieren. Aber im Umgang mit anderen oder wie wir die Toilette im Café hinterlassen, zeigt sich letztlich, wer wir wirklich sind. Ich glaube inzwischen niemandem mehr, der nicht in seinem Wesen Freundlichkeit praktiziert – wem auch immer gegenüber.

Freundlichkeit ist ein Schlüssel zu uns selbst, denn auch wir möchten von uns und von anderen freundlich behandelt werden. Wir alle lieben es, wenn jemand wirklich freundlich zu uns ist, nur leider heißt das nicht, dass auch wir selbst Freundlichkeit praktizieren.

Oftmals heißt es: »Ich habe das Recht auf meine schlechte Laune« oder »Ich will mich nicht verstellen müssen«. Das sind Sätze, die ich immer wieder höre. Natürlich hat jeder das Recht, schlechte Laune zu haben, aber nicht, es andere spüren zu lassen.

Weißt du, wann du am freundlichsten sein solltest? Wenn du am gestresstesten und schlechtesten gelaunt bist!

Die anderen können selten etwas für unsere Laune und sie an ihnen auszulassen – nicht selten an Menschen, bei denen wir glauben, uns das leisten zu können – ist wirklich keine Bereicherung für unser Miteinander und verbessert auch nicht unsere Beziehungen.

Sogar Grenzen lassen sich freundlich ziehen. Nur weil wir jemanden nicht mögen, müssen wir nicht den Respekt verlieren und unfreundlich sein. Das hat nichts damit zu tun, sich zu verstellen, sondern weiterhin anzuerkennen, dass unser Gegenüber ein Mensch ist.

Ich habe lange gebraucht, um mir das Lästern (fast) abzugewöhnen und nur noch Dinge über jemanden zu sagen, die ich der Person auch ins Gesicht sagen würde. Ich strebe noch die hundert Prozent an, aber manchmal schaffe ich es nicht. Dennoch weiß ich, dass es nicht gut ist und unser Miteinander nicht besser macht. Freundlichkeit und ein respektvoller Umgang auch mit Menschen, die anderer Meinung sind, stellen ein wichtiges gesellschaftliches Gut dar, und es macht mir Angst, wie im Internet und zum Teil auch auf der Straße mit anderen Meinungen umgegangen wird.

Freundlichkeit ist nicht Dummheit und schon gar nicht, dass jemand alles mit mir machen kann. Es ist einfach eine Entscheidung für eine bestimmte Umgangsform, die letztlich nur den Satz zum Leben erweckt: »Behandele andere so, wie du selbst behandelt werden möchtest.«

ERDENBÜRGER

Diese Art von Freundlichkeit und Respekt für Dinge, die wir nicht kennen und die uns vielleicht auch nicht gefallen, wird immer notwendiger werden. Die Welt verändert sich in atemberaubender Geschwindigkeit, und viele Konzepte, mit denen die meisten von uns aufgewachsen sind, können inzwischen als überholt gelten.

Die Globalisierung schreitet voran, und wir werden immer vernetzter – wenn auch nicht verbundener. Für diese Welt, die sich, ob wir es wollen oder nicht, vor unseren Augen entfaltet, benötigen wir sehr viele Fähigkeiten, die ich in diesem Buch beschrieben habe. Es ist nicht mehr ein *nice to have*, ob sich jemand gut regulieren und Beziehungen und Verbindungen herstellen kann. Es wird immer mehr zu der Fähigkeit, die unsere Zukunft auf persönlicher und globaler Ebene sichert.

Es ist inzwischen ziemlich egal, ob Deutschland oder China Dreck in die Luft blasen, alles hat eine Auswirkung auf die gesamte Erde. Aus Sicht der globalen Entwicklung sind wir alle Erdenbürger. Viele Menschen sind inzwischen auf der ganzen Welt unterwegs und arbeiten von überall aus. Ich halte das nicht für ein vorübergehendes Phänomen, sondern für eine Veränderung, die gerade erst eingesetzt hat.

Je mehr wir uns in uns selbst als *global citizens* verstehen, desto offener können wir sehen, was diese Welt von uns braucht und was wir zu geben haben, um das Wohl der Menschheit und der Erde zu verbessern.

Jeder von uns kann etwas tun. Interessanterweise ist die Welt nie von Gruppen verändert worden, sondern von Einzelpersonen. Die meisten von uns glauben, dass sie nichts ändern können (dazu gehöre auch ich), aber wenn wir in die Jahrhunderte zurückblicken, dann sehen wir, dass es immer wieder einzelne Menschen waren, die den Lauf der Geschichte verändert haben.

Vielleicht ist dieses Ansinnen für dich zu groß, aber dennoch möchte ich dich gern ermuntern zu erkennen, dass auch dein Verhalten, dein Sein und Wirken wie ein Stein ist, der ins Wasser geworfen wurde. Er zieht Kreise und hinterlässt Spuren, oft, ohne dass dir diese bewusst sind. Als Weltbürger können wir uns nicht gegen Veränderungen sträuben, wir können sie nur in unserem Sinne beeinflussen. Wir können aber lernen, unser evolutionäres Misstrauen gegen alles Neue und Fremde (inklusive Menschen) zu überwinden, und schauen, was es zu lernen gilt.

Ich möchte hier keinen politischen Diskurs starten, aber ich bin der Überzeugung, dass das Private auch hochpolitisch ist und jede Veränderung in mir auch eine Wirkung in die Welt hat – selbst wenn ich das nicht erkennen kann.

Wir schauen uns gegenseitig an. Was siehst du? Ist es nicht traurig, wie wenige Menschen dich noch anlächeln? Wie viele Mienen so wenig präsent sind und wie unglücklich und bitter viele Menschen aussehen, vor allem ab vierzig? Wo sind die Lebendigkeit und die Neugier auf das Leben und andere Menschen geblieben? Was wollen wir, dass unsere Kinder (auch wenn du vielleicht keine hast) in unseren Mienen lesen? Frust, Enttäuschung, Bitterkeit und Ablehnung?

Wir leben mit Menschen, und die Stimmung unseres Nachbarn färbt immer auch auf uns ab. Erfüllung ist unmöglich allein zu erlangen, da wir ja wissen, dass Emotionen ansteckend sind.

Wir leben auf einem Planeten mit sehr begrenzten Ressourcen und vielen verschiedenen Menschen – lass uns lieber anfangen, voneinander zu lernen, als uns gegenseitig abzulehnen. Solange wir voraussetzen, dass der andere mit Freundlichkeit und Offenheit beginnen soll, wird daraus nichts werden. Wir können aber in Vorleistung gehen und dann schauen, was sich für uns verändert. Ich empfinde das als lohnenswertes Experiment.

Zu guter Letzt: Lerne, über dich selbst zu lachen. Lerne, über das Leben zu lachen. Vergiss deinen Humor nicht, denn du wirst ihn brauchen auf der Reise ins erfüllte Leben.

Es gibt so viel, was wir zurückhalten, so viel ungelebte Träume, so viel ungelebte Liebe. Dabei haben wir nichts zu verlieren. Sicher ist: Wir alle werden sterben, wir können nur wählen, ob wir es zufrieden oder unzufrieden tun. Ob wir satt geworden sind oder immer hungrig waren. Ob wir uns erlaubt haben, Fehler zu machen und Neues auszuprobieren oder ob wir immer auf Sicherheit gesetzt haben.

Das Leben ist eine Reise, und wir tragen jeden Tag die Konsequenzen für unsere früheren Entscheidungen. Alles hat Konsequenzen, ob du etwas tust oder nicht tust. Immer!

Eine Reise bedeutet auch, dass wir jeden Tag etwas tun können, um uns besser regulieren zu lernen, um mehr lieben zu lernen, um besser kommunizieren zu lernen, um mehr Mitgefühl für uns und die anderen zu entwickeln.

Veränderungen brauchen Zeit, und je nachdem, wo deine Reise begonnen hat, desto schwieriger ist es vielleicht. Aber es lohnt sich. Ich kann von mir sagen, dass ich nie gedacht hätte, dass ich einmal so glücklich sein könnte. Nie. Und meine Reise hat sehr unglücklich begonnen.

Sei freundlich mit dir und geduldig, aber trau dich, dir dein Leben immer mehr anzueignen!

DEINE LEBENSREISE

Nun bist du am Ende des Buches angekommen, und ich hoffe und wünsche mir sehr, dass du ein paar Dinge mitnehmen konntest. Ich wollte dir erklären, welche Fähigkeiten wichtig sind, um ein erfülltes Leben führen zu können, und dir eine Möglichkeit geben, deine Aufmerksamkeit, Zeit und Energie auf das zu richten, was du dafür brauchst. Ich wollte dir einen Kompass geben, denn unsere Zeit ist so kostbar und endlich.

Das Tragische am Leben ist, dass man keine Erfahrung und nichts, was man selbst gelernt hat, einfach auf jemanden übertragen kann. Wir alle müssen die Dinge neu lernen. Dennoch ist es ein tiefer Teil der menschlichen Kultur, dass Wissen weitergegeben wird und andere von dem, was jemand anderes schon erarbeitet hat, profitieren können. Den Weg gehen musst du allerdings selbst.

Ganz gleich, ob jemand beschlossen hat, allein zu Hause zu sitzen und niemandem mehr zu trauen, sich selbst hasst oder glücklich ist: Das Leben geht einfach weiter, und der Strom der Zeit nimmt uns mit, was auch immer wir mit dieser Zeit anfangen. Egal, ob wir uns hassen oder lieben. Egal, ob wir die Welt hassen oder lieben.

Es ist, als würden wir im Zug laufen. Wir nehmen nur wahr, dass wir ein paar Schritte zur Toilette gehen, und glauben, dass wir mit circa 2 km/h unterwegs sind. In Wirklichkeit sind wir aber mit 200 km/h plus der 2 km/h durch unsere Schritte unterwegs. So ist das auch mit dem Leben: Wir sind unterwegs, auch wenn wir glauben stillzustehen. Wir entscheiden uns, und das Leben vergeht, und auch wenn wir uns nicht entscheiden und nichts tun, vergeht das Leben.

Zeit ist die große Gleichmacherin, jeder Mensch hat die gleichen 24 Stunden, wenn auch nicht die gleiche Anzahl an Lebensstunden. Die Sterblichkeitsrate auf diesem Planeten liegt immer noch bei einhundert Prozent.

Wenn du eine Reise unternehmen willst, dann schaust du dir genau an, was du sinnvollerweise mitnehmen solltest. Du packst die Dinge ein, die für deine Reise wichtig sind, alles andere lässt du zu Hause. So sollte es auch mit der Lebensreise sein: Was brauchst du? Was ist wichtig zu wissen? Was musst du lernen? – Ich hoffe, ich konnte dir dafür einige Anregungen geben.

Mir ist sehr bewusst, dass ich viele Themen in diesem Buch berührt habe, die weitaus mehr Vertiefung und Anleitung brauchen. Mein Ziel war es jedoch, dir einen ersten Überblick zu geben über die Dinge, die du lernen kannst, um die schönste Reise anzutreten, die für dich möglich ist. Jetzt liegt es an dir, das Wissen zu vertiefen, aber bitte verirre dich nicht im Dschungel der Angebote!

Wenn ich dir das vermitteln konnte, dann bin ich schon zufrieden. Denk daran: Nur weil man etwas weiß, heißt das noch lange nicht, dass man es auch lebt!

Nimm dir Zeit, Dinge zu üben und wirklich in deinem Alltag zu implementieren. Mach Fehler und Dummheiten und lerne. Übe Freundlichkeit und schau, wie es sich anfühlt.

Nimm dir Zeit für dich selbst und vor allem nimm dir Zeit, dich zu spüren, deinen Körper von innen zu fühlen und immer mehr ein Zuhause in dir zu finden. Dieses kannst du dann überallhin mitnehmen und wirklich irgendwann in der Welt Heimat finden.

Pflege deine Verbindungen, denn sie sind die Essenz von Glück und das Heilmittel gegen viele Symptome, die unsere Psyche hervorbringt, wenn wir uns allein und abgeschnitten fühlen.

Ich wünsche dir, dass dein Himmel immer blauer wird!

DANK

Das Leben an und für sich ist unendlich wertvoll – wir vergessen es nur immer wieder.

Was soll ich sagen? Es gibt so viele Menschen, denen ich danken möchte. Mein Dank gilt denjenigen, die mich unterstützt haben, dieses Buch zu schreiben, ebenso wie denen, die mich unterstützt haben zu leben und ohne die ich nicht ich wäre.

Mein Leben wäre leer ohne meine Wahlfamilie. Ich freue mich, dass euch gibt und ihr mir immer wieder den Rücken stärkt, an mich glaubt und mir eure Liebe schenkt. Ich weiß, dass ich in den letzten Jahren manchmal zu wenig Zeit hatte – ich gelobe Besserung!

Dieses Buch wäre ohne die Menschen, die mich dabei unterstützen, meinen Alltag und mein Leben zu meistern, nicht möglich gewesen. Einen großen Dank an mein Team, das 2019 stetig gewachsen ist. Vielen Dank für eure liebevolle und engagierte Arbeit und euer Sein! Ihr seid toll!

Danke auch an dich, liebe Leserin, und dich, lieber Leser! Es ehrt mich, dass du deine Aufmerksamkeit meinen Zeilen gewidmet hast, und ich hoffe, die investierte Zeit hat sich für dich gelohnt.

Ein großes Dankeschön an alle, die mich in den letzten Jahren auf Facebook, YouTube oder per Mail unterstützt und mir positive Rückmeldungen gegeben haben.

Ein Danke auch an alle Menschen, die ich in meinen Prozessgruppen und Fortbildungen gemeinsam mit Siggi begleiten durfte und durch die ich viel gelernt habe.

Ich möchte auch dem Leben danken, dass ich noch hier bin und noch leben darf, denn das ist nicht selbstverständlich. Unsere Zeit hier im Leben ist so kurz und gleichzeitig so lang. Jeder Atemzug sollte uns das Wunder des Lebens lehren – doch leider sind wir Menschen nicht so. Wir vergessen, dass es nicht selbstverständlich ist, zu atmen und zu leben und zu fühlen. Deswegen ist es gut, sich immer wieder daran zu erinnern.

Großer Dank gilt meiner Lektorin Dr. Ulrike Brandt-Schwarze, die auch schon das letzte Buchprojekt zum Erfolg geführt hat. Ich habe die Freude, inzwischen per Du mit dir zu sein, und ich danke dir für dein Herzblut, das du in diese Zeilen investiert hast! Ohne dich wäre das Buch nicht, was es ist!

Vielen Dank an Gräfe und Unzer und Frau Anja Schmidt für das Angebot, ein Buch zu schreiben, und für die schöne Begleitung durch das Projekt.

Mein Leben hat sich so unglaublich verändert, seit ich mich getraut habe, das erste Video voller Scham online zu stellen (ohne es je anzuschauen). Ich möchte dir sagen, ja dir zurufen: Mut lohnt sich immer!

Ich wollte etwas Neues probieren und prüfen, ob es stimmt, dass man »erfolgreich« sein kann. Und nun sitze ich hier in San Diego im Café und schreibe diese letzten Zeilen.

Hätte ich gemerkt, dass das alles nicht funktioniert oder mir keine Freude macht, so hätte ich es zumindest ausprobiert. Mir war klar, dass ich ohne dieses Experiment nicht zufrieden hätte sterben können. Mein Kindertraum war es schon in der Grundschule, ein Buch zu schreiben, und nun sitze ich hier und beende das zweite Buch. Das ist verrückt. Doch besser ein verrücktes Leben als ein langweiliges :-)

Allein hätte ich das jedoch alles nicht bewältigen können. Es gibt ein paar Menschen, die mich ständig und unermüdlich seit Jahren unterstützen, mich trösten, mir ihre Liebe schenken (und ich ihnen meine), die mich in den Hintern treten, auf mich einreden wie auf einen alten Esel und es immer gut mit mir meinen. Ich kann hier nur die wenigsten nennen, denn es gibt noch mehr …

Ein großer Dank an Siggi. Ich bezweifle, dass es dies alles gäbe ohne deine beständige liebevolle Unterstützung, und an

Susanne, der ich dieses Buch gewidmet habe, weil sie mich (und ich sie) seit dreißig Jahren durch dick und dünn begleitet.

Und last but not least: Noch einmal Dank an die Frau, die an mich geglaubt hat, obwohl ich ziemlich »durch« war, und mir einige Jahre geholfen hat, leben zu lernen und mich ein wenig zu ordnen und zu integrieren. Danke, Jutta. Schön, dass es dich immer noch in meinem Leben gibt!

Danke an meine anderen Liebsten – ich fühle mich beschenkt, weil es euch gibt!

ZUM WEITERLESEN

Bauer, Joachim: *Prinzip Menschlichkeit. Warum wir von Natur aus kooperieren.* HOFFMANN UND CAMPE, Hamburg

Carney, Scott: *Extrem gesund. Wie uns eiskaltes Wasser und extreme Höhe gesünder und fitter denn je machen.* Books4Success, Kulmbach

Charf, Dami: *Auch alte Wunden können heilen. Wie Verletzungen aus der Kindheit unser Leben bestimmen und wie wir uns davon lösen können.* Kösel, München

Damasio, Antonio R.: *Descartes' Irrtum. Fühlen, Denken und das menschliche Gehirn.* List, München

Everett, Daniel*: Das glücklichste Volk. Sieben Jahre bei den Pirahã-Indianern am Amazonas.* Pantheon, München

Gilbert, Daniel: *Ins Glück stolpern. Über die Unvorhersehbarkeit dessen, was wir uns am meisten wünschen.* Riemann, München

Höfer, Max A.: *Vielleicht will der Kapitalismus gar nicht, dass wir glücklich sind. Erkenntnisse eines Geläuterten.* Albrecht Knaus, München

Hof, Wim und Koen de Jong: *Die Kraft der Kälte. Wie du mit der Iceman-Methode gesünder, stärker und leistungsfähiger wirst.* Riva, München

Schirrmacher, Frank: *Ego. Das Spiel des Lebens.* Blessing, München

Schmidt, Johannes B.: *Das Transzendente in der Psychotherapie. Über Spiritualität und Präsenz im therapeutischen Wirken.* Kösel, München

Siegel, Daniel: *Die Alchemie der Gefühle. Wie die moderne Hirnforschung unser Seelenleben entschlüsselt – das Navigationssystem zu emotionaler Klarheit.* Kailash, München

Ware, Bronnie: *5 Dinge, die Sterbende am meisten bereuen. Einsichten, die Ihr Leben verändern werden.* Goldmann, München

Die Autorin

Dami Charf, geboren 1964, beschäftigt sich – auch aufgrund persönlicher Erfahrungen – seit den 1990er-Jahren mit körperorientierter Psychotherapie. Nach dem Studium der Sozialpädagogik und der Sozialen Verhaltenswissenschaften absolvierte sie zahlreiche fachspezifische Ausbildungen. Als Traumatherapeutin ist es ihr eine Herzensangelegenheit, in ihren Seminaren, Vorträgen und Büchern Menschen dabei zu unterstützen, mehr Verbundenheit mit sich selbst und den anderen zu spüren und damit ein erfüllteres Leben zu führen. Ihr erstes Buch *Auch alte Wunden können heilen. Wie Verletzungen aus der Kindheit unser Leben bestimmen und wie wir uns davon lösen können* erschien 2018. Die Autorin und Heilpraktikerin für Psychotherapie, die auch eine eigene Ausbildung anbietet, lebt in Göttingen, Berlin und den USA.

www.damicharf.com

www.traumaheilung.de

shop.damicharf.com

IMPRESSUM

Projektleitung: Anja Schmidt

Lektorat: Dr. Ulrike Brandt-Schwarze

Umschlaggestaltung und Layout: independent Medien-Design, Horst Moser, München

Coverillustration: Stocksy

Autorinnenfoto: M. Merkel

Herstellung: Petra Roth

Satz: Uhl + Massopust, Aalen

Lithos: Repro Ludwig, Zell am See

Druck und Bindung: CPI BOOKS, Ulm

ISBN 978-3-8338-7432-1

2. Auflage 2020

Syndication:
www.seasons.agency

QUALITÄTS G|U GARANTIE

LIEBE LESERINNEN UND LESER,

wir wollen Ihnen mit diesem Buch Informationen und Anregungen geben, um Ihnen das Leben zu erleichtern oder Sie zu inspirieren, Neues auszuprobieren. Wir achten bei der Erstellung unserer Bücher auf Aktualität und stellen höchste Ansprüche an Inhalt und Gestaltung. Alle Anleitungen und Rezepte werden von unseren Autoren, jeweils Experten auf ihren Gebieten, gewissenhaft erstellt und von unseren Redakteuren/innen mit größter Sorgfalt ausgewählt und geprüft.

Haben wir Ihre Erwartungen erfüllt? Sind Sie mit diesem Buch und seinen Inhalten zufrieden? Haben Sie weitere Fragen zu diesem Thema? Wir freuen uns auf Ihre Rückmeldung, auf Lob, Kritik und Anregungen, damit wir für Sie immer besser werden können. Und wir freuen uns, wenn Sie diesen Titel weiterempfehlen, in Ihrem Freundeskreis oder bei Ihrem online-Kauf.

Sollten wir Ihre Erwartungen so gar nicht erfüllt haben, tauschen wir Ihnen Ihr Buch jederzeit gegen ein gleichwertiges zum gleichen oder ähnlichen Thema um.

KONTAKT

GRÄFE UND UNZER VERLAG
Leserservice
Postfach 86 03 13
81630 München
E-Mail: leserservice@graefe-und-unzer.de
Telefon: 00800 / 72 37 33 33*
Telefax: 00800 / 50 12 05 44*
Mo–Do: 9.00–17.00 Uhr
Fr: 9.00–16.00 Uhr (*gebührenfrei in D,A,CH)

FSC www.fsc.org MIX Papier aus verantwortungsvollen Quellen FSC® C083411

GRÄFE UND UNZER

Ein Unternehmen der
GANSKE VERLAGSGRUPPE

www.facebook.com/gu.verlag